德业相劝　过失相规　礼俗相交　患难相恤

中国历代乡规民约

牛铭实/编著

ZHONGGUO LIDAI

XIANGGUI MINYUE

中国社会出版社
国家一级出版社　全国百佳图书出版单位

目录

CONTENTS

第一部分：导读

第二部分：制度原文

第三部分：附录

自 序

1994年第一次接触中国的村委会选举，认识到这是一项关系到9亿农民切身利益的政治改革，意义深远。这些年来，有机会到中国不同地区的农村与农民直接接触，对农民的生活有很深的感受。这份对乡土的感情，是我这些年研究村民自治的最大动力。

推展村民自治，不只是定章程、立机关、筹经费、选干部，更大的挑战是如何引导村民积极参与村务，使他们养成自治的精神，不然，自治会渐渐地僵化、形式化。如何顺利推展村民自治，避免走上弯路或走进死胡同，或许我们能从中国历代的乡规民约中，找到值得学习和借鉴的智慧。

中国最早的成文乡约，是北宋陕西蓝田吕大钧（1031—1082）制定的《乡约》。这套制度从礼仪、教化、生老病死等各方面来发挥对人的关怀，倡导“德业相劝，礼俗相交，过失相规，患难相恤”。在这个基础上，后来的学者陆续发展出一套以乡约为纲，以保甲、社仓、社学、乡礼为目的的村治系统。这个乡治体系，从北宋到晚清有丰富的理论和实践，但这方面的专著却很少。比较有代表性的有李炳卫的《乡约制度》（北平民社1931年），杨开道的《中国乡约制度》（山东省乡村服务人员训练处1937年），王崇峻的《维风导俗：明代中晚期的社会变迁与乡约制度》（台北，文史哲出版社，2002）。前两本书的流传有限，美国图书馆系统查找不到李炳卫的《乡约制度》，杨开道的《中国乡约制度》也只有一本。因此，作者觉得有必要重新搜集整理相关文献，使我们能对这套历史悠久、发展完善的乡里治理体系有更深入的了解和研究。

本书选取十几个历代比较有代表性的乡约，在导读部分介绍了每个乡约的作者、特点和时代背景。其中有几篇乡约直接从古文献中抄录，文字或标点错误在所难免，欢迎指正。另外，《附录》收集了历代乡约文献目录、有关文论节选、以及乡约的实践。虽然收录得不完全，目的是希望能为学术界提供更多的研究材料和线索。

在这本书多年的编写过程中，受助于柯冬云女士的敬事态度和专业素养，使作者才能完成此书，在此对柯女士表示真心的感谢。另外，作者受益于杜克大学图书馆便捷的检索和借阅服务，以及文渊阁四库全书电子版，使耗时费力的文献检索成为令人愉快的体验。

老子说，“为之于未有，治之于未乱”。通过研究中国传统社会的乡规民约，我们发现它不只是一套有效的地方治理制度，而且体现出一种自治的精神。希望我们共同发掘这一宝贵的文化遗产中所孕育的智慧，并把它与当今村民自治事业相结合，进一步完善和发展有中国特色的基层民主。

第一部分：导读

第1. 乡约制度的发展脉络和意义

乡约是宝贵的中华文化遗产。千百年来，中国人为了追求人与人之间“出入相友，守望相助，疾病相扶持”的理想境界，发展出这种乡治理论。乡约是自治的一种体现。由乡民自动、自发地制定规约，处理众人生活中面临的治安、经济、社会、教育、礼俗等问题。中国最早的成文乡约，是陕西蓝田吕大钧（1031—1082年）制定的《吕氏乡约》。制定者的目的，是使乡人能“德业相劝，过失相规，礼俗相交，患难相恤”。它是由人民主动起草的成文法则。乡约采取自愿原则，“其来者亦不拒，去者亦不追”。组织上，每约有“约正一人或二人，众推正直不阿者为之。专主平决赏罚当否。直月一人，同约中不以高下、依长少轮次为之，一月一更，主约中杂事”。同约的人们，“每月一聚，具食；每季一聚，具酒食”。“遇聚会，则书其善恶，行其赏罚”。然而，“若约有不便之事，共议更易”②。萧公权推崇“吕氏乡约于君政官治之外别立乡人自治之团体，尤为空前之创制”。

吕氏乡约在关中推行没有多久，北宋就被金人所灭，宛如昙花一现。南宋时，朱熹（1130—1200年）重新提倡这个乡约，考证出真正的作者是吕大钧，并编写了《增损吕氏乡约》③。由于朱熹学术上的名气，加上他对乡约热心的编辑和改写，使《吕氏乡约》在出世100年后，重又声名远播。

---

① 本书引用古文献原文和目录时，缺字用“□”代替。

② 《吕氏乡约》，王承裕校勘《关中丛书》，见《丛书集成续编》，上海书店，1994年，881—884页。

③ 朱熹《增损吕氏乡约》，见四部丛刊初编集部，《朱文公文集》卷74，上海商务印书馆缩印明刊本，1937年，第二册，1376—1379页。

到了明代，乡约的发展受到朝野的重视，在理论和实践上有丰硕的成果。许多名臣大儒和各级官员留下很多乡治的经典，并逐渐形成了一套相当完备的制度。它把农村生活的方方面面都包括进来，如吃饭的问题、教育问题、治安问题、社会风俗。人们的生老病死，都由乡约组织通过自治互助的办法来处理。

洪武二十八年（1395），朱元璋根据隋吉的建议，令户部编民，百户为里①。隋吉建议以几十家农户为“社”，在春夏农忙时节互助为主要目的。朱元璋则“置民百户为里”，并引申为婚姻、死丧、疾病、患难、春秋耕获诸事的乡民互助，以使百姓亲睦，淳厚风俗。

洪武三十年，他又“令天下民每乡里各置亩铎一，内选年老或瞽者，每月六次持铎徇于道路，曰：孝顺父母，尊敬长上，和睦乡里，教训子孙，各安生理，毋作非为”②。这个所谓的洪武六谕，是明代教化的主要内容，被乡约、族约、家规等广泛引用。明成祖（1360—1424 年）是最早提倡吕氏乡约的皇帝，“表章家礼及蓝田吕氏乡约，列于性理成书，颁降天下，使诵行焉”③。

名臣大儒中致力于推行乡约的也很多，方孝孺、王阳明、吕坤、章潢、刘宗周、陆世仪等都有很大的贡献，有的是用乡约行保甲，有的是熔乡约、保甲、社仓、社学、乡礼为一炉。另外大批士人也提倡或率乡人实行。他们有的是学派的继承，有的是看到乡约的实用价值。李春芳、

---

① 隋吉是天府上元县典史，他上疏说，一对农民夫妇受田百亩或四五十亩，在春夏农忙时不幸丈夫生病，妻子要照顾他。农务既废，田亦随荒。待病愈，农时已过，上无以供国赋，下无以养家室，穷困流离。他建议：“职此之由，请命乡里小民，或二十家，或四五十家，团为一社。每遇农急之特有疾病，则一社协力，助其耕耘。庶田不荒芜，民无饥窘，百姓亲睦，而风俗厚矣。”“上善其言。谕户部臣，曰：‘古者风俗淳厚，民相亲睦。贫穷患难，亲戚相救。婚姻死丧，邻保相助。近世教化不明，风俗颓敝，乡邻亲戚不相周恤。甚者强凌弱，众暴寡，富吞贫，大失忠厚之道。朕即位以来，恒申明教化，于今未臻其效。岂刁俗之固，未易变耶？朕置民百户为里，一里之间有贫有富。凡遇婚姻死丧疾病患难，富者助财，贫者助力。民岂有穷苦急迫之忧。又如春秋耕获之时，一家无力，百家代之。推此，以往百姓宁有不亲睦者乎。尔户部其谕以此意，使民知之。’”见《明实录》，太祖实录，卷 236，“中央研究院”历史语言研究所，1962 年，3456—3457 页。又见《明史》，洪武二十八年二月，“己丑，谕户部编民百户为里。婚姻死丧疾病患难，里中富者助财，贫者助力。春耕秋获，通力合作，以教民睦”。这段文字印证了上谕“户部编民百户为里”。清张廷玉等撰《明史》，本纪卷三，中华书局，1962 年，52 页。

② 《明太祖实录》卷 255。

③ 王樵《金坛县保甲乡约记》，见《古今图书集成》，明伦编，交谊典，乡里部，卷 28。

唐鸿儒等人，把婚丧嫁娶、日常来往、地方治安都纳入到乡约的互助、互劝范围之内，使它能够解决生活中的具体问题。

清初一些地方官延续明代的乡治传统。陆陇其（1630—1692 年）在灵寿县申明乡约、乡长、保甲、地方之制。举乡约，让他们讲解孝弟睦姻之训，使之教于乡。其规条备具，巡抚于成龙（1617—1684 年）把这套办法推行到其他郡县[①]。汤斌（1627—1687 年）在潼关曾力行社学、乡约、义仓、保甲四事。他推崇吕坤，说"《实政录》不可不读"[②]。

魏裔介上疏（1655 年），说乡约自明末以来成为虚文，建议顺治皇帝"复乡约"[③]。名臣张伯行任福建巡抚期间，寓乡约于保甲，继承和发扬了吕坤的办法，并劝设社仓。后来在京任户部侍郎时，又上疏设置社仓，提出一套寓乡约保甲于社仓的独特办法。社仓是完全自治的组织，而且体现各种互助，可以说继承了乡约的真精神，实在是乡约制度上的一大创新。

但是类似张伯行这样的制度，在清代是凤毛麟角。中央政府普遍推行的乡约，是一套僵化的宣讲制度，因而缺乏实效。那时是把乡约、保甲、社仓等单独分开，互不相干。在乡约方面，不少皇帝纷纷颁布圣谕，各地的主要做法是宣讲圣谕，偏重教化。在形式上偏重仪式，成为形式主义。乡约演变成一种文化，不再解决百姓的疾苦，不再涉及人民的实际生活。

直到太平天国占据金陵，江南岌岌可危，威胁到清政府的存亡。这时，地方绅士和官府又重新采用乡约制度，希望靠它来和团练相结合，以解燃眉之急。江南各地振兴乡约，突破了圣谕的宣讲内容，把内容扩大到有益民生的一些具体事情上。但是，它仍然局限于"宣讲"。

清代乡约制度上是一个倒退，实行效果也不好。直到晚清，中国面临内忧外患的关头，随着西方各种思潮和制度的传入，出现了重大的变革。一些思想家试图从传统和西方制度两个方面探索出路，接续了乡约发展的脉络。其中冯桂芬尤其突出。

---

① 陈敬廷《监察御史陆君墓志铭》，见《午亭文编》卷 44。

② 《柘城窦克勤日录》，汤斌《汤子遗书》卷 1。

③ 魏裔介《兴教化正风俗疏》，见《兼济堂文集》。

1861 年，在上海避太平天国之乱的冯桂芬（1809—1874 年），有机会了解西洋政治制度。他主张效仿西洋地方自治之意，并融合古代的乡官制度。冯桂芬提倡乡以下应该行使自治，仿效宋明乡约宗法之制，以乡族为政治之基础。

清末民初时期，清政府和民国历届政府推行地方自治几起几落，但各地坚持长久并有实效的例子不多。直隶（河北）定县翟城村米氏父子等人，以吕氏乡约为村治的鼻祖，带领村民制定规约和自治章程，持续了 30 年。20 世纪 30 年代左右，梁漱溟等“村治派”在山东的乡村建设实验，也仿照乡约的模式设立乡农学校。他们当时认为，“东洋”的办法或者西方的办法不大适合国情，所以下了很大功夫去找古代的传统，结果找出乡约这套办法。

民国时期，在政府推动的地方自治中，山西村政在当时成效较大。它在实行上有强制的一面，理论上是杂糅古今各制度，包括近代地方自治和古代的乡约、社仓、保甲、社学等。南京国民政府推行保甲，也进行一些县级地方自治实验，但成效普遍不佳。当时推行的所谓管、教、养、卫，不过是把乡约制度的各要素重新定义一遍。

改革开放后，广西合寨村的村民，在生产队解体基层治理真空的情况下实行自治，选举成立村委会，议定村规民约，开启当代村民自治的先河。广西合寨村成立村委会是民间自发的。当地人民自动组织起来，议定规约，解决生活中的问题。制度很简单，没有什么理论背景，重点是在实践上。但是影响很大，被周围地方模仿，后来受到中央注意并加以推广。

自 1988 年起，中国各地陆续开始试行村民委员会组织法。然而推动村民自治，不只是定章程、立机关、筹经费、选干部。为了不使自治成为一种形式或一个口号，村民需要有机会参与决策，以维护保障个人权益。如此，人民才有参与的热忱。像清代这样，把关系到人们疾苦和日常生活的事项抽出去，不放手让人们自己管理，而是单纯地把它变成教化的工具，人们不会有兴趣。一定要当地人民自己决定的、解决他们现实问题的规约，人民才乐于遵守。这样的规约，才不会成为空文。今天的中国农村，许多地方的村民正在行使村民委员会组织法赋予他们的权利，自发、自愿地参与制定关系到他们权益的村规民约。

下表列举历代一些主要乡约制度。可见，乡约的产生和发展差不多有一千年了，这个脉络延续到了当代。这是一个相当悠久的传统。

在下面各节，简略介绍乡约在不同朝代的特点。读者可以参照本书第二部分的制度原文。最后一节，介绍当代村规民约的几个案例。

历代主要乡约及村规民约简表

制定/颁布	名称	年代	特点
成王	周礼	西周，公元前1110年	比闾族党与教民礼义，包含乡约保甲的关系
程明道	晋城保伍法	北宋	首创保甲，也包含乡约的意思
王安石 1021—1086年	保甲法	北宋熙宁三年，1070年	保甲新法，全国推行
吕大钧 1029—1082年	吕氏乡约（蓝田乡约）	北宋熙宁九年，1076年	首次乡约提出并实施，民间自治
朱熹 1130—1200年	增损吕氏乡约，朱子社仓（1168）等		保存、发扬了吕氏乡约，首创社仓，也有保伍
朱元璋	圣训六谕（洪武六谕）	明初，1397年	令行乡约
方孝孺 1357—1402年	乡族制度	明初	乡族自治，二廪三学暗含乡约之意
明成祖 1360—1424年	乡约规条	明初	第一次以国法的形式颁布乡约规条
王守仁 1472—1528年	南赣乡约，十家牌法，社学牌	明正德十三年，1518年	明代第一个实施乡约，也有保甲、社学
黄佐 1490—1566年	泰泉乡礼	明代	乡礼是重心，乡社是载体
吕坤 1536—1618年	乡甲约 宗约歌	1578年以后	首次合并乡约保甲为一
章潢 1527—1608年	图书编	明代	乡约包括四大要素
刘宗周 1578—1645年	乡书，乡保事宜等	明末	乡约的四个要素是相关的
陆世仪	治乡三约	崇祯十三年，1640年	完整的乡治理论体系，以乡约为中心，合用保甲、社仓、社学

续表

制定/颁布	名称	年代	特点
顺治	六谕卧碑文	清顺治九年，1652 年	清代首倡乡约的皇帝
康熙 1654—1722 年	十六谕	清康熙九年，1670 年	丰富乡约条文
张伯行	社仓规约十六条	康熙五十五年，1716 年	寓乡约保甲于社仓
雍正 1678—1735 年	圣谕广训	清雍正二年，1724 年	推广清代乡约宣讲制度
黄六鸿 17 世纪	福惠全书	清代	地方宣讲乡约的例子
顾凤仞等	江阴县乡约	清咸丰五年，1855 年	宣讲乡约，提倡各种公益
冯桂芬	复乡职议	1861 年	直选地方官吏
—	城镇乡自治章程	清光绪三十四年，1908 年	第一部现代地方自治国法
米迪刚父子等	翟城村村治制度	清末—民国	中国第一个村自治实例，推行 30 多年
阎锡山 1883—1960 年	山西村政制度	1917—1928 年	现代地方自治，一个省的例子，推行 20 多年
果作村委会	村规民约	当代，1980 年	当代第一份自治规约，开启村民自治
全国人民代表大会	村民委员会组织法（试行）	当代，1988 年	关于村民自治的宪法

第 2.《吕氏乡约》及其影响

《吕氏乡约》，也被称为蓝田乡约。陕西汲郡的吕大钧等兄弟，北宋熙宁九年（1076 年）在本乡蓝田实行乡约。乡约是一种乡里公约的意思，内容是在日常生活各方面，乡人互相帮助，互相劝善戒恶，目的是为了使风俗淳厚。为了让这些办法易于实行，并且能够持久，也建立相应的组织。推举约正主持其事，大家轮流担任值月。定期聚会，记录并赏罚善行恶行。这是民间发起的自治，由乡民自愿参与。来者亦不拒，去者亦不追。

1. 作者是谁

吕氏兄弟共六人，祖先汲郡人。祖父吕通曾为太常博士，去世后葬于“京兆蓝田”，于是吕家在蓝田落户。父亲曾为比部郎中。兄弟中一人早夭，五人登科，其中四人很有名望。“一门礼义”，为人赞美。蓝田人曾为他们建四献祠。《宋史》载《吕大防传》，附吕大忠、吕大钧、吕大临传。杨开道认为：“也许兄弟四人都曾参加意见，都曾参加发起，然而实行乡约的人，保护乡约的人，的确是和叔。”

吕大钧（1031—1082 年），字和叔，排行第三。二十八岁中进士，曾知绵州巴西县，后来辞官回乡奉养父亲。二哥吕大防请其监凤翔府造舡务，又讨伐西夏从李稷办理转运时病故。他为人质厚刚正，重视礼义。他平生不求官职，没有什么政绩可言，过人之处是在礼学上能够行其所知，在当时备受士人推崇。吕大钧作《乡约》，是为了感化乡里。

时人在吕大钧的墓志铭中说，他从给父亲办丧事时开始实践礼学，完全按照习俗礼节进行。后来在乡里推行冠婚饮酒、相见庆吊之事，最后集大成于《乡约》和《乡仪》。创立和实施乡约，的确是吕大钧一生最大的功劳，这是亘古以来民间首创的成文的自治制度。吕大钧曾著《诚德集》三十卷，其中包括《乡约》、《乡仪》，后失传。

吕大忠，字进伯，排行老大。乡约后面有他的一段话和署名。有的版本因此就把他当成了作者。朱熹后来读到吕大钧的著作，并且从里面找到乡约原稿以及有关书信，因而断定吕大钧是作者，而不是吕大忠。并推测当时倡议乡约时用长兄吕大忠的名义，可能更有号召力①。

老二吕大防，字微仲，长于政事，位至丞相，最后被贬谪，客死他乡。三百多人和他同时被列为“元祐党人”而落难，其中不乏名臣文豪②。但是吕大防对乡约没有什么贡献。宋史《吕大防传》说，兄弟中参与乡约的是吕大防、吕大忠和吕大临，并不确切③。

乡约在当时给吕大防惹了不少麻烦，主要是说有结党的嫌疑。“传闻者以为异事，过加论说。”原因在于它是民间自发兴起的，不是上面号召的。在专制的制度下，不鼓励这个，反而要压制。“非上所令而辄行之，似乎不恭”，“必待有德有位者倡之，则上下厌服而不疑。今不幸出于愚且贱者，宜乎诋訾之纷纷也”④。朝中政争激烈，乡约的事闹得风风雨雨。吕大防担心因此引起刑祸，曾一再写信劝吕大钧等把乡约变成是家仪或家学，“以免干政之嫌”⑤。这也反映了专制制度下，自下而上的变革十分艰难。

---

① 见朱熹《增损吕氏乡约》编后注，“此篇旧传吕公进伯所作，今乃载于其弟和叔文集。又有问答诸书。如此知其为和叔所定不疑。篇末者，进伯名意，以其族党之长而推之，使主斯约故尔。淳熙乙未四月甲子朱熹识。”

② 蔡京所书“元祐奸党碑”文中说，首恶与其附丽者，以闻得三百九人。所列名单中，文臣曾任执政官二十七人，司马光、吕大防、文彦博等，曾仕待制官以上四十九人，苏轼等，余官一百七十七人，秦观、黄庭坚等，曾在宰臣二人。见（宋）马纯《陶朱新录》，载于《说郛三种》，说郛一百二十弖，上海古籍出版社，1988 年，1849—1851 页。

③ 元代，脱脱等撰《宋史》，卷三百四十，第三十一册，传七，中华书局，1962 年，10839—10849 页。《吕大防传》中说，大防“与大忠及弟大临同居，相切磋论道考礼，官昏丧祭一本于古，关中言礼学者推吕氏。尝为乡约，曰‘凡同约者，德业相劝，过失相规，礼俗相交，患难相恤，有善则书于籍，有过若违约者亦书之，三犯而行罚，不悛者绝之’”。

④ 吕大钧答刘平叔，见吕大钧和叔撰，三原王承裕校勘，《乡约》，自《丛书集成续编》78 册，上海书店，1994 年。

⑤ 宋代，马纯《陶朱新录》，见《说郛三种》，说郛一百二十弖，上海古籍出版社，1988 年，1849—1851 页。

2. 为什么推行乡约

吕氏兄弟学以致用，推行乡约以改善风俗。黄宗羲《宋元学案》列蓝田学案，并把吕氏兄弟及门人归为礼学。礼学或称关学，或称关中理学，这一学派注重实践礼仪。“始学必先行其所知”，“道德性命之际惟躬行，久则至焉”[①]。三吕（大忠、大钧、大临）都曾从师张载和程颐。张载是关中理学的祖师，其弟张戬也是关学健将，关中称为“二张”。礼的主张是乡约制度的根本，也是关中风俗的根本。吕大临在《张载行状》中说，张载做云岩县令时，“以敦本善俗为先，每以月吉具酒食，召乡人高年会于县庭，亲为劝酬，使人知养老事长之义”。吕大钧作乡约那年，张载任太常礼院同知，立争冠婚丧祭之礼[②]。吕大钧和张载是同年的进士，佩服张的学问，而张载佩服大钧知行合一，身体力行，说“秦俗之化，先自和叔有力”。后来在明代，乡约成了关学的一个传统。

另外，吕大钧的思想也受到古礼的影响，尤其是周礼。他“好古甚切，并且以为周礼必可行于后世”。杨开道认为，吕氏乡约与古礼的关系有两处。一是它的根本原则与《周礼》十二教的教化精神一致。二是它继承发展了《礼记》的乡饮酒礼。

《周礼》是以礼俗行教化，掌管地方行政的司徒称为教官，用十二教来施行教化。十二教包含了几乎所有的政教，“一曰以祀礼教敬则民不苟，二曰以阳礼教让则民不争，三曰以阴礼教亲则民不怨，四曰以乐礼教和则民不乖，五曰以仪辨等则民不越，六曰以俗教安则民不偷，七曰以刑教中则民不虣，八曰以誓教恤则民不怠，九曰以度教节则民知足，十曰以世事教能则民不失职，十有一曰以贤制爵则民慎德，十有二曰以庸制录则民兴功”[③]。

《礼记》乡饮酒礼，在于用礼的形式行教化。“乡饮酒之礼，所以明长幼之序也。”[④]“乡饮酒之礼，六十者坐，五十者立侍以听政役，所以明

---

① 这几个例子，都引自冯从吾《和叔吕先生》，见《少墟集》卷19。

② 杨开道《中国乡约制度》，山东省乡村服务人员训练处，1937年，41—45页。

③ 同上，杨开道，1937年，52页。

④ 见《礼记》，《经解篇》。

尊长也；六十者三豆，七十者四豆，八十者五豆，九十者六豆，所以明养老也。民知尊长养老，而后乃能入孝弟；民入孝弟，出尊长养老，而后成教；成教，而后国可安也。”① 乡饮酒礼原有四种，分别在乡、州或党举行。在乡里举行的礼仪，后来绝迹了。虽经北魏时提倡乡饮酒礼，唐宋时日见完备，然而最低是在县级举行，再也没有到乡级。直到吕氏乡约的出现，“仿佛一种真正的乡饮酒礼”②。

后来的乡约，基本上继续了这个“软”的做法。日常生活中，乡人互相关心，互相照应。乡人定期聚会时，有礼让的仪式，有融洽的气氛，有喝酒吃饭的安排。这些设计，是要培养人们彼此亲近、友爱、和乐的关系，所谓里仁之美。如果人们都是这样，那么风俗就会变好。所以，这既是一个地方自治的制度，也是一种社会理想。修订礼仪，以礼为纲，是移风易俗的尝试。乡礼是自周礼就开始的，而乡约和乡礼结合的传统，是从吕氏乡约开始的。

3. 吕氏乡约的意义

最初的吕氏乡约直接实施范围不会很大，可能就是吕氏所在的本乡本族。时间也不会很长。据杨开道估计，吕大钧从创作乡约到去世，除去中间外出任职，他实际在乡里推行也就几年而已。

吕氏兄弟躬行礼义，自己和家族做了之后还觉得不够。他们根据实践和关中学者提倡礼学的结晶，而集成约文，制成具体的、有形的团体标准来推行，希望从本乡到蓝田，从蓝田到关中，从关中到天下后世。“吕氏乡约的基本主张，在树立共同的道德标准，共同礼俗的标准，使个人行为有所遵守，不致溢出标准范围以外。这种步骤在礼学里面，可以说是到了登峰造极的地位。”杨开道称赞它在制度传承上的意义。中国农村的成训习俗向来是世代相续，口头相传，从没有见之于文字，见之于契约。而制度必须成文，才可能行之广泛。“由人民主动主持，人民起草

① 见《礼记》，《乡饮酒》，《义篇》。
② 杨开道《中国乡约制度》，山东省乡村服务人员训练处，1937 年，51—54 页。

法则，在中国历史上，吕氏乡约实在是破天荒第一遭。”[①]

萧公权说：“吕氏乡约于君政官治之外别立乡人自治之团体，尤为空前之创制。此种组织不仅秦汉以来所未有，即明初‘粮长’‘老人’制度之精神亦与之大异。盖宋、明乡官、地保之职务不过辅官以治民，其选任由于政府，其组织出于命令，与乡约之自动自选自治者显不同科也。”推崇之余，也指出它的局限。“所可惜者，按乡约之明文，参加退出，悉本个人自愿。故入约者势必为乡民之一部而非乡民之全体，乡约乃私人之自由组织而非地方之自治政府。且所约四事，偏重道德。经济教育诸要务，均在合作范围之外。衡以近代之标准，实非完备之自治。”[②]

《吕氏乡约》被奉为乡约的鼻祖，对后世影响很大。现存的版本可以分为简单和详细两种。比较流行的简单版见《说郛三种》[③]。详细的版本是朱熹修订的，后面附有吕大钧的信，还有朱熹的一段文字以及王承裕的文字，载于明代王承裕校勘的《关中丛书》。这个丛书，也收录了吕大钧的《乡仪》。它比简单版的篇幅长，过失相规、礼俗相交、患难相恤各条都有详细的说明。该版及其附录，呈现了它的原貌和历史背景。王承裕的目的，也是希望有人看到这个办法后能够实行，乡人“勉为善，而耻为不善”，风俗自然就会改善[④]。各时代仿照《吕氏乡约》乡规民约不胜枚举。它还被传到朝鲜、日本等国家。金安国（1478—1543 年）译成《吕氏乡约谚解》。至今朝鲜流行的有关乡约制度的书籍近 20 种。

---

① 杨开道《中国乡约制度》，山东省乡村服务人员训练处，1937 年，103—107 页。

② 萧公权《中国政治思想史》下册，第十六章，联经，民 71，570—571 页。

③ 明代，陶宗仪等编《说郛三种》，上海古籍出版社，1988 年。其中载有吕氏乡约的一是《说郛一百卷》，卷 80，1135—1136 页。二是《说郛一百二十弖》，71，3333—3334 页。

④ 《乡约》、《乡仪》王承裕编后注载于《关中丛书》，见《丛书集成续编》第 78 册，上海书店，1994 年，881—884 页，885—891 页。原文：“乡约本文承裕十年前得之，盖吕氏兄弟相与论定者，其所以约乡人为善之意至矣。况晦庵先生有取于斯。每欲刊印传布，未果。兹居先太师端毅公之忧，念此书人少得见，恐久而失之。于是自为校勘，俾学徒誊刊于弘道书院。于戏使此书果有主其约而行之者焉，则乡之人将勉为善而耻为不善，风俗恶有不厚者哉。因记于后。正德五年庚午春三月甲子三原王承裕书于考经堂。”

第3. 朱熹对乡约制度的贡献

1.《增损吕氏乡约》

北宋被金人灭亡，吕大钧的原著《诚德集》等在关中失传。朱熹家有此书，编辑了其中的《乡约》和《乡仪》[①]，才使它们得以流传后世。另外，朱熹将《乡约》重新补改编写，后称之为《增损吕氏乡约》。朱熹自述："乡约四条，本出蓝田吕氏，今取其他书，及附己意，稍增损之，以通于今。"由于其流传之广泛不下于原约，以致人们经常把二者混淆。

杨开道认为："假使没有朱子出来修改，出来提倡，不惟吕氏乡约的条文不容易完美，吕氏乡约的实行不容易推广，恐怕连吕氏乡约的原文，吕氏乡约的作者，也会葬送在故纸堆里，永远不会出头。正因为他是一个名重全国，名闻后世的大儒，乡约制度才受天下后世的重视，乡治组织才有四面八方的发展。"这个结果，可能出乎朱熹本人的预料。他对乡约的直接工作，只是"考据修订，没有特别的提倡"[②]，这和实践的吕大钧相比是不同的。而且因他晚年被视为奸党、伪学，当时的儒士未必敢推行他这一套。但在他死后的几十年中屡次谥封，朱子的学术地位高了，他提倡的乡约也有了相当的影响。

朱熹等人的书信往来表明，修乡约不是单纯的学术研究，也是为了"彼此交警"，"教人善俗"，打算号召人们实行。他在信中说："乡约之

---

① 杨开道《中国乡约制度》，山东省乡村服务人员训练处，1937年，127页，146页。

② 同上，杨开道，1937年，133页。

书，偶家有藏本，且欲流行，其实恐亦难行如所喻也。然使读者见之，因前辈所以教人善俗者，而知自修之目，亦庶乎其小补耳。”① “熹近读《易》，觉有味。又欲修《吕氏乡约》、《乡仪》及约冠婚丧祭之仪，削去书过行罚之类，为贫富可通行者……所惧自修不力，无以率人。然果能行之，彼此交警，亦不为无助耳。”②

他的朋友张轼回信说：“昨寄所编祭仪及《吕氏乡约》来，甚有益于风教。但乡约细思之，若在乡里愿如约者只得纳之，难于拣择。若不择，则或有甚败度者，则又害事。择之，便生议论，难于持久。兼有所谓罚者，可行久久更须详论精处。若闲居行得，诚善俗之方也。”③ 当时对细节很留心，就是考虑到实行的效果。例如，增加了一个副约正，变成一个约正、两个副约正和一个直月。明确了用三个记录本，“愿入约者，书于一籍。德业可劝者，书于一籍。过失可规者，书于一籍”。朱子把罚款的规定删掉了，改成了当众纠恶善籍由直月当众朗读，恶籍让众人默默传看。用劝勉的方式取代惩罚，似乎更合乎人情。

原约聚会的规定很简单，朱子把它改成一套十分完备细密的“月旦集会读约之礼”。聚会的时间、地点、会场布置、与会者、请假、会场、聚会程序、会场礼仪等，都设计得十分具体。朱熹基本保留了德业相劝、过失相规、患难相恤的三大规条中的原貌，只是个别文字有增改。礼俗相交这部分变化最多，朱熹把吕大钧《乡仪》一书的很多内容加到这里，使这项内容的篇幅占全文三分之一以上。根据长幼尊卑的顺序，列举了造请拜祭揖、请召送迎、庆吊赠遗等诸般礼节。其各项礼仪的规定都非常具体。

从吕氏乡约和乡仪，到朱熹增改的乡约，把礼仪条规集中到一部乡约，特点是范围广泛，注重细节④。这些传统的待人接物的准则，是沉淀在文化的深层的东西，对社会风俗产生潜移默化的作用，即使今天我们也能看到一些影子。

---

① 朱熹《晦庵集》卷31，《答张敬夫》。

② 朱熹《晦庵集》卷33，《答吕伯恭》。

③ 张轼（张敬夫）《答朱元晦》，见《南轩集》卷22。又见宋代，魏齐贤《五百家播芳大全文粹》卷68。

④ 朱熹《增损吕氏乡约》，见四部丛刊初编集部，《朱文公文集》卷74，第2册，上海商务印书馆缩印明刊本，1937年，1376—1379页。

2. 倡办社仓

社仓法，有人说是朱子首创。朱熹在《社仓事目跋语》说“里社有仓，实隋唐遗法”。这证明社仓法不是朱熹首创。他在淳熙八年（1181年）冬十一月开始办社仓，地点是“所居建宁府崇安县开耀乡”。和朱子共同实行赈贷的还有“本乡土居朝奉郎刘如愚”。朱子颁布《社仓事目》的身份是“宣教郎直秘阁新提举两浙东路常平茶盐公事朱熹”。

当年正值乡民乏食，他们从府里领到米六百石，夏间出借，冬天偿还，并纳息米每石二斗。年成不好，酌量减息。14年后，社仓成效大著，不仅还清了原来借的米，本地积下仓米3100石，并且自建仓库贮藏。所以，朱子此时奏请朝廷，在奏文中说：“其法可以推广行之他处，欲望圣慈行下诸路州军晓谕人户，有愿置立者，州县量支常平米斛，责付本乡出等，人户主执敛散，随宜立约，实为久远之利。”

社仓的办法，采用当时流行的保甲制度。社仓采用保甲，是为了掌握人口的真实情况，据此合理地发放粮贷。十家为一甲，甲推一人为首。五十家为一社，社推一人通晓者为社首。结保的办法是十人一保。甲户登记，是由某里第某都的社首某人，会同本都大保长、队长编排都内人口数，以甲户为单位，登记某甲户有大人若干、小儿若干口，居住地名某处，收入情况等。每年十二月，都要由社首保正副，对旧保簿，核查修改，重行编排。这份保簿，就是支领借贷的凭据。其簿不实，则当治罪。

申报借贷的资格，重在救恤，不是平均主义。根据家庭经济情况确定，人户“产钱六百文以上及自有营运衣食不阙，不得请贷”。

社仓支贷的程序是，人户向队长、保长申报，队长、保长再向社首、保正副申报。如果没有队长，人户可以直接向社首申报。本人亲自到社仓，各级乡官也要到场验明正身，才给发米。“正身赴仓请米，仍仰社首、保正副、队长、大保长并各赴仓，识认面目，照对保簿。如无伪冒重叠，即与签押”，“监官与乡官人仓，据状依次支散”。

所谓的“据状依次支散”的“状”，是指人户要填写并交给社仓的“请米状”。规格是某都、第某保、队长某人、大保长某人，管辖之下某处地名、保头某人、若干人，递相保委。就社仓借米，每大人若干，小儿减半，候冬收日，备干硬糙米，每石量收耗米三升，前来送纳。保内一名走失事故，保内人情愿均备取足，不敢有违。谨状。年月日，保头姓名，甲户名，大保长姓名，队长姓名，保长姓名，社首姓名。这个联保机制，是为了保证有借有还，防止社仓的损失。

淳熙九年六月八日，又发布《劝立社仓榜》，勉励当地几个官员积极支持社仓的行动，他们或者用官米或者用本家米，放入社仓以资给贷。夸他们心存恻隐，惠及乡间，出力输财，值得嘉尚。重申建立社仓的意义是“益广朝廷发政施仁之意，以养成闾里睦姻任恤之风”[①]。

① 朱熹《社仓事目》，《劝立社仓榜》，见四部丛刊初编集部，《朱文公文集》卷99，上海商务印书馆缩印明刊本，1937年，第二册，1771—1774页，1775页。

第4. 方孝孺的乡族自治

明初巨擘方孝孺（1357—1402年）在政治思想上的创见，是以人民的福利为政治目的。在此基础上，他提出了一套乡族制度，被认为可以和吕氏乡约媲美，可以称为“乡族自治”。

他认为宗法和井田，是同等重要的两个制度。家族始于夫妇，于是父子、兄弟、友朋相继以起，其产生早于政治组织。亲亲是人性的自然，所以圣人立宗族之制，使家族乡党之间相睦相助，相教相治。乡党无乱子，则天下无乱民。方氏坚信，明初北方人口稀少，恢复井田制是可行的。至于南方人口稠密，也可采用变通的办法，使“人各有田，田各有公，通力以趋事”。如果难以复行井田，就以乡族之法补救①。方氏提出复宗族的意义和目的，散见在文集卷13中的11篇族谱序文。他曾为方氏族谱等11个族谱作序。提出宗族对淳化风俗的作用。“国俗之所兴，由乎一乡之俗。乡俗之所起，由乎一族之俗。”认为大凡世之名族，子孙相传数百代，“其祖必有盛德余善，以为之基，而又能防范扶植，以维持其变。是以熏涵渐渍，以成其风俗”。还认为修族谱能使族人亲睦。“非谱无以收族人之心，而睦族之法，不出乎谱。”②

他的宗族思想，根源于推崇先王的持民之道。“以井地养民，以比间族党之法联民，以学校三物之典教民。凡群居耦聚者，非必有昆弟之亲、宗族之序，然贫能相收，患能相恤，丧相助而死相葬，喜相庆而戚相忧。

---

① 方孝孺《逊志斋集》卷1《宗仪》，包括序文和九篇正文，即尊祖、重谱、睦族、广睦、奉终、务学、谨行、修德、体仁。王云五主编《国学基本丛书四百种》，台湾商务印书馆，1968年，34—48页。

② 方孝孺《逊志斋集》卷13《葛氏族谱序》，见王云五主编《国学基本丛书四百种》，台湾商务印书馆，1968年，384—385页。

小而五家之比，大而二千五百家之乡，其情皆如骨肉之亲之厚且笃也。”①井田可以定天下之争，比闾族党可以弭天下之暴。其中的道理，是“有恒分而知恒，道何由乱”②。

方氏还主张以礼义正风俗，继承了礼义教化之说的传统。三代化民，后世禁民，以礼义教化比用刑罚管束效果更好③。乡和族，也都是施行礼义教化的组织。

族。族立齿德尊者为族长，立有文者一人为典礼，立敦睦而才者一人为典事，立行而文者为师，择一人以为医。以上为族中常设之执事。族中要务为田、学、祠、会四类。具体内容，是田除了祭田之外，还有振田百余亩至数百亩。族长与族中廉者掌之，救助族中困乏者。族立学以教，其教以孝弟忠信敦睦为主。立祠以祠族人及师之有道者。自族长以下，凡主财以私、典事而惰、相礼而野以及不能睦族者，不祠。每年在族祠召集四次燕乐之会，三次礼仪之会。会上，通常由族长明其盛衰绝续之故，以劝善去恶。设“旌善之位”，善多者就位。长者命酒，少者咸拜之。也设“思过之所”，恶之累书而不改者立其下。族人之悖伦纪、虐乡里、争斗、相讼、酗酒、赌博、欺诈等，屡犯而不改者，皆不得预会④。

乡。数百家为乡，“每乡推其尤者为之表”。乡之要务有廪、祠、学、会四项。乡廪就是建公仓。丰年夏秋，百亩之家以上，称其家为多寡，皆入稻麦于廪。不少于十升，不多于十斛。乡表记录其数目，众人看守。乡值凶荒或有乡人有疾病、死丧，不能自养者，则出廪振之。廪之出入，以能力及需要为标准。凡受振则庚其所受，加息什一，贫而无力者不庚。廪旁设祠，表扬乐于向乡人捐助者。祠中设两个板子。一块嘉善板，“板以朱，书以青”，记录好事。另一块愧顽板，“板不饰，书以白”，记录

① 方孝孺《逊志斋集》卷13《谢氏族谱序》，见王云五主编《国学基本丛书四百种》，台湾商务印书馆，1968年，382—383页。

② 方孝孺《逊志斋集》卷1《杂诫》第7章，见王云五主编《国学基本丛书四百种》，台湾商务印书馆，1968年，382—383页。

③ 方孝孺《逊志斋集》卷3《正俗》，见王云五主编《国学基本丛书四百种》，台湾商务印书馆，1968年。

④ 方孝孺《逊志斋集》卷1《宗仪》第三首之《睦族》，37—39页，《宗仪》第四首之《广睦》，见王云五主编《国学基本丛书四百种》，台湾商务印书馆，1968年，39—40页。

“吝而私者，为表而不均者，渔利而不恤民者”。每年召集众人拜祠，读板子上的记录，以为劝诫。立有德服众者一人为师，师下设司教二人，司过二人，司礼三人。乡学教法和族学一样。在吉日，乡人盛装拜乡学，闲时向师请教。“有违过者师治之，悖教不良者师罚之。”乡会在每年秋季，礼仪和族会类似。诵嘉言，耆老之贤者举以教。和族会类似，有八种问题的人也不许参会[①]。

萧公权高度赞誉方氏乡族，认为它“与地方自治相仿佛”。其宗法乡族之制，远袭周礼遗意，近合明初政事，承袭宋代乡约。“其法兼采互助自治之原则，以解决人民教养之两问题”，这比偏重道德的吕氏乡约更加全面。“方氏乡族制度始欲凭全体乡民自动之力量，以推进有关政教之重要事务。就此论之，其内容实较吕氏乡约在原则上更近于近代之地方自治。”方孝孺在对专制政府失望之余，肯定人民自治的能力和自治的必要性。他反对传统中关于人民没有能力自治的成见，否定君主教养人民的能力，试图以乡闾之制“代”政府之制。“以乡族为起点，欲人民先自教养，以代政府之所不能。孔子曰：‘民可使由之，不可使知之。’千余年传统儒家思想一致否认人民有自治之能力，一致希望君主能尽教养之责任。方氏始承认三代以后君主缺乏能力之事实，而欲使乡族自行一部分教养之职务。表面因袭周官，精神上另辟蹊径。就此论之，方氏乡族自治之理想乃非常之创获。以视吕氏乡约，诚无逊色。”[②] 方孝孺在明代就提出人民自治的权利，并结合当时情况设计出这套具体办法。

---

① 方孝孺《逊志斋集》卷1《宗仪》第九首之《体仁》，见王云五主编《国学基本丛书四百种》，台湾商务印书馆，1968年，47—48页。

② 萧公权《中国政治思想史》下册，第十六章，联经出版公司，1982年，570—571页。

第5. 王守仁与官方推行的乡约

1. 王守仁与乡治

王守仁（1472—1528年），字伯安，学者称阳明先生，明代名臣大儒。萧公权先生说："阳明之论治术似少新意。其最可注意者，为近于近世地方自治制度之乡约、社学、保甲诸法。盖远袭前人遗意，近依洪武故事，变通改进而成者。社学、保甲，可置不论。其南赣乡约则为明代乡约之肇始，内容详密，为后人所称道。"他以封疆大吏的身份在辖区直接推行，与吕氏兄弟在本乡行乡约相比，影响程度和范围自然不同，与朱子的文字之功也不可同日而语。

他39岁时曾任江西吉安庐陵县知县七个月，"为政不事威刑，惟以开导人心为本。稽国初旧制，慎选里正三老，坐申明亭，使之委曲劝谕"①。

45岁时升任都察院左佥都御史，巡抚江西南赣、福建汀漳等地，次年改为提督。江西安南赣州地方当时各省交界地区，地势险要，盗贼不时发生，地方受祸②。王守仁的任务是剿灭盗贼，安抚地方。可谓封疆大吏，对军马钱粮可以便宜行事，对文武官员可以军法从事，对盗贼可以生杀予夺。

他在文武两方面双管齐下。文的是推行十家牌法。令每天各家轮流

① 《王阳明年谱》卷一、卷三。《王阳明全集》卷八、卷九。见《王阳明全集》全译本，第一册，第六册，北京燕山出版社，1997年，77—78页。

② 同上，《王阳明全集》，1997年，104页。

按门清查，使盗贼难以藏匿。“其法编十家为一牌，开列各户籍贯、姓名、年貌、行业，日轮一家，沿门按牌审察，遇面生可疑人，即行报官究理，或有隐匿，十家连坐。仍谕父老子弟，务要父慈子孝兄爱弟敬，夫和妇随，长惠幼顺，小心以奉官法，勤谨以办国课，恭俭以守家业，谦和以处乡里。心要平恕，毋得轻易忿争；事要含忍，毋得辄兴词讼。见善互相劝勉，有恶互相惩戒，务兴礼让之风，以成敦厚之俗。”① 武的方面，如选民兵和立兵符。他让各省在每县招募骁勇十人左右，从中挑选出众者为将领。从各县原额内留三分之二可用的，让该县贤能的官统练，专以守城防隘为事。另外三分之一疲弱的退役。这样使各县屯戍的民兵平时可以守护，有战可以应急。再就是立兵符。他说：“习战之方，莫要于行伍；治众之法，莫先于分数。”将调集各兵设定编制，分设首领，为各级制兵符。“每五人给一牌，备列同伍二十五人姓名，使之联络习熟，谓之伍符。每队各置两牌，编立字号，一付总甲，一藏本院，谓之队符。每哨各置两牌，编立字号，一付哨长，一藏本院，谓之哨符。每营各置两牌，编立字号，一付营官，一藏本院，谓之营符。凡遇征调，发符比号而行，以防奸伪。其诸辑养训练之方，旗鼓进退之节，务济实用行之。”②

正德十三年，王守仁47岁。这一年盗贼稍平，民困渐息。他提出兴办社学，并颁布《南赣乡约》，作为地方长久之计。阳明认为，“民风不善，由于教化未明”，教养之过和官治不善，都是造成民乱的原因。盗贼可以暂时平息，若不从根本上移风易俗，难免又会出乱子。“以为民虽格面，不知格心，乃举乡约。告谕父老子弟，使相警戒。”用乡约的办法，使百姓“以相警戒联属，父老其率子弟慎行之。务合尔邻里，齐尔姻族，德义相劝，过失相规，敦礼让之风，成淳厚之俗”③。另外，“兴立社学，延师教子歌诗习礼”。希望逐渐养成人民礼让的风气。“今教童子者，当以孝悌忠信礼义廉耻为专务。其培植涵养之方，则宜诱之歌诗，以发其

---

① 《王阳明年谱》卷一、卷三。《王阳明全集》卷八、卷九。见《王阳明全集》全译本，第一册，第六册，北京燕山出版社，1997年，96—97页。

② 同上，《王阳明全集》，1997年，96—97页。

③ 同上，《王阳明全集》，1997年，128—129页。

志意；导之习礼，以肃其威仪；讽之读书，以开其知觉。”①

行乡约不是一时的突发奇想，或者所谓前无古人的发明创造。不久前，王守仁和门人在研讨朱子。“七月，刻古本《大学》。先生出入贼垒，未暇宁居，门人……皆讲聚不散。至是回军休士，始得专意于朋友，日与发明《大学》本旨，指示入道之方。”王守仁觉得，朱熹的思想晚年才确定，而世传的《集注》、《或问》之类，“乃其中年未定之说，自咎以为旧本之误，思改正而未及”②。后来十月行乡约，很可能是这时刊刻朱子书籍时受到的启发。

嘉靖五年，王守仁55岁，兼任两广巡抚期间，提倡办学、乡约、礼教。门人邹守益建复古书院，召集生徒，并刻谕俗礼要，以讽民俗。王守仁回信称赞说，“古之礼，存于世者，老师宿儒，当年不能穷其说。世之人，苦其烦且难，遂皆废置而不行。故今之为人上，而欲导民于礼者，非详且备之为难，惟简切明白，而使人易行之为贵耳。徒以末世废礼之极，聊为之兆，以兴起之。故特为此简易之说，欲使之易知易从焉耳。冠婚丧祭之外，附以乡约，其于民俗，亦甚有补。”③

嘉靖七年，王守仁57岁，在广西感化了思田叛乱的一些首领，他们率领17000多人投降④。同年十一月去世。平乱之后，王守仁认为治理少数民族地区首先宜设学校。考虑到当地常年变乱，百姓穷苦，他让地方官对愿意入学者不提经济上的要求，都要委派教官施教，兴起孝悌之风，“或倡行乡约，随事开引，渐为之兆”。先后兴建思田学校、南宁学校。他还强调礼教对于治理少数民族的重要性。曾发牌谕说：“安上治民，莫善于礼。冠婚丧祭，固宜家喻户晓者。今皆废而不讲，欲求风俗之美其可得乎？况兹边方远郡，土夷错杂，顽梗成风。有司徒具刑驱势迫，是谓以火济火，何益于治？若教之以礼，庶几所谓小人学道，则易使矣。”⑤

可见，乡约、学校、保甲、礼教这些办法，王守仁都用过。不像吕

① 《王阳明年谱》卷一、卷三。《王阳明全集》卷八、卷九。见《王阳明全集》全译本，第一册，第六册，北京燕山出版社，1997年，117页。

② 同上，《王阳明全集》，1997年，124页。

③ 同上，《王阳明全集》，1997年，246—247页。

④ 同上，《王阳明全集》，1997年，272页。

⑤ 同上，《王阳明全集》，1997年，248页。

氏兄弟那样用在从容不迫的乡里日常生活，而是在战事频仍、动乱不定的时机和地方。

2.《南赣乡约》的特点

王守仁认为家庭宗族乡里的风俗环境，对人们的道德和行为影响很大。“暴民”多为弃宗族、叛乡里者。为了造成一个劝善勉恶的环境，“故今特为乡约，以协和尔民。自今凡同约之民，皆宜孝尔父母，敬尔兄长，教训尔子孙，和顺尔乡里。死丧相助，患难相恤。善相勉，恶相告诫。息讼罢争，讲信修睦，务为良善之民，共成仁厚之俗。”

这个乡约，原则是诱掖奖劝，奉行忠厚之道，注重实际效果。具体办法是先隐后显，先礼后兵。“彰善者，其辞显而决；纠过者，其辞隐而婉。”“勿纠使无所容，或激而遂其恶。”“约长、（约）副等，须先期阴与之言，使当自首。众共诱掖奖劝之，以兴其善念，姑使书之，使其可改。若不能改，然后纠而书之。又不能改，然后白之官。又不能改，同约之人，执送之官，明正其罪。势不能执，戮力协谋官府，请兵灭之。”

集会程序上更加精细了，与会者说什么、做什么规定得更加具体。与朱子《增损吕氏乡约》比较，简化了礼仪，增加了约众的参与，以及组织者和约众的相互呼应，会场气氛比较生动。

省略了朱子的长幼尊卑分班行礼，只保留交拜、少者为长者酌酒二礼。强调戒谕、读约、彰善、纠过、申戒、宣言的仪式，虽然近于机械，也有相当的作用。戒谕和宣言像是一种誓词，让大家表明从善的决心。用“神明诛殛”之语，也许符合当时人们敬畏神明的心理。“吕氏乡约完全是士人阶层的口吻，应用士人阶层的心理。虽然在理论上比南赣乡约高出一层，而在群众里面的实用，也许南赣乡约又要高出一层。”①

乡约的领导人数大幅度增加，南赣乡约则增加到 17 个人，约长代替原来的约正成为首要人员，下设约副、约正、约赞、约史、知约等各若干人。

南赣乡约是一个强迫的组织，覆盖全乡村。政府要求人们必须加入。

---

① 杨开道《中国乡约制度》，山东省乡村服务人员训练处，1937 年，165—170 页。

规定如果不参加集会罚银一两，惩罚十分严厉。

乡约组织担负的职能大幅度地增加了，变成了一个准官方的机构。所以成了官办自治，和以往吕氏乡约的纯粹民间组织不同。在南赣乡约中他们的责任很大，要管的事几乎是无所不包，几乎变成了政府的基层差役。“乡约本来是一个道德感化的制度，参加许多的官样文章，一个道德感化的领袖担任许多差遣杂事。”

乡约负责的事项分几方面：

（1）约中互相帮助。明确了约长、约正等必须对此负责，“通约之人，凡有威疑难处之事，皆须约长会同约之人，与之裁处区画，必当于理、济于事而后已，不得坐视推托。陷人于恶，罪坐约长、约正诸人”。

（2）协助官府。约长等劝令同约完成纳粮的任务，劝助投招新民改过自新、各守本分，以及劝诫同约维护地方安定。与官府的关系。凡约中难以解决的问题，则呈官，治罪、追究、惩治。

（3）保护同约人的利益。若有地方官吏、士兵等来勒索骚扰，由约长率同约人，呈报官府追究。

（4）处理同约事宜。经济事务上，约长等劝令大户、客商，放债收息合依常例，贫难不能偿还的宜以理宽舍，不得趁火打劫，逼人为盗。亲族乡邻若有纷争、斗殴不平之事，不得妄为，当鸣之约长等人，公论是非。男女成年宜及时婚嫁，如有因为聘礼或嫁妆没准备好而推迟婚期，约长等要出面劝他们不要耽搁，随时婚嫁。约长等要省谕同约人，遵守礼制。给父母办丧事，根据家庭经济条件，只要心诚尽孝就好，不可倾家费财。不然，在纠恶簿写上不孝。

杨开道比较了南赣乡约与吕氏乡约，指出前者是一个人民自动的乡村组织。“乡人相约，勉为小善”（吕大钧语），是自治的胚胎；南赣乡约是一个政府督促的乡村组织，是官治的传统。“乡约制度到了阳明先生的手里，不惟成为政府多年规条，并且成为政府的工具”，“政府的一种帮助，去维持乡村的公正，去执行政府的法规”，“可以查察奸非，助行法律，和保甲制度的功用相差不远”。

第6. 吕坤与乡约、保甲合一

1. 作者及贡献

吕坤（1536—1618年），字叔简，号心吾。明嘉靖十五年生，万历四十六年卒。著有《呻吟语》、《去伪斋集》、《闺范》、《图说》等书。门人赵文炳收集他从政的重要文献，编了《实政录》一书，所收《乡甲约》等是其乡治的代表作。本书节选《乡甲约》卷2《乡甲事宜》中的《会规》部分。

吕坤的乡约思想，可以追溯到巡抚山西之前。万历二年（1574年）他担任襄垣令时成就不错。三年离任，四年民为之立祠，五年民为之立牌。他不好意思，提议改为乡约所，并说："夫邑之有乡约，以崇圣训也。士民暇，则与聚焉。谈礼义，敦情好，以保其丘庐，而俗益长厚。"①他推行的《乡甲约》，设计严密，而且真正实行过，在当地共建了120个约，对后人影响极大。

《乡甲约》的主要贡献是首次把乡约与保甲二合一，用乡约劝善惩恶，用保甲缉奸弭盗。"劝善惩恶，法本相因，而乡约保甲原非两事。乡约之所约者此民，保甲之所保者亦此民。但约主劝善，以化导为先。保主惩恶，以究诘为重。"②

吕坤62岁至82岁家居20年，虽然不能再借助官府的力量，仍然热心于礼义教化。在所住的宁陵乡，他和兄弟一起大力提倡吕氏宗约。他

---

① 杨开道《中国乡约制度》，山东省乡村服务人员训练处，1937年，211页。

② 吕坤《乡甲约》卷1《申明乡甲缘由》。

制定宗约，创作宗约歌85首，用极浅、极明、极俚、极俗的文字，劝同宗祭祖、孝亲、笃亲、友爱。宗约的赏罚也用记录在册的办法。记善的叫鹄史，记恶的叫鄂史。这都是吕坤发明的新词和新法。他的大半生，体现了古人“在朝美政，在野美俗”的理念。

2. 制度创新

（1）对乡约领袖培训是破天荒头一遭

他极其重视训练人才，《乡甲约》全书其实就是用于培训的教材。人才分两种，一是培训者，一是乡约领袖。首先挑选和训练培训者，再让他们去训练乡约领袖。从县里的学人中，每县选拔三四十人“年长老成，善为讲说者”。发给每人乡甲约一册，令其自己研究，半个月后在明伦堂讲解。好的赏，不好的再令学习，再令讲解。三四个月后全部精熟，然后派到各约。每个培训者分任数个乡约，逐个去训练。每个乡约只住两日，去讲乡约事体，要让约正、约副、约讲、约史、甲长，人人明白，各个通晓。这样，两个月左右完成全县的培训。然后还要考核，由县官每天召集十个乡约主要领导，包括约正、约副、讲史，到明伦堂考察。精通者，培训人员和被培训的都有奖；不行的，培训人员记过，对乡约领导们再培训，直到精通为止。

（2）乡约、保甲合一的严密组织

由于乡约重精神，保甲重组织，合在一起就是把乡约的教化放在保甲的严密组织里。乡甲约的领导阶层，“以一里为率，各立约正一人，约副一人，选公道正直者充之，以统一约之人。约讲一人，约史一人，选善书能劝者充之，以办一约之事。”另外，每约百家选保正一人，百五十家量加选保正副各一人。保正副，须选家道殷实、力量强壮、行止服人者为之。平时他们负责挨户检查，有事则率领各甲壮丁救护。平时一二百家，还要找个师傅教大家武艺，或者本甲辗转相教①。

另外，约内之民众则按十甲四邻的办法组织起来。十家为一甲，十甲为一约。每甲有甲长，由甲内人家公举。五家为一组，由本家加上前

① 吕坤《乡甲约》卷2《乡甲至要》。

后左右四家是四邻。它不是一个固定的划分，而是相对的。每家都有四邻，每家也属于别家的四邻。十甲四邻互相劝化，互相考察，使奸盗无处藏身，使美德得以显扬。一家有恶，四邻劝化。不听，四邻告知甲长，甲长告知约正，记录在记恶簿上以示惩罚。有重大过恶，四邻知而不报，罪坐四邻。四邻举发，而甲长不报罪坐甲长。甲长举发，而约正、约副不记录，罪坐约正约、约副。所谓一家有罪，九十九家都有干系。劝善也是同样的机制。一人有善，四邻告知甲长，甲长告知约正约副，记录在记善簿以示奖励。

乡甲组织构成了一个严密的网，覆盖了里面所有的人。各约外面还有一个监督管理机制，官府通过它监管各约，施行赏罚。虽然明初设老人二名以佐州县之政，但后来这种老人制名存实亡，实际上沦为政府的差役，没人愿干。吕坤采用类似办法设“公正”，选殷实有德者担任。城镇二人，四乡八人，分理乡约。约正、约副等有不公不法，公正可以纠察、更换或惩罚。更换时，公正还可保举胜任的人担任。

（3）奖罚办法比以前具体。

吕氏乡约中善行无等级，恶行只分轻重两类。南赣乡约中没有定善恶的标准。乡甲约却有详细的标准，以便实际执行。善行分大、中、小三等，小善五次等于大善一次，中善三次等于大善一次。有大善，姓名都写在旌善亭上。如果以后犯了公罪，可以据此减免。犯了私罪，可以免除记恶。恶行的条款复杂，是相对于善行而定的。惩罚标准没有劝善的那么详细，主要是轻者记恶，重者禀官，最重者送官。也有一些特别的规定，如对赌博、游荡等，罚的办法很具体。

除了在善恶簿上记录，为了扩大效果还采用申明旌善亭以显大善，用州县竖牌以显大恶，以及其他用具。

竖牌。长二尺，宽八寸，上面写恶行，下面写名字，钉在犯恶者家门左。竖牌分十种，分别写十种恶行，即不孝、不义、做贼、赌博、光棍、凶徒、奸民、诈伪、无耻、败子。钉有竖牌的人，街民不与往来，集会跪地听讲以示辱。

和以往比较，钉门牌的做法，通过羞辱、冷落当事人，迫使其悔改。后来的乡约多有继承此法，而与最初的乡约反其道而行。早先不张扬过恶，给人留余地。王守仁就特别强调再三给机会，以免激发当事人破罐子破摔①。

改过簿。除了杀人放火，罪大恶极送官纠治之外，只要自己悔悟，有人担保，就可将惩罚减轻。小恶三月不再犯，中恶六月不再犯，大恶一年不再犯，要有乡约领袖担保。大恶钉竖牌者，需全约人共同担保。悔改后，都记载在改过簿上。原来恶簿上的记录虽然不除，也不算数了。

和事牌。用于约中人和解，息讼止争。

圣谕格叶。格叶是记录一个人日常德行生活的流水账，设计得简直像当代的调查问卷。15 个日常生活指标，面面俱到，十分具体，有些甚至是量化指标。主要是为了调查户口、农桑，也有少数几款记载善恶。格叶由官方统一分发，每户一份。户口农桑方面的情况，由约讲、约史查明后填写。善恶方面的内容，每年年底约中集会，由甲长填写。填完钉好，送交官府，交掌印官，定期抽查，并用红笔写上批语，发现不当要更正。

吕坤强调，乡甲约虽好，但实行上若不得其人，则很容易导致贪污腐化。“乡甲之约，良民分理于下，有司总理于上。日考月稽，奸弊自革。若掌印官视为虚文，如醉如梦，则约正副以为齐货通贿通情，是良法反为弊政。”②

---

① 特别规定，若有难改之恶，且勿纠。使无所容或激，而遂肆其恶矣。约长副等，须先期阴与之言，使当自首。众共诱掖奖劝之，以兴其善念。姑使书之，使其可改。若不能改，然后纠而书之。又不能改，然后白之官。又不能改，同约之人执送之官，明正其罪。势不能执，戮力协谋官府，请兵灭之。

② 吕坤《乡甲约》卷2《乡甲事宜》之《会规》。

第7. 明代民间乡约

明代有多位名臣在各自管辖的范围内推行乡约，此外一些官员乡居时以及儒士，也在本乡推行。

1. 求仁乡约

隆庆年间（1567—1572年），胡直曾在川南推行乡约，效果很好。他从四川回乡，乡人胡汝贤等人前来看望。大家谈起当时地方不安宁，强盗猖獗。一到冬季，天黑以后强盗就入室抢劫，数十里内都受波及。胡汝贤问，听说四川那里行乡约，人们团结御寇，我们能不能仿行？胡直说，当然可以。大家订下约规，叫作求仁乡约。胡汝贤出资刻印，每家送一本。由二三人提倡，数百人参与。结果，平息了强盗的气焰①。

2. 李春芳的《订乡约事宜》

据《中国历代人名大辞典》，李春芳，明代扬州府兴化人，字子实，号石麓，嘉靖二十六年进士，授修撰，累官礼部尚书。四十四年兼武英殿大学士，参预机务。隆庆初，代徐阶为内阁首辅。他为人恭慎，不以势凌人，务以安静称帝意。进吏部尚书，以不为高拱、张居正所容，辞官。著有《贻安堂集》。

《订乡约事宜》，简明扼要而且实用。它列举的都是日常生活中人们都会遇到的事。例如，婚嫁时双方如何处理聘礼，丧事怎么办比较符合

① 明代，胡直《螺溪处士胡君偕配刘孺人墓志铭》，见《衡庐精舍藏稿》卷26。

情理，乡人之间长幼怎么称呼，以及见面的礼节、贺寿的礼节、宴请和摊钱的办法，等等。乡人们商定一些通情达理的标准，大家照着做，可以免去多少烦恼，增加多少和乐。从习俗和人情的角度提出办法，对社会风俗自然会产生积极的作用。

这个制度原载于《兴化县志》。地方志等文献中，类似制度可能还有。这个例子说明，乡约可以非常平易近人，而且贴近日常生活，也可以没有惩罚，只有鼓励和引导①。

3. 唐达的《葬亲社约》

唐达，字灏儒，号永言，崇祯十七年贡生。浙江德清人，高隐不仕。民国《德清新县志》载，唐达研精理学、星历、音律。他家教著书，一时执经问业者甚众，所交皆识学力行之士。有朋友因为贫困，不能安葬去世的父母，他就倡议创立葬亲社，人们都仿效这个办法。晚年行医。他的《葬亲社约》，见陈弘谋《五种遗规——训俗遗规》卷3。这个社约的组织和管理方法十分精密，从各方面看都很出色。

陈弘谋的按语说，停丧不葬，向来被认为非常不合乎礼。当今的士大夫，也不能否认这一点。但是实际上，停棺不葬的情况比比皆是。原因或者是没有找到合适的地点，或者财力不行。“唐子以葬亲为社约，醵金相助，众擎易举。虽极贫寒，得此亦可以举棺矣。而又有不葬之罚，相归相劝，无不以葬亲为事，使不葬者无以自容。庶几同社中，可无不葬亲之人矣。其经营之善，用意之厚，不诚可以劝孝而励俗耶？杨园增补之条，尤为精密。行吕氏乡约者，亟当增入此约，以为救时之切务也。”②

因贫困或其他原因，不能及时为亡故的亲人下葬，按当时的习俗是非常不合礼法、不人道的。有人能够挺身而出，率领众人订立规约，筹资解决这个问题。这既体现了乡约自治的精神，也体现了它有益于人民、

① 李春芳《乡约事宜》，载于《兴化县志》，自《古今图书集成》，中华书局，1985 年，39994—39998 页。

② 唐灏儒《葬亲社约》，见陈弘谋《五种遗规——训俗遗规》卷3。

有实效的特点。不同的时代和地方，有不同的问题。人们能够发挥这种自动自发的精神，组织起来想办法解决它，这就是自治。当代的丧葬办法不同了，不必照此办理。但是仍然有一些风俗习惯需要改良，很多地方有各种各样的问题。如果发挥这种精神，把类似做法变通使用，也许能对当地人有所助益。

4. 推行乡约改善风俗

很多例子表明，人们借助推行乡约改善风俗。

关学中，王承裕教人以礼为先。凡是弟子家里有冠、婚、丧、祭这些事，让他们必须遵照礼的规矩办。他刊刻蓝田吕氏乡约、乡仪等书，在当时是为了使乡人们有所遵照，同时对这个制度流传后世贡献很大。当时，他的努力没有白费。“三原士风民俗至今贞美，先生之力居多。”①

王之士，字欲立，号秦关，学者称秦关先生。蓝田人，嘉靖举于乡。屡试不第，后来翻然改悟，潜心理学，以道学自任。“行己必恭，与人必敬，饮食必祭，必诚，兢兢遵守孔氏家法。一时学者以为蓝田吕氏复出。”他还说：“居乡不能善俗，如先生和叔何？乃立乡约。”参与者有一百多人，“于是蓝田美俗复兴”。他的著述甚丰，并有《正俗乡约》②。

吕潜，字时见，泾阳人，号愧轩。每岁时祭毕，燕诸族人，讲明家训。又率乡人行乡约，人多化之③。

林雍，字万容，龙溪人，景泰五年（1454 年）进士。“与乡人月为一会，修蓝田吕氏乡约。”④

刘观，字崇观，江西吉水人，正统四年（1439 年）进士。“取吕氏乡约表著之，以教其乡。冠婚丧祭悉如朱子家礼。家有孤嫠不能自存者，随力周养之。”⑤

---

① 明，冯从吾《关学编三》，《少墟集》卷 20。

② 同上。

③ 同上。

④ 广平府知府，李清馥《郎中林蒙庵先生雍》，见《闽中理学渊源考》卷 81。

⑤ 安化县知县，沈佳《刘观卧庐先生》，见《明儒言行录》卷 5。

第8. 明代乡治理论体系

除了方孝孺、王阳明、吕坤，明代还有许多学者对乡治理论有过重要的贡献。因篇幅所限，这里简略介绍其中几位。

1. 章潢与乡约制度

章潢，字本清，南昌人，江西处士。少而颖悟。13岁时，同情负债的乡人而替人还债。后聚徒讲学[①]。曾受提学朱廷益礼聘，主持白鹿洞书院[②]。南昌知府范涞入朝觐见时，曾举荐章潢及刘元锡、刘元卿等江西宿儒。后来御史吴安节上疏举荐，少宰杨止庵上奏，因此被“遥授顺天府训导”。著有《图书编》127卷、《周易象意》、《尚书图说》等[③]。

《图书编》是一部类书，被编入《四库全书》时，纪晓岚在提要中称它“引据古今，详赅本末。虽儒生之见，持论或涉迂拘。然采摭繁富，条理分明。浩博之中取其精粹，于博物之资经世之用，亦未尝无百一之裨”。其中92卷是有关《乡约》的内容，几乎囊括了这个领域的主要内容。在这个基础上，他发展出自己的一套看法。

他是明代第一位指出乡治的几个主要成分，即保甲、乡约、社仓、社学等，并指出它们的作用各有千秋，应该四者并用。杨开道推崇这种眼光，认为从章潢开始到陆世仪，建立了一套真正的乡治体系。

---

① 《征君章本清先生潢》，见《明儒学案》卷24。

② 《江西通志》卷22。

③ 《明史》卷71，卷96，卷283。

他在《保甲乡约社仓社学总序》中说，保甲使人不敢妄为，乡约使人相率为善，社仓厚民生，社学振民德。这四个办法都用，乡里自然就能治理好了。每个乡都治理好，县就治理好了。每个县都治理好，就天下太平了。

“保甲之法，人知足以弭盗也，而不知比闾族党之籍定，则人自不敢以为非。乡约之法，人知其足以息争讼也，而不知孝顺忠敬之教行，则民自相率以为善。由是社仓兴焉，其所以厚民生者为益周。由是社学兴焉，其所以振民德者为有素。可见，四者之法实相须也。使以此行之一乡，则一乡之风俗同，道德一，……民日迁善违罪而不自知，而古道其再见于今矣。乡乡皆然，县有不治乎？县县皆然，天下其有不太平乎？”①

他提出了一个简便易行的办法，在乡里选一个地方建乡约亭，两旁建社仓和社学。这样容易管理，也便利乡民。

“夫法当便民，事宜划一。惟一，则民易从，而法可见久也。即如行乡约则宜立乡约亭，申明里社则宜立里社坛，兴起社学则宜增置社学，劝立社仓则宜盖造社仓。然四者并举，势难遽行。除里社坛不必别立，止以五谷八腊之神牌加入本村神庙奉祀，更为省便，且顺民情，因以正俗。其余三项，亦止当合为一处。各村宜择空地一方，周以墙垣，中立一堂，傍立二仓。则乡约亭在此，社学在此，社仓在此矣。工费既省，且教读训蒙于中，亦有看守之便。况是举也，礼法兼资，教养具备，使盗息民安，政平讼简，风移俗易。其责自乡之贤士大夫始，自乡之父老长者始，一倡百和。或合众共造，或倡义独造，则于各乡之贤达者有厚望焉。”②

此外，他编列了保甲、乡约、社仓、社学各方面的具体做法，可谓面面俱到。并收录了各类有代表性的制度，例如，他把朱熹的《增损吕氏乡约》列在乡约部分末尾。每一部分还有单独的序文。

---

① 章潢《图书编》92 卷，《保甲乡约社仓社学总序》。

② 同上。

2. 刘宗周与乡治

刘宗周（1578—1645 年），字蕺山，曾自称摄铎老人，曾任顺天府尹，都察院左都御史。人称明末一流的理学家、政治学家、经济学家。在乡治理论和实践上，历时一二十年不遗余力地提倡和推动。

崇祯二年他任顺天府尹时，负责守城守土，维护治安。当时北京都城清兵出没，流民遍地。于是他颁布《保民训要》，寓乡约于保甲，并且实行过。《保民训要》的主要目的是为了维护治安，所以它以保甲为主，以乡约为辅。总纲分为保甲之籍、之政、之教、之礼、之养、之备、之禁等。保甲之籍，就是户籍管理，住户分军民二类，民又分土著、杂流、士、农、工、商、庶人、在官、道、僧、优人、乐户、流乞。一般人按保甲办法管理，对于流民的管理则十分严格。户籍就是建立户口表格。保甲之政，就是乡约之事，即“一曰火烛相诫，二曰盗贼相御，三曰忧患相恤，四曰喜庆相贺，五曰德业相劝，六曰过恶相规”，基本上来自吕氏乡约。保甲之礼，采用文公家礼（即朱子家礼）的冠婚丧祭，并有《周礼》的三种乡礼，即乡饮、乡射、读法。保甲之备，是真正的治安防卫内容，包括器械、牲口、壮丁的准备，以及值勤、训练、防御等措施。保甲之禁，就是禁止那些违反当时社会标准的事，办法也是各级互相监督，互相举报，隐瞒连坐。

《保民训要》最有特色之处是保甲之养。其内容涉及农田、水利、树木、粮食、仓库、赋税、养济、义冢、设棺等，完全是物质生活的事项，这是一般乡约制度所忽略的。可以说刘宗周弥补了自吕氏乡约以来，乡约在“劝业”方面的缺憾。其中，对于粮食调节、灾荒救恤提出特别的办法，打破了朱子社仓的成规。老法是每村有仓，每仓有粮，丰年则收入，歉年则放出。他提出的新办法是，每甲有一二户蓄粮，每保也有一二户，每乡也有一二户，坊司买米积煤，州县常年积粮，每一级都有储备。具体做法是每甲推一二户，预备粮煤一年，遇到歉年则以时价分卖本甲。每保也推一二户，预备粮煤二年，每乡也推，预备粮煤三年。杨先生指出，这种分家积蓄的办法，比起社仓共同积蓄的办法容易得到大家拥护，易于在各处实施。这个办法也存在一些问题无法解答。例如，如何推出这些储户，他们是否愿意，是否有足够的经济实力，钱的亏损与盈利的归属[①]。

崇祯六年乡居时，所在地的邑令提倡乡约，他就作《乡约小相篇》，比《保民训要》详明。可惜当时不能被推行，现在很难找到了。崇祯七年又作《刘氏宗约》，行之于宗族。

崇祯十二年，浙江歉收，他和同乡一起创办昌安社仓，作《昌安社仓记》、《社仓绿起》和《社仓事宜》。提到蓝田吕氏、关中衡渠氏联属乡人的功劳，表明对传统的继承。《社仓事宜》[②] 是刘宗周、邢大忠、朱昌祚等以昌安坊里人的身份同立，以坊为单位。

入例规定，当年所定积米数为仓本，以后每年秋成交三分入仓。如果交不足数，罚息米十分之一。如果各户有重大事故难以完成，由本坊饮食户顶补。自愿多捐者鼓励，最少五升，多多益善。捐特多的报官旌奖，并记录在册。

出例规定，丰年随各户按时价发粜，歉年则用十分之九平粜，十分之一施赈。遇大歉，掌事者会同坊中长老挨门挨户查看，按情况分上、中、下三等。上户施以粥赈，中、下户施以平粜。粥赈法是查定户口，在春夏之交以百日为期，每日每人科米二合。若米不足，临时设法解决。平粜法是大歉按时价减十分之二，小歉按时价减十分之一，丰年按时价发粜。一年中春季发粜一半，夏季发粜一半。发粜时，每五日查一次户口，每口粜三升。先分票或用竹签，到期按票交银换米，在票上加圈记。各户轮流，周而复始。另外规定，本坊孝子、悌弟、节妇、贫儒，不论丰歉每年特赈米三斗，而为非作歹、赌博等人不行赈。

社仓每年推本坊老成殷实者一人掌管，一切出纳听其主持，为期三年。任满时，交代任期中一切疏虞，众人共同纠查，按情况议罚。各户以报数目且自书花押，如果只是虚名不交实米或者缺额的，重罚。不按规定进行粥赈或平粜者，罚。轻典罚米一斗以上，重典罚米五斗以上，

---

① 杨开道《中国乡约制度》，山东省乡村服务人员训练处，1937 年，225—227 页。《刘宗周全集》第三册下，《保民训要》，1128—1145 页，台北，“中央研究院”中国文央哲研究所筹备处，1997 年。

② 《刘宗周全集》第三册下，《社仓事宜》，1160—1164 页，《社仓记》，1153—1164 页，台北，“中央研究院”中国文央哲研究所筹备处，1997 年。

都登记入册。

因为社仓是新建，还没有仓库，暂时寄放在殷实人家的粮仓。出粜时，仓主监督兑换，米主亲自收银。仓米积到四百石以后，筹议造仓，且每年息米由各户自支自用。昌安社仓登记册表，分积米和出粜两栏。当年积米栏目，记录年份、秋成米价、积米总数、各户姓名及积米数、各户息米数、各零户捐米数。次年出粜栏目，记录春季米价、夏中钱价、遵粜讫米数、时粜讫米数、遵赈讫米数、特赈米数、恤丧米数。数目都有详细单位，钱数是两、钱，米数是石、斗、升。时间记录月、日。

崇祯十六年任都察院左都御史时奏呈《乡保事宜》，寓保甲于乡约之中，以整顿风纪。《乡保事宜》是一份奏呈，他提出用乡约保甲教化风俗。其内容包括约典、约诫、约礼、约制、约法、约备六条，更加偏重乡约，只以保甲为辅助。他提出六个原则和六计。六计就是招抚流移，开垦荒芜，清理赋役，节省词讼，申明教化，修饬备御，并要逐条注明某省某府某县对于某种工作的成绩。这些办法以及前面的《保民训要》，都不是空洞的理论，而是已经成立的法规、制度。后来都城沦陷，崇祯自杀，浙江乡绅推举他负责抗清组织浙东团练乡勇的事务。

崇祯十七年作《乡书》、《广乡书》，讲乡保、积储、城守、义勇、兵农、里甲诸事，并于朔望会集士民，讲乡约，习武艺，以谋守御。《乡书》与以前的《乡保事宜》相比，更加偏重乡约了，也有涉及保甲的城守事宜，分为约言、乡约事宜、约训、约法、约礼、约备等几部分。

约言。君子以天下为家，小人亦近托一乡以自固。乡约、保甲二事，其所以为吾侪小人一身谋，所谓在乡言乡。规定每坊立一乡，设乡长统领各保。每保有保长，统领十甲。每甲有甲长，统领十户。乡长、保长、甲长都有官府统领，且隶籍。乡长以德高者担任，保甲长以才高者担任。组织上是十家为甲，十甲为保，众保为乡。甲有甲长，保有保长，乡有乡约长（也称乡长、约长）一人，约副一人，总甲一人，木铎一人，夜巡四人。保甲长以才选，乡约长以德选[1]。

约训。以圣谕六条开头，另外是各项禁规，包括赌、盗、私娼、容

---

① 《刘宗周全集》第三册下，《乡书》，1164—1179 页，台北，“中央研究院”中国文史哲研究所筹备处，1997 年。

留来历不明的人、传播流言、夜行、趁火打劫、台戏、迎神赛会、纵妇女入庙烧香、溺女、锢婢、健讼、斗殴、制造或使用假银等。

约法。基本上继承吕氏乡约，分为德义相长、过失相规、礼俗相交、患难相恤。善过都由甲、保、乡约长逐级举报。奖励上，大事由官府给匾额，小事由本乡风励，穷人则奖给粟帛。惩罚上，大事交官府，严重的邻居连坐，小事邻居劝诫，知情不报也罚。惩罚则是分成三等，一等罚一两，二等罚五钱，三等罚三钱。患难相恤的内容包括水火相救，盗贼相捍，疾病相问，死丧相吊，诬枉相白，灾荒相济。救济灾荒的办法，平粜则量减十之二，施赈则每个贫户每天给米五合，借贷则立券交易，利息不得超过二分。总的精神是贫者出力，富者出财，以厚为训。

约备。可能意指乡约的储备，包括粮食、壮丁、保安器具。有田二十亩以上各户，每年积谷二石。殷实人家要出壮丁。每甲、每保、每乡都要准备各类器具若干，如灯笼、锣、铁器、木棍、弓箭等。《乡书》附录了《城守事宜》和《乡勇团练事宜》，都是配合官府的地方自治性的保安措施。

《乡书》后面附四种表格，分别记载保甲人名、户籍状况、队伍人名、善恶劝惩。保甲人名每保记录一张，只记各甲各户人名。户籍状况每甲一张，记录各户户主年龄、籍贯、生理、子妇、亲识、米粮、器械等。队伍人名为乡勇所用，哨分十队，队分二伍，每伍乡勇五名。记录善恶的表格叫“劝惩格”，每人一张，分十二个月，白圈注善，黑圈注恶。

它继承了《乡保事宜》的很多东西。二者都是引用洪武六谕和吕氏乡约，而加上刘氏自己的见解。

总的来说，刘宗周的乡治有两个特色。①在城市推行乡约。《保民训要》就是把用于乡村的办法，用到城市。②他多次上奏，建议把乡约保甲当作一项国家根本政策，而不仅当成地方的办法。这与王守仁、吕坤等不同。他在明末综合了各种乡治理论和制度，并不断推出配合当时社会环境和问题的新办法。

清朝建立后，他不甘做清朝臣民，顺治二年绝食投水而死。所以，他也被称为明朝最忠贞的臣民之一。

3. 陆世仪的乡治体系

陆世仪的乡治理论主要是《治乡三约》，此外有《常平权法》、《救荒五义》、《治通》和《志学录》等。“近代的乡治理论，是从《图书编》开始，经过吕新吾、刘蕺山的修改，而完成于陆桴亭的《治乡三约》。”[①]

陆世仪的基本政治思想，是崇尚三代的儒治，而反对秦汉之后的吏治，提倡封建、井田、学校，尤其注重乡约的教化作用。他认为“治国、治天下须一贯。封建、井田，治天下一贯之道，乡约治国一贯之道”[②]，还认为学校是致治之本。他提出了一套先封国、后传贤的具体方案，以封建之实去郡县之弊。做法大致是第一次先以经济实力分封，凡是地主仍辖原有的土地，并给他们正式的封号，使他们富上加贵，而乐于服从。第二次则以是否贤能分封。这样，地主的儿子如果不贤能就不能受封。因此，地亩可以均平，租佃制可以打倒，井田封建就可以恢复[③]。

《治乡三约》草成于崇祯十三年（1640 年）。它反映了当时的乡治趋势，也反映了他本人的复古思想。他以为乡约、保甲、社学、社仓四者，近于古而合于今，到了明末这四项早已尽人皆知，各处皆行，但是仍然不能达到“三代之治”。其原因主要是两个，一是用人不当与人才难得，二是人们对四者的意义不明、关系不清。他认为社学保甲社仓的意义，就是孔子的足食足兵民信，孟子的出入相友，守望相助，疾病相扶持。他给乡约的定义，是“约一乡之众，而相与共趋于社学、共趋于保甲、共趋于社仓”，四者的关系是“乡约为纲而虚，社学保甲社仓为目而实”。这是一个以乡约为中心的乡治系统。

“由今之道而可以臻古之治者，其法有四，曰乡约也，社学也，保甲也，社仓也。四者之名，人莫不知。四者之事，人莫不行。而卒无致三代之治者，用人无法，而四者之义不明也。夫何以谓之社学、保甲、社仓也？孔子之所谓足食，足兵，民信。孟子之所谓出入相友，守望相助，

① 杨开道《中国乡约制度》，山东省乡村服务人员训练处，1937 年，241 页。

② 陆世仪《志学录》。

③ 陆世仪《治通》。

疾病相扶持也。夫何以谓之乡约也？约一乡之众，而相与共趋于社学，共趋于保甲，共趋于社仓也。四者之中，乡约为纲而虚，社学、保甲、社仓为目而实。"①

在创始人吕氏兄弟看来，乡约最初的意义只是"乡人相约，勉为小善"，道德的劝诫是中心内容。到了明代，《图书编》首先提出乡治是一个整体，包括乡约、保甲、社学、社仓四个相关内容。吕坤以乡约和保甲为重心，并把二者初步结合，而以社学社仓为辅助。刘宗周也把乡约和保甲互相包容。陆世仪则把整个的乡治理论梳理成一个系统，即以乡约为纲领，以保甲、社学、社仓为条目。这不仅囊括了乡治的基本内容，而且厘清了各部分之间的关系。

杨开道把乡治理论的发展过程概括为四个阶段，即乡约保甲社仓社学单独发展的理论，乡约保甲社仓社学分工合作的理论，乡约保甲为主、社仓社学为辅的理论，乡约为纲而虚、保甲社仓社学为目而实的理论②。这就是中国传统乡治理论的基本面貌。

《治乡三约》中，组织上分教约、恤约、保约三约，采取分工负责制。设约正一人，总掌三约。并设教长、恤长、保长，分别负责教事、恤事、保事。约正公举"廉平公正宿儒耆老"三四人，由官吏细心采访，精加选择，不可盖凭里甲开报。选出后，要"誓于神，诏于众，隆其礼貌，优其禀给，委之心膂而用之"。教长以知书义者为之，恤长以富厚公廉者为之，保长以有智力者为之，由约正和一乡之人共同推举。三长平时的工作由约正指挥监督，工作成绩在岁终由约正查明誊写，上之官府。

乡治事项一部分是各约共同的，另一部分是各约特别的。其中，共同事项有人口、常平役米、役民等编查造册，乡约集会，上下例行的公事，评理词讼以及验正契约。

教约的基本工作是教化，即"教孝、教友、教睦、教姻、教任、教恤"。设教长，下设联首和社师，辅助教长。采用户口秀民簿籍的管理制度，"十家为联，联有首，十联为社，社有师"。这是根据周礼的比闾族

---

① 陆世仪《治乡三约》自序，见王德毅、李淑贞等《丛书集成三编》，台北，新文丰出版公司，1996 年。

② 杨开道《中国乡约制度》，山东省乡村服务人员训练处，1937 年，249—250 页。

党的遗制而定，与后世的保甲编户大不相同。保甲的目的是纠诘奸民，社联则为教化良民。联首以诚实者为之，社师以学究知书者为之。户口秀民登记，是由联首率编民就社师，社师质问真实后一一书写。教长和约正负责进行编制。社师和联首协助教长的工作，甚至词讼的争执也是先由他们四邻查明，再设法解决。

恤长负责“周贫乏，恤死丧”以及常平义仓的积储。“恤”的成分不是很重，而以常平义仓为主。常平是均平农产价格，调节农村经济的办法，即粮价贵时粜出，贱时籴入。余粮转入义仓，全部用来周恤。他认为，“从来积储之法，惟常平、社仓、和粜、青苗四者而已”，“四者之中莫善于常平，莫不善于青苗”。他发明了一种“常平权法”，取常平之意而用社仓之形。由地方官吏提倡，由恤长负责，由本地富户出粮。秋天收入粮食，夏天粜出粮食。本钱还给出粮的人，盈余转入义仓。这种办法保留了常平和义仓的好处，而去掉了它们的弊端，是一种进步的理论。因为单有常平，则灾难无以为赈；单有义仓，则物价不能调节。常平官办，人民不予合作。义仓民办，政府不予提倡。陆桴亭的这个混合办法，似乎能包罗一切①。

保长的工作除了防御火水盗贼之外，还负责修筑土木水利。陆世仪提出了一种简易可行的保甲差役化的办法。他认为一般的保甲办法有三个弊端，即民不习兵、强弱不等、多则无法。民间只有壮丁之名，而无壮丁之实。他提出让保长率领贫而可役之役民，给他们报酬，从事土木水利的役事和防御水火盗贼。役民的管理和一般的保甲相同。五人为伍，伍有夫；五伍为队，队有士。没事的时候练习弓箭击刺。报酬是每年五月至七月，每日给粮一升，三个月总共九斗。这种办法省费、便民。

① 杨开道《中国乡约制度》，山东省乡村服务人员训练处，1937 年，259—260 页。

第9. 圣谕广训和清代乡约的形式化

杨开道曾预测，假使没有满洲入关和明末的农民起义，“假以时日，整个乡治或者可以立定基础，成为中国民治张本”①。他认为，清朝各代皇帝尽管大力提倡乡约、保甲、社仓、社学，但是不得要领，因此效果不彰。原因有三个，一是各代皇帝都是单独地提倡这四个方面，并让不同的部门负责，破坏了乡治的整体性。二是皇帝们与农民之间隔着重重衙门，他们提倡乡治还不如王阳明、吕坤等这些官吏直接推行来得有效。第三，也是最根本的一条，乡约此时变成了教化人民的御用工具，没有了原来民约民治的精神。

1. 圣谕广训

第一个圣谕是在顺治九年（1652 年），一字不差地照搬了明太祖朱元璋的六谕，即“孝顺父母，恭敬长上，和睦乡里，教训子孙，各安生理，毋作非为”②。它被作为钦定六谕卧碑文，颁行八旗直隶各省。顺治十六年议准，译书六谕，令五城各设公所，选择人员进行讲解，以广教化。直省府州县，也都举行乡约。地方官在每月初一和十五，都要聚集在公所，向人民宣讲圣谕③。杨开道分析，顺治选择它有特别的用意。满洲贵族作为异族统治者，用明代皇帝用过的办法，是想把它当作软化人民的工具。它不仅用于满洲人、汉人，而且也用于土司苗族、回族等。

---

① 杨开道《中国乡约制度》，山东省乡村服务人员训练处，1937 年，266 页。

② 《皇朝文献通考》卷 21。

③ 《乡约讲读》，见《福建通志》卷 14。

康熙九年（1670 年）出现新的圣谕十六条，并与六谕同为乡约宣讲的永久内容。当时它只是一个普通文告，并令礼部“详察典制，定议具奏”。康熙帝提出，治世“不专以法令为事，而以教化为先”。“法令禁于一时，而教化维于可久”。这十六项教化的内容即，①敦孝弟以重人伦；②笃宗族以昭雍穆；③和乡党以息争讼；④重农桑以足衣食；⑤尚节俭以惜财用；⑥隆学校以端士习；⑦黜异端以崇正学；⑧讲律法以儆愚顽；⑨明礼让以厚风俗；⑩务本业以厚民志；⑪训子弟以禁非为；⑫息诬告以全良善；⑬诫窝逃以免株连；⑭完钱粮以省催科；⑮连保甲以弭盗贼；⑯解雠忿以重身命。通过礼部让这个上谕通行八旗“并直隶各省督抚，转行府州县乡村人等，切实遵行”。这可能是历史上流传最广的上谕，后世的皇子皇孙们一直把它奉为金科玉律。清朝历代皇帝先后颁布了三十几道圣谕。

康熙十八年（1679 年），浙江某巡抚将这十六条加以衍说，辑为直解，缮册呈进。又经礼部让它通行直省督抚，照依奏进乡约全书刊刻各款，分拨府州县乡村，永远遵行[①]。在此之前，张伯行等就令属区县官讲解十六条，并自编训解[②]。

清代有关乡约的圣谕简表[③]

年代，内容	年代，内容
1652 年，顺治九年，颁六谕卧碑文	1758 年，乾隆二十三年，申饬实力奉行
1659 年，顺治十六年，慎选约正、副	1769 年，乾隆三十四年，申饬实力奉行
1670 年，康熙九年，颁圣谕十六条	1777 年，乾隆四十二年，宣讲奸盗斗殴
1679 年，康熙十八年，圣谕直解	1785 年，乾隆五十年，回民宣讲
1686 年，康熙二十五年，营伍及土司宣讲	1797 年，嘉庆二年，广西苗民宣讲
1713 年，康熙五十二年，谕直省老人	1799 年，嘉庆四年，因教匪励行宣讲
1724 年，雍正二年，圣谕广训	1800 年，嘉庆五年，京师乡约
1729 年，雍正七年，选择及旌奖约正直月	1808 年，嘉庆十三年，劝惩及考试广训

① 清代《广东通志》卷 8《乡约》；清代《福建通志》卷 14《乡约》，有关圣谕和上谕十六条内容；清代《皇朝文献通考》卷 21，《十六年令直省举行乡约之法宣讲上谕》及各乡约宣讲上谕；《大清会典》礼部仪制司《乡约》，见《古今图书集成》，四个乡约宣讲上谕和福建通志、皇朝文献通考，有异有同。

② 吴元炳《三贤政书》（四），张伯行《正谊堂集》，台湾学生书局，1976 年，1775—1779 页。

③ 杨开道《中国乡约制度》，山东省乡村服务人员训练处，1937 年，288—290 页。

续表

年代，内容	年代，内容
1736 年，乾隆元年，慎选约正及刊布律条	1809 年，嘉庆十四年，申饬实力奉行
1737 年，乾隆二年，谕实心宣讲，摘律条，上谕成册	1813 年，嘉庆十八年，阐明教化之道
1738 年，乾隆三年，水旱告谕约讲	1814 年，嘉庆十九年，申饬实力奉行
1740 年，乾隆五年，教养原则，实力奉行，邪教妖言律条	1815 年，嘉庆二十年，圣谕广训直解
1744 年，乾隆九年，修整申明亭	1835 年，道光十五年，申饬实力奉行
1746 年，乾隆十一年，用浅说方言宣讲，番民宣讲	1839 年，道光十九年，黜异端崇正学
	1851 年，咸丰元年，以性理精义广训直解为宣讲主文
	1865 年，同治四年，申饬实力奉行

雍正二年的《圣谕广训》，是各种宣讲的范本。雍正帝根据康熙帝的圣谕十六条，逐条演绎出数百字的说明。乾隆四十四年，纪昀等把它编入《四库全书》时在目录中说：“周礼州长正月之吉，各属其州之民而读法，以考其德行道艺而劝之，纠其过恶而戒之。又族师月吉则属民而读法，书其孝弟睦渊有学者。历代以来，如家训世范之类，率儒者私教于一家琴堂。谕俗编之类，亦守令自行于一邑。罕闻九重挥翰，为愚夫愚妇特撰一编。独明太祖所著《资治通训》诸书，具载《永乐大典》中，而义或不醇，词或不雅，世亦无述焉。”他的意思是说，唯独雍正帝颁布的这套东西最棒。“升有谟训，词约义宏，括为十有六语不为少，演为一万余言不为多。迄今朔望宣读，士民肃听，人人易知易从。”①

《圣谕广训》的版本很多，流传至今的至少有 1874 年、1876 年、1880 年、1891 年等多种。当代出版的也有多种，如台北商务印书馆 1983 年、世界书局 1988 年、上海古籍 1987 年、台湾新文丰 1999 年等。乾隆四十年（1775 年），卢崧《三朝圣训》囊括了顺治、康熙、雍正的东西。另外，还有 1900 年《蒙汉合璧圣谕广训》，以及 F. W. Baller（1852—1922 年）翻译的英文。

由它引申出来的著述也很多。王又朴（1681—1760 年）的《圣谕广训直解》是至今可见较早的一种，有 1808 年、1870 年、1900 年、1903

① 雍正《圣谕广训》，自文渊阁《四库全书》。

年多种版本，有时称为“诠解”、“衍说”。此外，还有1850年《圣谕广训讲解》。何璟1865年的《圣谕广训直解》，1876年重印。17—18世纪，范鋐的《六谕衍义》，也许追溯到顺治的六谕，这本书被鱼返善雄（1910—1966年）收录在《汉文华语康熙皇帝圣谕广训》一书中，1943年在日本出版，1974年文海出版社重印。吴旭仲1900年《圣谕广训集证》，新文丰1989年重印。20世纪20年代，西方传教士可能觉得它影响很大，就把圣谕广训翻印成英文，使它传到西方世界①。

圣谕的内容侧重化导劝谕，很多人的确认为这助于教化，纷纷加以解说，刊刻传播。抽象的几条圣谕，变成了一篇篇通俗易懂的论说文。有的还配诗。例如，这三首诗是配合六谕中的孝顺父母、和睦乡里、教训子孙这几条。即使在今天看来，也相当实用。

我劝世人孝父母，父母之恩尔知否。怀胎十月苦难言，乳哺三年未释手。每逢疾病更关心，教读成人求配偶。岂徒生我爱劬劳，终身为我忙奔走。子欲养时亲不在，欲报罔极空回首。莫教风木泪沾襟，我劝世人孝父母。

我劝世人睦乡里，仁里原从和睦始。须知海内皆兄弟，安得邻居分彼此。从来和气能致祥，自古乡情称美水。东家有粟宜相周，西家有势勿轻使。偶逢患难必扶持，若遇告状相劝止。同乡共井如至亲，我劝世人睦乡里。

---

① 1921年，F. W. Baller把它翻译成英文，叫作“The Sacred Edict”，可能用的是王又朴的圣谕广训直解。由一个国际教会组织The China Inland Mission出版。可见，这个制度也被介绍到西方世界。1924年时，已经出到第六版。他在序文中说：“However brilliant these ‘Light of Asia’ may appear through the richly tinted medium of poetic imagery borrowed from Western culture, the people of China who have followed them from generations are still enveloped in a darkness which may be felt.”（大意是说，圣训广谕看上去充满了亚洲的智慧，很多诗意的比喻借用了西方文化。好几代中国人民虽然都遵循它，但是至今人们还是生活在黑暗当中。）乡约制度自1076年就有了吕氏乡约，到1670年康熙颁布十六谕的时候，这个传统在中国已经有了600年。朝鲜至少在1400年就有了丁克仁的古县乡约，1518年金安国把吕氏乡约翻译成韩语，叫作吕氏乡约谚解。可见，亚洲的乡约制度当时还没有被西方了解，所以译者会认为圣谕广训借用了西方文化。

我劝世人训子孙，子孙成败关家门。良玉不琢不成器，若还骄养是病根。寝坐视听胎有教，箕裘弓冶武当绳。黄金万两有时尽，诗书一卷可常存。养子不教父之过，爱而勿劳岂是恩。世间不肖因姑息，我劝世人训子孙。

2. 乡约蜕变为宣讲制度

顺治十六年（1659年）的告谕中，有所谓重申有关乡约事宜之说，可见已经实行过。告谕规定慎选约正、约副，以及乡约组织的建立和活动办法。约正、约副由乡人“公举六十以上，业经告给衣领、行履无过、德业素著之生员统摄。若无生员，即以素有德望六七十岁以上之平民统摄”，“不应以土豪、仆隶、奸胥、蠹役充数”。乡约活动是“每遇朔望，申明诫谕，并旌别善恶实行，登记簿册，使之共相鼓舞”。雍正七年又加了几名直月，“于举贡生员内，拣选老成者一人以为约正，再选朴实谦守者三四人以为直月”。

乡约宣讲的办法，是以法令的形式颁布全国的。各地实行上可能有差别。《仁寿县志》记载了宣讲办法：“每月朔望日，择宽洁公所，设香案。届时县中文武官俱至，衣莽衣，礼生唱，序拜，行三跪九叩首礼。兴，退班，齐至讲所，军民人等，环立肃听。礼生唱，恭请开讲，司讲生诣香案前，跪，恭捧圣谕登台，木铎老人跪，宣读毕。礼生唱，请宣讲圣谕第一条，司讲生按至讲毕而退。”①

从黄六鸿《福惠全书》卷25的例子可以看出，曾经那么发达的一套乡约制度，蜕变成了一套侧重教养的宣讲办法。

黄氏认为，地方官以民生为念，对人民进行教养是治理的基础。“夫古者州县之长，莫不以教养为先，而催科次之，刑罚又次之。盖民无以教，则不知孝悌礼义，而犯上作乱之事无作不为。民无以养，则不能仰事俯育，而流离转徙之忧势必难免。如是而欲责之输租纳赋，虽日勤鞭朴之加，弱者剜肉而无补，顽者走险而抗追。然后知刑罚不能济催科之

① 《仁寿县志》卷4，礼教志宣讲篇，转引自杨开道，1937年，293页。

穷，而催科无能先教养之要也。”他认为：“今之言政者，不以民生系念，而孜孜钱谷刑名用勤。”所以，特意提倡为政者要重视教养这条[①]。

他侧重宣讲办法，包括选什么样的人去讲，以及宣讲的时间、场合、仪式等。把乡约归功于清代皇帝们的高明，讲读乡约和宣讲上谕成了一码事。这是清代普遍的做法，表明当时乡约变得多么形式化。解释制度的缘由很清楚，使人容易理解，这是它的长处。例如，聚众讲读乡约难免拥挤喧哗，遵照相应的仪式可以避免这个问题。再如21卷保甲的内容，解释为什么保长不叫乡长。理由是乡长管摄钱谷，保长专司盗逃，二者责任不同。要求担任者具备不同的条件，也不应兼任。甲长选殷实老成且有子弟者，能指挥得动，有帮手，易成事。

《福惠全书》的作者把唐书虞典和十六谕作为典范，而绝口不提乡约制度自宋到明的承继关系，好像清代的“良法美意”直接从上古来的。他这套办法中创新不多，单是善恶簿就比吕坤的善、恶、和、改四簿简化太多了。它反映了清代乡约制度与保甲等制度彻底脱离，专司教化，这一点比明代倒退了。同时，也不强调民间自动的精神，而是把它纳入一种被动的官治，这一点背离了最初的吕氏乡约。

清代用宣讲上谕来施行“教化”，它的毛病是被动，没有充分调动人们的积极性。加上只有教化，没有其他，乡约就成了用处不大的点缀了。造成这种情况的根本原因，在于清代的乡治大体上是分割的，各部分别负责，互不相关。

①保甲由户部管理。一般人户是十户为牌，十牌为甲，十甲为保。刑部管刑罚。乡约和保甲的关系，只在《刑部条例》后面有寥寥数语。“凡各处人民合设耆老，须于本乡年高有德众所推服人内选充”，不许吏卒及有过之人充当。违者杖六十，革退，当该官吏笞四十。若受财枉法，从重论处。②清代大力提倡社仓、义仓，也由户部管辖。雍正二年令每社设正、副社长，开始健全社仓组织。但是与乡约基本无关。③社学在顺治九年既已设立，但除了宣读有圣谕广训之外，与乡约也关系不大。④乡约由礼部管辖。大清会典事例中，也有乡约、乡约正、乡约全书的

① 清代，黄六鸿《福惠全书》卷25教养部，497—502页，卷21保甲部数篇，445—458页。自《官箴书集成》第三册，黄山书社，1997年。

名词，但实质与以往乡约不同。

杨开道批评清代推行乡约事倍功半，因为把乡约单纯用来司教化，保甲专门用来缉盗安民，社学专门用来教养，社仓专门用来救济。明代已经发展完全的一套乡治体系，都被打乱分解了。例如，明代乡约和保甲合二为一，清代乡约和保甲彻底分开。乡约变成了专门宣讲圣谕的“讲政”，只是一套定期的政治教育而已。本身就是虚文，怎能期待有实效呢。

3. 各地推行乡约

虽然宣讲圣谕是清代的基本特点，但是，各地官方和民间也有不少例子，在推行乡约方面比较突出。

明末乡约制度弊端很深，清初未能彻底改善。乡约组织的负责人，原来一般称为约正或约长等，现在就叫乡约。“乡约”这个词有了两个意思，一是指这种制度，一是指担任这个职务的人。他没有多少以往的荣誉和权力，只有一大堆帮助官府完成各种任务的职责，沦落为官方的役人。

针对这种情况，清初大吏于成龙颁布《慎选乡约谕》。他强调乡约的功用是“劝人为善去恶”，“谕人出入守望”，并不是供官府催办赋役的。为纠正时弊，他订立十个不许欺压乡约的办法。例如，不许差役到乡约家饭食，不许原告、被告硬将乡约作为证人，不许强迫乡约买办军需，不许人命盗案牵连乡约姓名等。同时，重新设乡约所，选乡约，讲圣谕。乡约与保甲、保长、地方不同的责任不同，一个是劝化，一个是充当官府的眼线。乡约任期一年，官方以当地盗情轻重、讼狱多少作为奖惩标准①。

另外，他在《弭盗安民条约》中把宣讲乡约作为州县官的一项工作，也是考察政绩的一个指标。“嗣后各州县官，务于每月朔望，躬诣明伦堂，督率教官齐集诸生及父老子弟人等，将上谕一十六条内教孝劝忠、和邻睦族、劝学务本、守法奉公等事宜，逐条详细绎宣扬，婉转劝导，

① 于成龙《慎选乡约谕》，见《于清端政书》卷2，自文渊阁《四库全书》。

切实奉行。其僻远乡村，应敦选齿德并优、允堪士民矜式之人，聘为乡约，大村每村一人，小村或数村一人。亦如前制，按期讲诲。不许胥棍滥充，亦不得借端生事。该州县如果能劝率有方，风淳俗美，阖境全无邪僻匪类者，本部院察实，官则以贤良题褒，乡约免其杂差，仍给匾，以示奖励。”①

陆世仪任县官曾颁布《乡约保甲示》。“为申明乡约保甲，以挽颓风，以靖地方事，照得乡约以劝善，保甲以惩恶，即古比闾族党之遗法。而行之未善，或有名无其实，甚则苛细骚扰，反不如不行之为愈。是非法之不善，行之者未能讲求尽善耳。昔人云，乡约实行，自无奸凶。犹有奸凶，是乡约未尝行也。保甲实行，自无盗贼。犹有盗贼，是保甲未尝行也。本县承乏兹土，愿尔百姓尽为良民，风俗淳美，狱讼衰息，盗贼屏伏，闾阎宁谧。惟是力行二法，庶几可有成效。而人痛恶苛扰，恐反累地方。今与尔百姓屏除烦文，讲求实政，为此示仰阖境民人知悉，除乡甲条约渐次申明外，择于几月某日，先于在城举行乡约。随即查点保甲，以次单骑亲往。各村庄悉照在城例。凡本县所到之处，严禁骚扰丝毫不累我民。如有借端生事者，立拿重处。其乡约保长等，务须实心任职，倡导乡民，稽查匪类。如有仍前视为故套，苟且塞责者，革除不用外，仍治其怠惰溺职之罪。各宜自奋，互相劝勉，以副本县期望、尔民之意。毋忽。”②

汤斌，曾在关陕任职，后任江苏巡抚，颁布过不少类似告示。如《举行乡约以善风俗告谕》解释讲解乡约的意义。“乡约之法，最为近古。恭读上谕十六条，圣人之言广大精微，修身齐家之道，迁善远罪之方，总不外此。抚属府州县卫所官吏，定期每月朔望集士民于公所。其乡镇等处各择一空阔祠宇，选年高有德为乡人所重者，敬谨讲说。务要明白痛切，使人感动。平居无事，则互相叮咛。一有过恶，则彼此讦责。共存天理，共守王法，孝亲敬长，讲信修睦，敦尚朴实，解息忿争，无负圣天子尚德缓行化民成俗至意，无徒视为具文。”③ 敦促人们“朔望率尔

① 于成龙《弭盗安民条约》，见《于清端政书》卷7，自文渊阁《四库全书》。

② 陆世仪《乡约保甲示》，见《三鱼堂文集外集》卷5。

③ 汤斌《举行乡约以善风俗告谕》，见《汤子遗书》卷9。

百姓叩拜龙庭，讲解乡约，亦欲使尔百姓知君臣大义，朝廷恩德。自今以后，愿尔百姓孝亲敬长，教子训孙，忠信勤俭，公平谦让。事要忍耐，勿得妄兴词讼。心要慈和，勿得轻气斗争。勿赌博，勿淫佚，勿听邪诞师巫之说复兴淫祠。早完国课，共享天和。”① 另外他令所属赣州府兴立社学。赣州府曾是王阳明推行乡约、十家牌、社学等地。当时此地又是兵戈扰攘，子弟没有机会受到良好教育。汤斌按照王阳明的训蒙条约，又刊刻社学教约，颁布实施。他还带头捐钱五十两，倡议当地人捐输，“立社学以养童蒙，置义田以备馆谷”。从政策上、制度上和资金上，为社学定下基础②。

张伯行在福建施行乡约和保甲合一的制度，做法和明代吕坤相似。后来他又上疏康熙帝推行社仓法，尝试用社仓的组织包容乡约和保甲的内容和活动。这是清代乡约制度的亮点，可惜只是特例，并不普遍。下面详述。

河南巡抚尹令一在乾隆二年（1737 年）曾令各府州县，推行一种寓乡约于学社的组织，称作“社会”。每县用仁义礼智信五字，按东南西北中立为五社，每社又分上下两齐，有社长一人，齐长二人。每社有劝善规过循环印簿，开列各人姓名，善则朱书详记，过则墨笔直书，然后再由学师分别考校。当时确实有府州县实行了。祥符县（开封）知县张淑载不仅奉行巡抚通令，还作了更多规定。如“一曰善过簿宜划一，一曰课程法宜稽考，一曰醵钱以连洽比，一曰置田以垂永久”。全县共置田地 111 顷，“招佃输租，岁收所入，以供五社每会饭食之费”。别的省也有置田的。《江阴县志》记载，“乡约田”192 亩有余。

清代中晚期也不乏例子。江苏巡抚丁日昌同治七年（1868 年）令各属“宣讲乡约，城乡共举讲生五名，两学轮流督率，按月宣讲六次，知县每月捐廉钱二十五千文，分送讲生薪水”。其他如湘军创始人之一罗泽南、湘军早期重要将领王鑫也提倡过乡约。王鑫曾经编著《陈勇刍言》，分营制、职司、号令、赏罚、练法五部，成为湘军练营的根本，为曾国藩称道。他 21 岁时作洙津区乡约十条感化乡里，即务正业，功稼穑，戒

① 汤斌《临行晓谕士民》，见《汤子遗书》卷 9。

② 汤斌《议立社学以广教育事》，见《汤子遗书》卷 3。

嬉游，尚节俭，端大本，睦乡里，教长老，恤穷苦，端蒙养，敦礼让。其中睦乡里一条内，引用孟子的“乡里同井，出入相友，守望相助，疾病相扶持”，又引蓝田吕氏乡约“德业相劝，过失相规，礼俗相交，患难相恤”。只可惜吕氏乡约作为自治雏形的那套办法，至此已经被简化成了标语口号，本来面目不见了[①]。

咸同中兴时期，乡约局的出现，才使清代的乡约面貌一新。当时在太平天国的压力下，地方绅士和官府重新审视这套制度，希望靠它来和团练相结合，解救燃眉之急的同时，寻求一个长远之计。

① 杨开道《中国乡约制度》，山东省乡村服务人员训练处，1937 年，307—310 页。

第10. 张伯行寓乡约保甲于社仓

清初名臣张伯行的一生充满了戏剧性，古人立德、立功、立言的人生目标似乎都被他占全了。为官，他有“天下第一清官”之称。他是河南人，家距黄河三里，善于治水。因带人抗洪护城出名，后任济宁道，在山东办理河务、赈灾，被康熙帝赏识。后任江苏按察使、福建巡抚、江苏巡抚、户部侍郎、礼部尚书。事功方面主要以治河、救荒、赈济、兴学、除弊政等为主。另外所到之处广设书院，编刻前人及当世著作无数，著叙甚丰。在学术上推崇程朱而排斥陆王。然而，人们对他的功过评价不一。

1. 寓乡约于保甲

在任福建巡抚时，他推行过社仓、保甲以及宣讲乡约。

那时，他就曾“劝置社仓”。每乡各置二仓，每年一存一放。遇荒歉或平粜或赈济。在各乡约保长中择有才干德行的人主持，官吏不得干预①。这是个雏形，后来被他发展成一个以社仓为中心的制度。

当时他还饬令注释上谕十六条，命令各属县令和教官、博士等，援引经传和律例，加上事例，逐条注释。每月初一、十五对民众讲解。他本人也为此写了三卷训解，一卷引经据典，剖析精微。一卷用方言俗语，明白易懂。一卷用歌诗，详明警切，启迪民众。此书刊刻后颁布各属，令每月讲解两次②。他饬行的保甲法，“于保甲中寓乡约，使民读法劝善，

① 《年谱》，自吴元炳《三贤政书》（四），《正谊堂集》卷首，台湾学生书局，1976年，1769页。

② 《年谱》，自吴元炳《三贤政书》（四），《正谊堂集》卷首，台湾学生书局，1976年，1775，1778—1779页。

其制尽善"[①]。

本书节选的《申饬乡约保甲示》[②]，和吕坤的做法非常相似。他认为乡约保甲这两个东西是一个"治道"。"自古治道，必使风俗醇和，地方宁谧，无不以乡约保甲为急务者。一主于劝善，以化导为先；一主于惩恶，以禁诘为重。名虽分，而实则同也。约束一乡以有物，有则保护各甲以无灾无害。总欲尔民迁善违罪，趋吉避凶，岂二道哉。"

他说乡约化民，保甲安民。周礼比闾族党和孟子的出入相友，守望相助，就是乡约保甲互相助益，用来教民，目的是讲做人的道理。孝悌忠信节义廉耻就是人道的根本，忤逆斗狠奸盗诈伪就是禽兽的举动。通过宣讲乡约，激发人们得人道，天下才能太平。所以提出"乡约讲之而勿闲，保甲严之而勿怠"。

《申饬乡约保甲示》"布乡约之规矩，立保甲之根基"，包括行乡约和严保甲两部分，各由乡约长和保甲长为主要负责人。

城郭乡都的每坊每村都设乡约长，他们相当于从前的木铎老人。他们是年高德劭，耳聪目明，明通句读，而从未办事公门守分在家者。一旦选上，官府礼遇，引起乡人尊敬，并且专门推行乡约，不管其他杂事，如迎送、干办、拘提、奔走等概不相涉。这样做，防止明末把乡约当作官府差役的弊端。另设讲师、歌童和力役，帮助宣讲活动。每月初一、十五，在各处向众人宣讲圣谕衍义。各府州县掌印官要牵头挂帅，亲自参加每月两次的宣讲活动，这是别的制度中所没有的。至于宣讲场地，特别规定要选择大庭广众、人群聚集的地方。采用官话读圣谕，并土话讲解，配上歌童唱诵，力役敲锣，场面该是热闹有趣的。除了讲约，这个集会也是地方官亲民以及扬善瘅恶的机会。

讲约所设置圣谕牌和圣谕衍义，可能是各地的普遍做法。记善簿和记恶簿，用来记善行和恶行。州县城内设记善亭表彰好人好事，申明亭公开坏人坏事。两亭各有匾，各有对联，并各有簿册记录定期记录后来这些人的变化。这些设置和细节可谓周到，有些是前人的办法，有些是

---

① 《年谱》，自吴元炳《三贤政书》（四），《正谊堂集》卷首，台湾学生书局，1976 年，1769 页。

② 本书节选的《申饬乡约保甲示》，取自《三贤政书》（五），台湾学生书局，1976 年，2401—2480 页。

新的，足见设计者煞费苦心。

和乡约对应的有保甲组织。城郭村都的每个坊村，都设保长1—2人，十家设一甲长。保长管辖十几个或几十个甲。保甲长的第一个任务是进行户口登记。当地居民可能主要是烟户和船户两种，每种都有非常具体的登记内容和登记及更新办法。极端重视人户调查，在府州县以上级别的地方官推行的乡约制度中显得特别重要。以前有吕坤，以后有阎锡山，都是把调查统计作为首务和行政的起点，看来这一点古今皆同。否则情况不明，如何治理。保甲长平时的任务，是使甲内相安相顾，具体包括访查善行恶行、息讼、严海防、禁盗贼、禁结党联盟、恤穷民、赈济、禁僭越奢侈、禁赌博、禁溺女等等。

乡约和保甲有高下之分。保甲长负责保甲内的日常具体事务，乡约长的地位在保甲长之上。乡约长、保长、甲长虽非官职，亦要重其约束之权。如九家必听甲长，甲长言公而甲内不听，则投明临甲以公论责之。不听，则投明保长。再不听，许保长转禀拘究。如甲长必听保长，保长言公而甲长不听，则投明乡约长以公论责之。不听，许乡约长据实转禀拘究。决不容开此挠抗之渐，以致保甲有掣肘之患也。至于乡约长齿德俱尊，保长与甲长当率后生恭敬。敢有侮慢，查出重惩。

根据地方治理情况，分别给予乡约长、甲长奖惩。一年无有违乡约保甲规条者，该印官将乡约长、保长登名记善簿。二年无违者，登名旌善厅。三年无违犯者，足征化导维持之功，印官给匾旌奖。万一多违条犯法之辈，讼词踵至，命盗频闻，该印官将保长注记恶簿，俟另有后效，准销记恶。

2. 寓乡约保甲于社仓

本书节选的社仓十六条及新增条款，自《再奏设立社仓并附条例折》[①]。这个奏折成于康熙五十五年。当时张伯行任总督仓场户部侍郎，以年老之躯经常骑马往返于京城和通州仓场之间。当年河北一带收成不

① 《再奏设立社仓并附条例折》，自吴元炳《三贤政书》（四），《正谊堂集》卷二，台湾学生书局，1976年，2128—2140页。

错，他四处视察。永平府知府禀报所属州县从前都有社仓，今年春天缺粮时，把粮食全部借出，使人民受益很大。他提出乘丰收的时机，在各地振兴社仓制度，使百姓“永无缺粮之患”①。

他提出，每乡设两仓，各存粮一半。按每户贫富分三等按标准捐输粮食，青黄不接时用一仓出粜。秋收时再按收成多少取息一分到三分。来年再用另一仓出粜。这样两仓轮流出入，仓谷常新。

他强调社仓必须是自治的组织，“社仓令乡人自为之，不掌于官，恐一经衙蠹之手则百弊俱生，惠不及民”。社正、社副公举，牌长也是公举，他们负责一切管理事务。如果不行，才让教官去督促。还不行，再让乡长等去督促。

他这套办法的特点不少，在乡约制度中属于出类拔萃的。不知为什么，清代像这样出色的乡约制度不多。

（1）于社仓中寓乡约，以厚风俗。

捐输仓谷的仪式，是采用乡约的仪式。每月初一、十五聚会，每会二三十家或四五十家，地点主要是土地庙或城隍庙。社正、社副、社长、社佐等率领众人，在神前上香，并供奉上谕十六条。按年龄顺序在神前行三跪九叩头礼。社正宣读圣谕十六条，带头向神发誓：“凡我同社之人，能遵圣谕者，天必降之福。有违圣谕者，神必降之祸。尔其慎哉，尔其勉哉。”行礼完毕，撤去神位，按年龄次序就座。社正副当众列举前半月有什么人做过什么好事或者做过什么坏事，亦举出具体事例，说明怎么好怎么不好。约正副和众人都对此人作揖，表示赞赏或者劝解。这些仪式完成后，再办理收米入仓或收钱入社。然后大家一起喝茶，再散会。

积谷一事，除了解决吃饭问题，也涉及其他方面的互助。一社之中遇婚丧难以办的人，可以把先前原捐的粮借出来暂用，以后偿还，不加息。要是还不够用，同社中的人有钱的出钱，有力的出力，各尽所能给予帮助。

---

① 《奏报地方收成并陈设立社仓折》，自吴元炳《三贤政书》（四），《正谊堂集》卷二，台湾学生书局，1976 年，2125—2128 页。

（2）于积贮之中，寓善俗之道。

社仓是个互助性的公益组织。捐输办法体现公正和恩义。凡是没有能力捐输钱谷的，也可以出力捐工。有乡田同井通力合作之义，也不失相友相助之意。要是有读书人无地又无力，一无可捐，可以每次聚会时，和社正等讲习行礼，相助为善，益于大众。要是真正的鳏寡孤独，不须捐输。社仓之中有武断乡曲游手好闲不事生业的，不许入会。要是改恶从善，也可以入会。

（3）于社仓之中寓保甲之法，以弭盗贼。

凡同会之人，务要各相保爱。遇水火盗贼，同心救护。遇婚姻丧葬，则协力赞助。其间或有争斗不和者，社正副集同会之人，评其曲直，而劝谕之。会中之人或有出外远行者，并自远回来者，必知会两邻。或有外方之人远来住宿者，或回去者，亦应知会两邻。庶同会之人，便于稽查。

张伯行的这套社仓办法，是集乡治思想之大成的结晶。他“手不释卷”读书无数，一生主持刊刻无数前人著作。“立德、立功、立言、气节四部，所刻文集已数十家。公检所应刻者尚多，乃有历朝文集之刻。”[①]例如，因为陆世仪“与陈确庵瑚讲学于吴中，稍杂阳明一派，后悟其非，一以朱子为准，著《思辨录》。公以为体用兼具，乃选择刻之”[②]。陆世仪的《治乡三约》集乡治思想之大成，张不可能没读过，其他朱子、吕坤等众人的书都刊刻了不少，估计我们涉及的各种主要制度他都烂熟于胸了。张伯行把乡约、保甲寓于社仓之中，在道理上是相通的，都属于要综合各要素，在做法上是个创新。社仓大益民生，以它为载体融合乡约保甲，确实是个好办法。

① 《年谱》，自吴元炳《三贤政书》（四），《正谊堂集》卷首，台湾学生书局，1976 年，1801 页。

② 《年谱》，自吴元炳《三贤政书》（四），《正谊堂集》卷首，台湾学生书局，1976 年，1787—1788 页。

第11. 乡约局与乡约振兴

咸丰初期，江苏等地设立乡约局是一个创新。由于太平天国占据金陵，江南岌岌可危，江苏奉檄办理团练。咸丰四年提学担心团练不够精锐，叫县令陈懋蔼广集绅士商议办法。无锡绅士顾凤仞、江阴绅士郑经等先后提出，团练是有形的保卫，乡约是无形的保卫，二者合起来才能有效。“团其身必团其心。”“若仅讲团练，不以文教治之，练丁即有勇，何能知方？愚顽且思逞，岂甘守法？若与宣讲乡约，练丁则忠义明而果敢气作矣，愚顽则孝弟敦而守望志坚矣。”这个主张由士绅热心提倡，并受到地方官的赞许，通令全省各府州县一体遵行。江阴县在咸丰四年设乡约局，延请士绅宣讲乡约。次年，邻近的常熟、青阳等县，无锡、金匮等乡及外省一些地方也照此办理。其推行结果“作辍诸多”，所以各地三令五申不断敦促。咸丰七年至九年，各县一再发文重申。同治六年重刊有关制度文献《江阴县乡约》，由几名江阴乡约局董事等十多人捐资刊印、赠送此书。

振兴乡约的两个特点，一是推出特殊内容，二是设立专门机构。

特殊的宣讲内容很多，如积谷说、施粥说、恤孤说、周寡说、扶病说、救溺婴说、劝惜谷说、劝济粥说等，都是提倡公益的善事。如积谷一事，提倡“各乡悉仿行朱子社仓法量力施行”。或积谷数百石或千余石，于青黄不济时则计口以贷，俟秋冬收获后则加息以偿还。视岁之歉盈量息之多寡，循环粜粜。既可以陈易新，出纳有经，仍归以本生利。积之久，则谷日以赢。设有天灾流行，即尽出以赈济。再如扶病一事，提出量力而行。“有力者，助以钱米，使糊口有资，医治有费。则扶其一人之病，实已扶其一家之病也。无力者，助以心力或代为奔走，曲为经营。则今日扶彼，安知异日不扶我之病也。”这些都是激励人民互相救助的办法。

江阴、常熟等县的乡约局规条内容大体类似。在县中心设乡约总局，由官吏提倡，有经费接济。“选举公正绅董，捐集经费，专办化导事宜，以作四乡表率。”局中另聘公正诚笃之士二人或四人，名为约正，分值四乡。会同各乡图董振兴乡约，挨图轮流会讲。每乡有乡约长一人，主持各乡乡约，由约正就当地会讲时，与当地父老董事，商请老成敦品之人充任。乡约责任从地方官吏的手里，转移到地方绅董的手里。宣讲也由无组织，发展到有组织地四乡轮流。乡约局备册簿多种，“一册采访节孝事略，一册记地方风俗，一册书各乡见闻善恶报应，一册记出入细致，一册记讲约生赴乡宣讲功课，一册记奖励善类，一册记惩戒凶恶，一册记示谕文书底稿，一册登记收捐，一册记乡董到局会叙轮流日期，一册记刻印各种善书，散布细目”。

《常熟乡约会讲变通法》中说，城市容易乡村难。“邑城长官亲临，尚多奉行不废，若乡间势必不行。”因此提出利用迎神赛会这种人多热闹的场合，宣讲乡约的效果必大。每年只行四会。每乡先请学官或县官亲临讲解一次，表示政府重视，以引起人们的兴趣。材料是《圣谕广训直解》，可用方言讲解，可以引证古今比喻，使人易于了解，乐于听闻。其他杀生、溺女、争斗、图赖、惜字、惜谷以及禁宰牛犬、禁捕青蛙、解说难证，也都可以讲。此外，还可举办善举，禁除恶俗，调查乡村利弊，访问孝悌贞节，以实施乡村教化。

无锡和金匮二乡合设一局，称为锡金乡约局，与常熟乡约局类似。总局有约正六人，赴乡倡导，给以报酬。在城分东南西北四里宣讲。在乡各图有乡约所一处，每年每处轮讲二次。寻常朔望，各图由乡约长会同绅董办理。乡约长还可以参加地方一切除弊兴利事宜，使乡约和乡村行政关系密切。

四川慈溪县也在咸丰五年提倡乡约，还采用立字据的办法，叫作乡约公据式。公据式列某乡、某图约长、某同约等，奉邑尊劝谕举行乡约。凡同约之人，各宜恪守条程，协力奉行，互相劝诫，毋得疏忽。如有抗违等情，公同禀究。立此乡约两本，一本呈县，一本存约长。咸丰五年某月某日立乡约，约长某某。慈溪县实行的乡约有九条，内容上取《吕氏乡约》的德业相劝，过失相规，礼俗相交三条，又加上守望相助，毋习赌博，毋留匪类，毋纵图诈，严禁溺女，劝办保婴六条。

江南各地振兴乡约，直接继承古代乡治的传统。除了清政府的圣谕之外，直接追溯蓝田吕氏乡约、王阳明的南赣乡约以及其他自治性制度如同善会式、毗陵恽氏续证人社约诫。它突破了死扣圣谕的宣讲内容，而是把它尽量扩大到有益民生的一些具体事情上。但是，它仍然局限于“宣讲”，乡约局这个专门的机构无非就是个宣讲机构。只有到了清末翟城村，我们才能看到那个村治组织真正办理很多实事。

第 12. 冯桂芬结合中西乡治制度

冯桂芬（1809—1874 年）最先主张效仿西洋地方自治之意，并融合古代的乡官制度。“三代上固自有善取众论之法，经传文简不可考，而孟子之言，独彰明较着，则其事可会意也。新唐书赵憬传：憬曰：宜采士誉，以誉多先用。即此意。道在以明会推之法，广而用之；又以今保举之法，反而用之。会推必重臣之贵，今广之于庶僚；保举为长吏之权，今移之于下位。”①

冯桂芬批评当时的县治及保甲制徒有其名、没有实效。他提倡乡以下应该行使自治，仿效宋明乡约宗法之制，以乡族为政治之基础，理由是“以亿万人自养则有余，以一人养千百人则不足”。他认为乡自治的实践，“真能亲民，真能治民，大小相维，远近相连。无事而行保甲，必有循名责实之功；有事而行团练，更得偕作同仇之力。风俗有不日新，教化有不日上哉”。

冯桂芬还将地方自治的理想制度化。在《复宗法议》一文中，他建议民间每姓立一庄为荐飨、合食、治事之地。庄设养老、抚恤、育婴、医疗各室，凡“无力者”分别入之。又设严教室，子弟不肖者入之。庄之效用有四个，一是人无饥寒失所者，故可免盗贼；二是教治严明，故邪教不兴；三是争讼械斗得息；四是保甲社仓团练易行。庄立族正族约，皆由族人公举，以治诸事。

另外，他在《复乡职议》文中，建议乡级行政人员应由“中人”直接选出，而非由上级指派、任命。“满百家公举一副董，满千家公举一正董”。但是正董、副董“不为官，不立署，不设仪仗，以本地土神祠为公所”。

---

① 冯桂芬《校邠庐抗议》卷上，《公黑出陟议》页一。

正董和副董的选举，由“里中人各以片楮书姓名保举一人，交公所汇核，择其得举最多者用之”。也就是说，得推举票最高的候选人当选之。正、副董的任期一任三年，“正董薪水月十金，副董半之”。正、副董与县级官员间不是长官和下属的关系，而是平等的关系，“见令、丞、簿、尉，用绅士礼，文用照会”。这种地方官吏的任用和铨选，近似于普选制度，“就数千年来由上官察举的办法言，这该算是一种最大的革命了”①。

至于正董、副董的义务包括处理民间争讼，指引协助官方缉捕罪嫌，以及劝导百姓纳税缴粮。其中，特别强调正董、副董是处理民间争讼的必经关口，不可以越诉。副董作为第一道关的把门人，会同当地的老人当众一起处理纠纷。当“民有争讼，副董会里中耆老，于神前环而听其辞，副董折中公论而断焉。理曲者责之、罚之，不服则送正董，会同两造族正公听如前。又不服送巡检，罪至五刑送县。其不由董而达巡检或县者，皆谓之越诉不与理”②。

吕实强认为冯桂芬由下推举官吏办法，“于往古史例，决无前例可循”。冯桂芬的成功，主要在于他能循复古而维新，“不仅能灵敏地觉察到所面临的变局，更能够客观而虚心地从中西比较之中，全盘地考虑到中国政治的改良，提出一套比较完整的方案”。“能真正融会中国重视民意传统，而谋求以近似西方民主制度作为改革本国政治之言论者，冯氏实为近代中国史上第一人”③。

① 王尔敏《晚清政治思想史论》，1969 年，44 页。

② 冯桂芬《校邠庐抗议》卷上，《公黑出陟议》页一。

③ 吕实强《冯桂芬的政治思想》，《中华文化复兴》月刊，第四卷，第二期，5—12 页。

第13. 翟城村与清末民初的地方自治

翟城村隶属直隶定县（今河北定州市），清末民初在村治方面起头早，制度全，办法多，时间长，效果好。从清末开始到20世纪30年代被日本入侵中断，这个村办理自治达30多年。先是办教育，随后是改良社会风俗以及凿井、看守庄稼等生产、卫生、道路、保卫等公共事项。村里自发建立起一系列村规民约，成立村公所，后来又根据政府要求建立自治章程。

光绪末年在清政府推行新政、兴办学堂的背景下，翟城村开始筹办村治，在当时看来是顺应了历史潮流。由米春明先生带头，主要是办教育。“1904年（秀才）米春明被定州牧吴国栋聘作劝学所的学董，米春明决定先在本村办一所学堂，以作定州新式教育之示范。这得到了村正米琢、村副徐进的支持。于是同年秋，他们从村公差局提银200元，购置教具，在米春明提供的4间房舍内开办了育正学堂。翟城村由此开始了历史性的社会变迁。”①

育正学堂的建立，完全是村中自发自为的。办学不是唯一的，他们也试图用规约的方法办更多的事。“在米春明的影响和带动下，清末翟城村不仅发展了新式教育，而且，通过制定村规民约，进行了社区综合治理。”② 所定村规民约很多，如《查禁赌博规约》（1904年）、《看守禾稼规约》和《保护森林规约》等。有些是清末定的，有些是民国时定的③。

---

① 李德芳《民国乡村自治问题研究》，人民出版社，2001年，第1章。
② 李德芳《民国乡村自治问题研究》，人民出版社，2001年，第1章。
③ 米迪刚和尹仲才《翟城村》，北京中华报社，1925年。

民国以后，在米老先生之子米迪刚及其兄弟的领导下，使村治更上一层楼。“至其子迪刚先生留学日本归国，更推崇其师承贾佩卿先生‘修己救世’之学理，及游东参观各模范村之印象，与众人合议组织村制。及民国三年孙发绪来长定县，尤极赞许，赐以模范村之名，游扬当道。并将其村制举而措之四境，县政为之一新，并旬刊公报一册以纪之。故定县亦有模范县之声誉。”①

民国 4 年（1915 年），该村由官助民办实行村自治。“（民国）四年七月，由孙县长补助费提拨银元 300 元，作为开办经费，建筑村公所三间，至九月间落成。举凡最要之规约，亦相继订妥备案，所议举之村长、村佐及各区区长，于十月六日推举就职，各股员均议定专人，村公所得完全成立。凡向日由公差局存管之公款，亦尽数接收，而自治基础乃大定矣。”②

翟城村是现代中国第一个村自治的实例。当时村里制定了一系列的管理制度，建立了一系列自治机构和组织。当时普遍认为他们是模仿日本，翟城村人不承认，说这是外界的误解。“四方来观者，往往辄谓本村村治系仿照日本某村、某町，皆属不知内情之谈。”③ 其实，总的来看其渊源可以说有四个方面。一是当时（即民国初年）的政府自治的规章制度，如“教育一项，系大致遵照部章办理”。二是沿革当地的习惯做法。“其余多系按照乡土人情、风俗习惯，因革损益，量为兴作。”三是吸取古代村治的办法和精神。例如用古时“守望相助”的精神和保甲法搞村里的保卫。特别是用《吕氏乡约》的精神建立各种团体，整顿村里的风俗。四是模仿国外的现成办法，他们承认因利协社“与欧美日本特具之成法遥为暗合”。

民国 6 年（1917 年）推行村治后，自治事项分财产、教育、风俗、劝农四类以及卫生、保卫、道路等，分设专门机构，各有详细章程。财产事项有因利协社、纳税组合和义仓。教育事项有教育费贷用储金会、学校、教育普及计划和教育会。风俗事项有一系列机构，如德业实践会、

① 尹仲材等编述《村制学讲义》（共五卷），民国 17 年，（江苏省）江宁县村制育才馆发行。

② 米迪刚和尹仲才《翟城村》，北京中华报社，1925 年，40 页。

③ 米迪刚和尹仲才《翟城村》，北京中华报社，1925 年，47—48 页。

改良风俗会、勤俭储蓄会、辑睦会、爱国会、查禁赌博规约。劝农事项有凿井办法、看守禾稼和保护森林规约、防除害虫会、农产物制造物品评会，以及其他公共事项，如卫生、保卫、平治道路。

民国时期有几届中央政府推行地方自治，但因政局不定、内战频仍、日本入侵等原因，都不长久。翟城村在这种大环境下，不同时期也有不同的特点。它的后期自治制度，是按当时南京政府的统一规定修改的。那套办法是以山西村治为蓝本，向各地推广。翟城村把原有的东西和这个新框架合并起来 。①设村民会议为全村最高权力机关。②村民会议下设村政会议，村政会议由村治创办人、村长佐及各街长、闾长、学校校长、邻长等组成，每月开会1次。一切村务均由该会议决，再交村公所施行。③村公所村长佐及村政会议主席等9人组成，除了执行村政会议议决的事以外，还指挥各闾邻长进行各项自治事务。④村公所附设因利协会、公安协会、教育协会、建设协会、农林协会等机构和财政专员。⑤设监察委员会，监督村公所及其附设机构。⑥设调解委员会（原称息讼会），调解村民的争议。

本书节选该村部分制度，代表20世纪初期村治的进展。

翟城村村治基本情况①

自治范围、事项	自治组织	自治制度	效果、影响
办教育	教育会 教育费贷用储金会 宣讲所 爱国宣讲会 图书馆 阅报所 自治讲习所 乐善会	教育基金制度 学生贷款章程 教育费贷用储金会简章 学生贷费规约 教育规约十二条（教育普及计划书）	建国民学校、半日学校、高等小学校、女子国民学校、女子高等小学校。为本村学生提供升高小、初中的贷款。村教育水平居全县前列，教育贷款制度被定县推广
改良风俗	德业实践会 改良风俗会 勤俭储蓄会 辑睦会 爱国会	各会制度 查禁赌博规约	

① 注：这个表据米迪刚和尹仲才《翟城村》整理，北京中华报社，1925年。

续表

自治范围、事项	自治组织	自治制度	效果、影响
金融合作	因利协社下属金融协社（又称平民银行） 消费协社 购买协社 贩卖协社	各种章程	代管出纳本村公款如学校、基金、教育费贷用储金等。也经营村民的储蓄生息、低利放款等
农业生产合作	凿井组合 防除害虫会 农产物制造物品评会	提倡凿井条规 保护公有井泉规约 看守禾稼规约 保护森林规约	使全村新增水井无数，此法被推广到外村、定县
公共卫生	村卫生所	卫生所规约	
公共治安	保甲	共同保卫章程	采用古代保甲法
公共交通		护路章程	
社会保障	义仓		积谷防灾
税务	纳税组合		纳税合作

第 14. 山西村制的复古与创新

阎锡山（1883—1960 年）自 1917 年兼任山西督军兼省长，集军政大权于一身，在全省推行村制。他不仅从历届前任取得施政的经验，从现实汲取灵感，大力继承古代村治理论。山西被数届中央政府赞为模范省。“1928 年 6 月阎锡山正式向国民党中央政治会议提议，将山西村制推行于全国。7 月 25 日，政治会议复电称：该提案‘规划精详，并悉晋省行之，已著成效，良可钦佩。现内政部正草拟县组织法，自应尽量采纳，本日第三五二次政治会议业经决议，交内政部法制局查照办理矣’。9 月，国民政府颁布《县组织法》，其第五、第六章关于乡村自治的规定，借鉴山西村制之处颇多。”①

1. 对传统的借鉴

山西采用很多传统办法，以致当代学者说它是旧日里甲制度的翻版。其具体来源有新儒家的理论，包括王守仁、陆世仪、曾国藩等，有翟城村的办法，也有日本的地方自治制度。阎锡山认为陆、王的办法是通向完美的捷径②。王守仁有保甲法，陆世仪有《治乡三约》。到晚清同治中兴时期，曾国藩兴团练对付太平天国，也和这套理论有一定关系。这三者都是乱世的治理办法，可能这一点比较适合山西当时的环境。这也使研究者的目光被吸引到它是“旧日里甲制度的复活”这一面。其实，阎

① 李德芳《民国乡村自治问题研究》，人民出版社，2001 年，62 页。

② Donald George Gillin, Warlord Yen His - shan in Shansi Province 1911 - 1949, Princeton University Press, 1967, p. 301.

锡山用的不仅是这一点。

古代乡治，不单是儒学一脉单传的，也不单是保甲。乡约始于理学和礼学门徒的吕氏兄弟。儒学大师朱熹把乡约发扬光大，使之成为儒学的一个传统。他对社学、社仓也曾大力提倡。明清的“新儒家”们继承发扬了这套理论，并在实践中运用。它不仅用在农村，也用在城市。明末刘宗周保卫京城就推行过。乡治几个方面的办法，山西都有大量的运用。

（1）保甲

保甲确是山西村制的一大特征，也是南京国民政府利用的办法。在战乱和治安不良的社会环境中，这方面最容易受到重视。山西在农村和城市，分别建立了村闾邻和街闾邻的组织。政府通过对村、街以下的渗透，达到对民户更密切的控制。这套严密的机构发挥各种重要的功能，从为政府收粮、收款、征兵，到完成政府提倡的各项村政。各基层组织领导由民户选举，也和乡约组织领导民选的传统一致。

太原市基层自治组织（民国11年）①

	主副街数、街长副人数	闾数、闾长人数	邻数、邻长人数
第一区	28	109	403
第二区	40	123	370
第三区	31	55	214
第四区	24	86	276
总计	83	373	1363

① 该表据太原市各区街长副和各街闾邻长姓名表整理，太原市公所《太原市自治报告书》，民国13年，235—267页。

山西村政组织数目（民国9—16年）①

县数	105
主村数	11038
副村数	33364
村长数	11039
村副数	19196
闾长数	91738
邻长数	379386

（2）乡约

乡约教化的功能被充分地发挥利用，如整理村范、整理市范，但偏重惩恶。各种“须知”内容庞杂，倒是以劝善为主。阎锡山试图通过宣传进行教化。他自己经常巡回演讲，还令村长副、学校教师和在校学生去做宣传。官方办宣讲所，送免费书、印刷品等。教化方式上，“村仁化”的传统色彩很强。

村制体系包括硬性的组织和软性的教化，《阎督军政书》大体上体现了这种施政方针。全书用浅白易懂的口语写成，风格可与吕坤《乡甲约》媲美。他有意坚持这种风格。民国7年还下令各官署，文告原为晓谕人民，应用浅近白话以便普及②。

政书共四卷，即《人民须知》、《村长副须知》、《家庭须知》、《诉讼程序浅释》。《村长副须知》是向村长副宣教的材料，附录了近40项有关法令规章。《人民须知》和《家庭须知》用来向人民宣教，内容上是融合传统道德、礼节、观念、习俗，又加上实用、现代的东西。阎锡山被

① 《村正副须知》，见《山西村政汇编》，995—1007页。

② 《公文用浅近白话训令》，见《阎督军政书》卷2，上海尚友社，民国9年10月初版，61页。

人诟病“思想陈腐”可能是出于此。它也蕴含了民国时期进步的东西，例如民主和自治等内容①。

教化办法类似传统的“宣讲”，而且是强迫性的。六种“上等人”有责任宣讲《人民须知》，即县署宣讲员、区署助理员、国民学校校长及教员、街村长副及闾长、受过新式或旧式教育者以及退伍军官。民国7年专门颁布了《读人民须知条例》② 规定，冬春农暇各镇村必须讲解人民须知，限令商人均须一年内熟读了解，各镇村人民均须于两年内熟读了解。由县知事督同宣讲员、商会会长、街村长副，随时检查。有不能熟读了解者，强迫其熟读。宣讲《村长副须知》的办法是，对识字不多的街村长副，县署宣讲员及区长有义务把他们召集一处，区署助理员也要周行乡间，完全为其讲解此书。学校教职员及公职人员也有讲解义务。对识字的村长副，也要向他们解释附属各法令。此书先发给县署宣讲员、区长助理员、各学校教职员、商会、教育会、劝学所、其他各官公立机关人员及街村长副，每人一册。国民学校每校一册。闾长等陆续印出再发。街村长副退职时交与继任者。

阎锡山用教化的办法推行“公道主义”的村本政治。“村公道是村政治的根子。村仁化是村公道的精神。村长副的责任心是上三事的种子。没种子，发不出芽来。”村长副教化村民的办法是仁化，就是亲慈、子孝、兄爱、弟敬、夫义、妻贤、友信、邻睦。并为每项定了标准，令“凡当村长副的，应时常与村人讲说，使一般人都能潜移默化，风气转

---

① 阎氏可能是现代中国绝无仅有的一个“大官”，把“民”作为直接的读者而写作。“尔等阅此书时，及听讲此书时，如同本督军当面告谕一样，切勿轻忽。”《人民须知》第1章民德篇讲的是信、实、进取、爱群。第2章民智篇，讲国民教育，听宣讲、看报纸、看告示、读刑律。第3章民财篇，讲种树、种棉、养蚕桑、做肥料、种甜菜制糖、种麻、交换种子、畜牧、纺织、经商备荒。第4章家庭篇，另外还有《家庭须知》单独一卷，讲良好家庭为人生至乐、家庭道德、家庭礼节和规则、家庭教育、家庭卫生、家庭关系、宗族关系、邻里关系、衣服装饰、费用储蓄、家庭格言等。第5章社会篇，讲结团体、公众卫生、信教自由、选举。第6章国家篇，讲国家、爱国、国旗和国歌调查与登记、违警罚法、诉讼、尊重军人与警察。《诉讼程序浅释》“是把现行的法律命令，拣择他关于诉讼的程序，用白话编成。凡是识字的人，一看都可以了然。盼望你们街村长副、闾长、各国民学校教习、及街村内识字的人，都把这书看看。遇邻里有诉讼的事件，还要指点他，教他晓得种种打官司的方法。这就冤枉不了人民了。那些污吏劣绅，也就用不上他欺枉恐吓的手段了”。

② 《读人民须知条例》，见《阎督军政书》卷2，上海尚友社，民国9年10月初版，61—62页。

移，有裨于政治实在不少”。仁化问题以前就反复提到[①]。其中邻睦的具体内容是，“出入相友，礼俗相交，忍让相处，患难相救”，这是翟城村之后，吕氏乡约内容的再次重现[②]。

阎锡山认为：“村中的人果能各个守其本分（份），就没有不好的事情发生，那就成了一个顶好的村子了。”仁化的对象是那些坏人。“我近年来看见乡下最可怜的事，莫过于坏人欺负好人。因之我时刻不忘的，要想把坏人变成好人。就把坏人分成九项，教县长督同村长副确实调查。全用人情感化，既不问罪，又不罚钱。”[③]

（3）社仓

社仓最初是为了防灾和济贫，义仓和社仓是山西省两种基本形式。清末的“丁戊奇荒”被称为中国古今第一大灾荒，全国受灾省份无数，山西也难逃此劫。旱灾和瘟疫，使1877—1878年的粮食价格涨到正常时的3—4倍，蔬菜涨到5—6倍，鸡蛋涨到16—17倍。全省42个州县出现人吃人的事情。这场灾荒中全省人口死亡和流失高达800万到1000万，亡失率达54%。当时巡抚曾国荃感叹，要20年才能恢复元气[④]。阎锡山当政后也不断受到灾荒的打击，这使他不得不十分重视社仓。《致未被灾八十四县委员办理村社积谷函》动员县委员下乡时大力提倡积谷。“本年秋禾收成，除河东21县歉收外，其余各县多属丰稔，而秋后颇旱，殊为可虑。前令各县办理村社积谷事宜，早经通行在案。亟宜乘此机会，为未雨之筹，作三余之计。顷已令行各县列入村政遵办矣。并望该员下乡时，极力提倡，竭诚赞助，务求办到。”[⑤]

《山西村政汇编》所收有关积谷的令文、公函，揭示了当初设立义仓、社仓的意图。“近年以来，各地雨量异常减少。且吾晋地居西北，接近沙漠，而有十年九旱之传说。乘本年秋收丰有时，提倡积谷，较为容

---

① 阎锡山出巡清源县讲话，民国11年7月11日，《山西村政汇编》，725页。

② 阎锡山出巡太原县讲话，民国11年7月5—11日，《山西村政汇编》，721—722页。

③ 《山西村政汇编》，719页。

④ 行龙《近代山西社会研究》，中国社会科学出版社，2002年，117页，125页，136—137页。

⑤ 山西村政处编《山西村政汇编》卷3，公函，《致未被灾八十四县委员办理村社积谷函》，38—39页。

易。古人云，有备无患。各县官绅，均应注意，并应将积谷一项，列作村政之一。即以劝办积谷多寡，为成绩之考核。仍将办理情形随时报查。”①

民国10年6月28日分别针对社仓和义仓颁布了两项救恤法规。《各县义仓积谷简章》规定，义仓有县义仓、区义仓、村义仓、私立义仓四种，是根据捐助者来分的。各县原有义仓积谷，由县督同各区乡政长清查后，与新谷并入新仓。如遇灾歉，县义仓得由全县士绅，区义仓得由全区士绅，私仓得由捐积人，各就应需谷数，呈请县署核准借放②。这是劝积，自由缴纳，数目不限，多多益善。产麦多的县，每年自夏至和霜降30天内分别积谷两次。产麦少的县，只于霜降后30天内积谷一次。县知事督同劝办员绅统计所积数目，抽丁存储。由县里将办理情形连同各仓义谷总数清册呈报省道公署，同时将各捐户纳谷详细数目榜示周知。官方参与遴选及监督义仓的劝办人员和管理人员，监督积谷数目的统计，参与制定义仓的管理方法，掌握奖惩。劝办员绅，由县知事遴选、督劝。义仓的常年经理人员，则由劝办员绅和县知事共同推定。管理方法及推陈易新各项规约，似乎也是官绅共议。多捐由官府奖励，劝办及经理义仓人员，如有骚扰侵蚀舞弊，查实由县知事处罚。

《各县村社仓积谷简章》规定每一编村设社仓一处，储谷地点是主村或联合村的公共寺庙房屋。百户以上的村应积谷100石。户口多的村，按每增加100户增积谷100石的标准递加。以积谷为主，产麦及杂粮多的村可以变通。社仓捐积基本上是强制的。由各村长副闾长协同绅耆，按地亩或按粮银或按户口及其他方法，从本村民户公平起集。有两种例外，一是如系穷乏之户，酌量减免。二是如果村里有公共存款及迎神赛会等费，可以提作积谷之用③。

每年青黄不接时，由各村长副报明区长，定期以积谷三分之一，散

① 山西村政处编《山西村政汇编》卷2，令文，《训令各县劝办村社仓积谷并列为村政之一考核成绩文》，51页。

② 山西村政处编《山西村政汇编》卷1，法规，民国17年，43—45页。见沈云龙主编，近代中国史料丛刊98辑，文海出版社。

③ 山西村政处编《山西村政汇编》卷1，法规，民国17年，45—46页。见沈云龙主编，近代中国史料丛刊98辑，文海出版社。

放各民户。收新谷之后，按一分加息，本利一并归仓。如遇灾歉，由本村村长副闾长，共同议决借放，并呈明县知事核准。每届出入谷数，由区长汇报县署备案。一切应需费用，由各村民户分摊。支用数目均由村长副列款，宣示周知。办理完竣之后，造具积谷人姓名及谷数清册2本，盖上名章，一份存村，一份上报各区。再由区验明属实后汇成总册，上报送县。县再汇列总表，上报到省公署。民户被动缴纳，抗不缴纳者，由各村长副报明区署酌量处罚。对村长副闾长如果办理积谷出力，由区长呈县知事给予奖励。如果有骚扰侵蚀舞弊，由县知事处罚。如果有办理失当，允许人民报告到区上，由区上纠正。

个别县如果办理村社仓有困难，也有变通，允许人民自行积谷。“积谷备荒，国家列为要政者，正为人民保险。山西十年九旱，乡村居民，对于存粮一事，父常以训子，兄常以教弟，实人人所深晓者。特以近年习尚奢华，遂至忘其远虑，是应由行政长官警告提醒，人民谋生念切，根本上无不乐从。该县如以村积为难，不妨实行人民自行积粟办法。责成村长，凡村中产粮之户，按口存储。”令该县知事妥为筹划劝办积谷及其奖励办法，“地方官爱人之实，亦于此证之”①。

（4）社学

古代的社学，在现代就是村办教育。1918年山西公布《改定全省施行义务教育程序》，推行义务教育。全省分7个区域，自民国7年筹备，至民国10年各区次第限期完成。筹备事项有造就师资、调查学龄儿童、筹款设学、劝导入学和实行强迫，分别由县知事令各区长督导宣讲员、助理员及各街村长副办理②。教育和地方自治是密切联系的，整理村范和整理市范，都把调查失学儿童作为街长副、闾邻长的任务之一。

办理义务教育中的救恤措施，也体现了这种执着。在介休县，“因极贫困残疾，实在不能上学者，均可免之”③。义务教育被作为村政的基础，

---

① 山西村政处编《山西村政汇编》卷2，令文，《指令忻县奖劝人民积谷备荒并将拟定办法具报文》，50—51页。

② 山西村政处编《山西村政汇编》卷1，法规，《改定全省施行义务教育程序》，32—33页。

③ 山西村政处编《山西村政汇编》，《指令介休县呈报男女失学儿童就学办法文》，民国12年2月3日。

所以极为重视。"普及教育不能发达，凡事永无进行之望。""村政根本，实基于此。"因此，无论任何困难，都要想方设法进行。"据报该县（兴县）儿童失学，多因生计困难，交通不便，及师资缺乏之故。请令县督饬主管人员，尽心筹划，急图补救。"①

各县纷纷制定相应的办法。祁县规定，对贫儿上学时间相对宽松，只要求每天认2个字，每年认720个字。各村贫弱男女失学儿童，只需每天或早或晚，到校认识两个字，费时不过一刻。认字之后，即听其便。"如此办理，既可以免学校难于容纳之困，且可省村中添聘教员之资。利济贫家，尤觉无量。"如果不能到校，能到校时补学。平时每天老师将学生应认之字，预先写在方寸的硬纸片上，教学生认识后带回家，用线按顺序穿起来保存。每天还要带回到学校，以备考询。可见，那时至少在祁县，学生识字没有统一的课本。老师还要把每年应认的字，写在村中明显的墙壁上，供儿童查看。还把这些字预先写在方2尺的布上，让儿童经常携带，一目了然②。

天镇县规定，专设贫儿学校，校舍和教员都用各村国民学校的，在其课余时上课。如果村里没设学校，在闾邻长或教员家里上课。教员由该村自由聘请，年薪不超过十吊。每天"午间一钟"上课，课程有认字、习字、珠算三科，毕业标准是能认白话文。学董、闾长、邻长都有责任督催贫儿就学的。若推诿不办，酌量惩罚③。盂县每年正月由邻长调查学龄儿童的家庭经济情况，有无残病及贫及应免学费或补助课本等项，上报区公所④。代县"壮年男子多数出外，家中无人操作。每令孩子在家，随便驱使。既能省钱，又能做活，以致失学儿童颇多。因于春冬之际，设一半日学校，强令就学。至山沟小村，不易联合，不能延请教习者，就村中举以识字之人，随便教之认字。不拘时间，不限课程，以期日进有功"⑤。

---

① 山西村政处编《山西村政汇编》，《行知兴县对于失学儿童应多方筹划以期进行文》，民国12年7月12日。

② 山西村政处编《山西村政汇编》卷4，办法，45页，民国17年，文海出版社。

③ 山西村政处编《山西村政汇编》，《天镇县贫儿识字学校办法》，民国12年12月。

④ 山西村政处编《山西村政汇编》，《盂县调查失学儿童办法节略》，民国12年5月。

⑤ 山西村政处编《山西村政汇编》卷4，办法，《代县安置失学儿童办法节略》，民国12年7月，46页，民国17年，文海出版社。

2. 继承传统的意义

阎锡山对传统的继承并非完全的、统一的，也有一些不协调的做法。虽然被当代学者批评为陈腐和过时，但在20世纪二三十年代阎锡山并不是孤立的，比他更年轻、思想更新式的一批知识分子如梁漱溟等人，也在从古代传统吸取灵感，寻找更加适合中国国情的出路。他们都认为，中国问题有特殊性，难以完全由外来的办法解决，自清末以来输入的日本、西方、苏联等各种模式都有不适用之处。梁漱溟在山东邹平，直接参考古代乡治理论设计乡农学校。

山西地方制度确实是个大杂烩。它包含传统乡治体系的四个基本要素，即里甲、乡约、社仓、社学；也包含清末从日本间接引进的地方自治、代议制等西方民主宪政；也包含三民主义、社会主义。把山西的做法放到更大的历史背景下，就会看出它融合了地方自治古与今的理论，也贯穿了国民党和共产党的相关实验，并且和当代的地方自治有很多相似之处。

孔复礼（Philip A. Kuhn）把山西村制提升到一个相当的高度，认为中国农村问题是自清末遗留下来的体制问题的一部分。阎锡山当时把自清末以来立宪与独裁两种对立的思想硬接起来，也就是把官的渗透和民的参与二者用中国独特的方式相结合，成就了一种变了质的自治，说它甚至是新中国农村集体所有制的发源地。“在这种蜕变上，阎锡山的‘模范省’扮演了一个不小的角色。”[①] 总之，山西村制确是个多棱镜，折射出宋代乡约、明清里甲制、历代的宣讲传统，并包容了清末民初以来强调政府的渗透和农民的参与两种现代概念，又出乎意料被新中国农村集体所有制借鉴。

① Philip A. Kuhn《阎锡山与政治的现代化》，《中华民国初期历史研讨会论文集》上册，台北，1984年，403—415页。

3. 采用现代自治

阎锡山认为村政是施政的基础，民国 14 年提出“村本政治”。“村本政治，乃根本人类有政治性之天然团体而实施者也。家国省县，皆人类之团体。家以情系，政治性较微。各省县区，范围基广。独村为人类第一具有政治性之天然团体，以之为施政本位，既无过泛之病，又不虑其无由措施。家以善良公平之组织，以定村民公由之轨道，悉举各项职员，分管全村之行政，以谋村民之福利。一面却选举村监察委员，组织监察委员会，以监察其活动出轨，并有罢免权为其最后之监督。如此直接间接监察，横的竖的调剂，自然利兴弊除，根本修明。然后推之县区省国，任何政治，无不顺利。譬如绘事，底子打好，上红色，上蓝色，均可任使。譬如建筑，基地做好，盖砖房，盖瓦房，均可自由。诚以村为最切近人民本身利害之天然团体，无论独裁、君宪、共和、劳农何种政治，均应以此之本位。”①

阎锡山鼓励一般老百姓参与政治。民国 7 年左右《人民须知》和《告谕人民十四条》中，提出村民不仅要积极参与村长副的选举，而且还要积极参与县议员、省议员、国会议员的选举和监督。选举村长副的好处，“村长副是为大家办事的人，若是选出好人，大家就得益不浅。若是不好，受害更大。千万不可照从前推乡约里保的那法子，奉行故事。凡品行不好，学问也无，就不要选他。要择公正聪明，有学问，有道德，热心办事的，把他举出来，与你们任事，于你们的好处就多了”②。选举议员的好处，“从前专制的时代，全看皇上好不好。如今共和的时代，全看议员好不好。议员是做什么的呢？他是代表百姓意思的人，所以要百姓选举。你们以后举议员时，无论是县议员、省议员、国会议员，总是要选择好人。要看某人品学都好，热心爱国，他到了议会，必能替人民定些兴利除弊的好法律，必能替人民监督官吏，不敢做坏事。如此等人，才可举他。若是议员不能真正定些为国为民的好法子，不能真正代表民

---

① 阎锡山《对政学各界人员讲话》，见《山西村政汇编》，823—828 页。

② 《人民须知》第 5 章社会篇，见《严督军政书》卷 1。

意，百姓就该不答应他”[1]。具体的做法是，“想教议员好，举的时候，不可卖票子，谁好举谁。举下以后，要常打听他的主张行为。如有不好处，就要干涉他，质问他。万不可举下以后，再不管了”[2]。

1927年后明确了村政与自治的关系，“施行村政，即以期达到人民自治之目的”，修改完善前期各项制度。这个时期加上了很多民治色彩的新内容，就是这套新东西成为南京国民党政府1928年颁布的《县组织法》的蓝本。山西省在1927年8月18日同一天公布了《改进村制条例》、《修订乡村编制简章》、《修订村闾邻长选任简章》、《村公所简章》等10个制度。修改或新的还有《修正村长副须知》、《闾邻长须知》、《修正人民须知家庭须知》等。1928年出版的山西村政处编《山西村政汇编》，收录了上百种全省及各县颁布的有关规章制度，一部分是沿袭以前的，也有修订和新定的。

村政组织是作为行政组织而设的，以1927年为界可以大致分为两期。前期官治的色彩重，后期民治的色彩增加。这种转变主要是因为前期施行后产生一些问题，村长副闾邻长难以控制，不得不改，想用加强民众监督的办法来解决。新措施都围绕这个中心问题。有些做法是进山会议时讨论的结果。

机构方面的明显变化，就是村设四个部门，村民会议、村公所、息讼会和村监察委员会。

村民凡20岁以上，得出席村民会议。每年至少开会一次，由村长召集。村公所由村长副闾长合组，不足7人时由村民补选。超过13人时，闾长分班任事。每年春节后1个月，由村长副召集闾邻长互选数人，分司村款、积谷、保卫团、学务各项事务，受村长副指挥。村公所以合议制处理事务。村长副还是按原来的办法，由村民会议加倍选出，报县择委任。任期1年。由本闾推选闾长，本邻推选邻长。村长副闾长任期都是1年。息讼会由村民会议选出5—7名公断员组成，会长原来由村长兼任，后来改成不准兼任，由公断员互选。监察委员会由5—7名组成，也是村民会议选出，负责监督村公所，以清查存款收支为主要任务。

---

① 《人民须知》第5章社会篇，见《严督军政书》卷1。

② 《告谕人民十四条》，见《严督军政书》卷首。

这种改变，有利于削减原来村长副权力过大的弊端。“以前办理村事，村长副的责任很重，因而权限亦很大。贤者不胜其劳，不贤者因以为利，舞弊营私，失人信仰。本总司令深为惋惜。所以本年修正各项村制简章，都采用合议制和分权制。什么叫合议制呢？就是遇事要村长副召集闾邻长，同到村公所开会商议，取决多数的意见办理，不得由村长副一二人专断。什么叫分权制呢？就是按村中各项常务选出数人，各司其事，分任其劳。这样办去，确能减少村长副许多劳苦，免生种种弊病。”[①] 还增加了村长副推行民主的几项责任。

（1）村民决议

“关于自治事件，当然要以村民的公意为标准，不能拿个人的私意去办理。什么是村民的公意呢？就是村民大家会议决定的意思。比方大家要禁止什么事，村长副就要依着大家的意思去禁止。大家议定要兴办什么事，村长副就要依着大家的意思去进行。有时村长副自己想倡办一件事，也必须要得到村中大家的同意才可。”用今天的话这就是民主决策，村民大家会议就像是现在的村民会议。看来阎锡山是最早主张村级民主决策的。

大约10年前《村长副须知》规定要“议定村规”，“村中之田禾如何看管，零碎树木、公共树林如何保护，道路、渠堤如何修理，可商的村镇市面如何周行，其他一切公差、公务、公益上，皆应由村长副会同村人，公公道道，议定办法，作为村规”。用意是一样的，只是那时没有明确提出“村民大家会议”这个具体形式。

（2）向村民报告

这和当代的村务公开是一回事，阎锡山民国17年左右提出了具体办法，山西一度实施过。“村长副办理一村公事，须将职务内办理情形，都教村人明白，才可免村人疑虑。比如村中公款出入，要按期清算公布。村禁约执行了多少事件，处罚了多少村费。仓谷积了多少石数，如何存

① 《村公所简章》，《修订乡村编制简章》，《改进村制条例》，《修订村闾邻长选任简章》，见《山西村政汇编》，892—899页。

放。其他如学校、保卫团、息讼会办理情形如何，都应该于每年年终向村民总括报告一次，这是定期报告。至如临时发生重要事件，或官厅委托传布事件，亦应随时报告村民，使大家都明白了才好。”

（3）增加了闾邻长的专门制度，似乎使（县）区、村、闾三层的村制体系多了一层

《修正村长副须知》里面附有《闾长须知》和《邻长须知》。闾长对负责的25户人家，平日要留心检点清楚，该奖该劝要及时处理。如果闾里有事，闾长可以召集邻长，讨论办理，或报告村长副。本闾各户如有公共的意思要向村长副陈说，闾长也要依着去陈述。邻长受村长副闾长指挥。一邻的事办不好，是邻长的错。邻里有坏人坏事，邻长必须报告闾长。如果不报告，以后查明或出事，邻长首当其错。闾长还有沟通村长副和村民的作用，而邻长的义务完全是向上面打报告。闾邻体制上这方面的改变，没有什么自治上的意义，注重的是里甲制度上“控制”的作用。

山西的成就和局限在当时都被广泛地讨论过。“最近谈村制者，多取法于山西。而山西村制，有偏于治民之处。且只有消极之义务，而缺积极之权利，但重于禁令而轻于教养。自应分别取舍以立标准，不宜震惊于模范省之虚名。”① 但无论怎样，山西的做法影响了当时全国的地方政治。它做了那么多年，虽然效果不够理想，却留下了不少制度上的遗产。李德芳认为它“具有的现代民主政治特征，以及它所开创的乡村财务公开和村务监察制度，在当今都对我们具有启迪意义”②。

---

① 梅九景序言，尹仲才《村制学讲义》。梅九景是阎锡山统治山西早期的朋友，辛亥革命后功成身退，不愿参政，却关心村政。

② 李德芳《民国乡村自治问题研究》，人民出版社，2001年，75页。

第15. 村规民约与当代村民自治

1. 村规民约的重现

20世纪80年代初，沉寂已久的村规民约，又在广西宜山县的合寨大队（今宜山州屏南乡）的果作村重现。这份记录在三页稿纸上的村规民约，产生于1980年7月14日，上面有85户农民的签字画押。果作村的农民自发建立村委会，把农民组织起来，制止了赌博、偷盗、乱砍滥伐等现象，维护了正常的社会生活秩序①。

当时合寨大队有11个自然村，位于三县交界之处，人口4000左右，95%是壮族，社会治安状况历来不好。1979年听说外地分田到户，村民就自发地把田分了，村里一度陷入无人管事的局面。此后治安更加恶化，偷盗、赌博成风，争水灌田等纠纷也有增加。果地和果作两个自然村的村民，自发地组织起来，要改变这种状况。

1979年底，果地村由老支书蒙宝亮，老党员蒙正昌、蒙正奉等牵头，提出由群众推选治安带头人的方案。随后召开全村户主会议，160多户每户派一人参加，实行无记名投票，选举产生了社会治安带头人。随后召开全村会议，16岁以上共510多人参加，在会上宣读并讨论事先起草的村规民约。其主要内容，都是围绕搞好村内治安、保护山林水田以及修桥补路等公共事务。例如，有外来人来本村需要过夜的，户主必须找治安带头人报告。山林水田纠纷，一家一户解决不了的，汇报给治安带头人。

---

① 米有录："静悄悄的革命从这里开始——寻访中国的第一个村委会"，《乡镇论坛》，1998年第12期，6—8页。

对乱砍滥伐要教育处罚。本村人也不能到村外乱砍滥伐。组织村民架桥补路，整修挑水码头。集资购买低压线路设备，解决照明问题等。讨论后，每户出一个代表在村规民约上按手印，以便人人负责，自我约束。后来这份原始材料被政府要去，现在找不到了。

果作村在1980年初由生产队长韦焕能提议，由村民选举村委会，由一正、两副、会计、出纳等六人组成。全村85户一家出一个代表参加了选举。每个人发一张纸条，上面可以写6个人，多写作废。经过投票、计票，当场宣布选举结果，韦焕能得了全票，其他当选人得票也都超过半数。这个组织被村民们叫作村委会。同年7月召开全村大会，讨论并通过事先起草好的村规民约和封山公约①。

本书选用果作村委会的《村规民约》和《封山公约》。这是当代最早的村民规约，和历史上的乡约制度有很多可比之处。

（1）自发性

像《吕氏乡约》一样，合寨村的村规民约都是人民自发的创造，目的是为了创造一个更好的公共环境，改善乡村人民的生活。所以大家议定条约，共同遵守。人们对这些规定有共识，所以效果好。

（2）实用性

和明代李春芳的《乡约事宜》、唐灏儒的《葬亲社约》相似，内容都很实用，形式都很短小。每一条针对性都很强，不是表面文章，而是有的放矢。

2. 当代村民自治的实践

合寨大队的民间自治组织，引起了彭真的重视，他当时正在主持修改宪法。1981年下半年，中共中央及全国人大派调查组，对广西宜山、

① 先后有两篇文章对果作村发起自治的情况介绍得比较清楚。米有录：“静悄悄的革命从这里开始——寻访中国第一个村委会”，《乡镇论坛》，1998年第12期，6—8页。徐勇《伟大的创造从这里起步——探访中国最早的村委会并纪念村委会产生20周年》，《世纪中国》（http：//www.cc.org.cn/）2001年7月11日。

罗城一带出现的村民委员会进行调研。在彭真的支持下，1982 年的宪法将村委会列为群众性自治组织，并于 1987 年通过《中华人民共和国村民委员会组织法（试行）》①。这部法律指导中国农村选举 10 年之后，全国人大于 1998 年 11 月 4 日通过了正式的《中华人民共和国村委会组织法》，增加了数项重要的民主程序，如秘密投票，直接提名和竞选，以及差额选举，并增加了设立村民代表会议议事制度和实行村务公开制度等条款。这些年来，中国全面推行村委会制度，建立基层民主选举、民主决策、民主监督、民主管理的机制②。

后埔村 1997 年的村规民约是这类制度的一个样板，篇幅比较长，内容比较全。它距广西合寨村的两个规约差不多 17 年，中国村民自治也经历了从无到有、从小到大的历程。其间，村民自治事业可谓波澜壮阔，硕果累累，值得大书特书之处不胜枚举。其中村民自治章程制度和村规民约制度尤其可圈可点。根据《中华人民共和国村民委员会组织法》的规定，村民会议可以制定本村的村民自治章程和村规民约，用以规范本村的村民自治活动，使之有章可循。现在，全国各地的村庄，绝大多数都有了自己的村民自治章程和村规民约，村民们自豪地称这些由村民自己通过认可的章程、规约为“我们自己的小宪法”。虽然说村民自治是依法自治，自治要符合国家法律的要求，但是，只有由自治体根据本村实际情形，在不违背国家法律的前提下制定自治章程、村规民约等“规矩”，用以处理本村的各项公益事项的活动，才是真正体现自治精神的村民自治活动。这些年来，中国农村的村民自治活动开展得如何呢？

乡镇论坛杂志社通过“村民自治效果实例”征文活动，收集了许多村民自治活动实例，从这些案例来看，自治精神已经逐渐地在中国农村扎根！除了三年一度的村民委员会换届选举活动，在选举之后，还有大量的村民自治活动在广大农村已经发生并正在发生着，这些生动的自治活动涉及了村庄公共事项的方方面面③。

---

① 白益华《中国基层政权建设的改革与探索》，中国社会出版社，1995 年。

② 李学举《中国城乡基层政权建设工作研究》，中国社会出版社，1994 年。王振耀《中国村民自治理论与实践探索》，宗教文化出版社，2000 年。

③ 本章采用的案例由乡镇论坛杂志社提供。

案例一：婚丧嫁娶

在中国农村，婚丧嫁娶可以说是家家户户的头等大事。要说这婚丧嫁娶，似乎都是每家每户的私事，但实际上也是涉及村风村貌的公共事宜。比如说吧，由于历史悠久，所以婚丧嫁娶方面的传统就多，习俗就多，而传统多、习俗多了，加上有相互攀比的心理，就容易在村庄形成奢侈铺张的风气，这样的风气一旦形成，所影响的就不是一家一户了，就会给所有的农户平添了沉重的经济负担和精神负担。于是，就演变成了涉及全体村民利益、需要大家共同关心的公共事项。那么怎样才能形成婚丧嫁娶中的文明、节俭的好风气呢？村民自治可以在这方面一显身手。

河南省卢氏县瓦窑沟乡下庙湾村1996年制定了《村规民约》。为了具体贯彻落实第八条"艰苦朴素，勤俭节约，红白之事不准大操大办，要从简操办，反对铺张浪费，比阔夸富"之规定，1997年，村里成立了红白理事会，制定了《庙弯村红白理事会章程》。下庙湾村的这些规约章程，可不是什么摆设，而是大家共同遵守的制度。不但普通的村民要遵守，即便是做了县级领导的人，在下庙湾村办理红白喜事也要接受这些规章的约束。

县公路局副局长郭某是从下庙湾村出去的，他老父希望去世后能安葬回生于斯、长于斯的下庙湾村。不久前，他父亲因病去世，他便遵照其遗愿，将尸首运回下庙湾村老家安葬。郭某在县城当领导多年，人缘也好，自然有很多亲朋好友前来慰问吊唁。因此，郭某打算把丧事办得体面些，计划设灵堂7天，大摆酒宴，请县城鼓乐队前来演出助兴，一来彰显其孝心孝道，二来答谢亲友的深情厚谊。

郭副局长回到下庙湾村，请人帮忙治丧。村里人说，这事得通过村红白理事会，该怎么办，理事会有规矩。郭副局长和村主任熟识，想请村主任给料理一下，可是村主任也说丧事办理需要经村红白理事会同意。理事会有个章程，全村谁家有红白事，都要照章办理。

村红白理事会的几个人闻讯赶来了。村主任将主家与理事会的人叫到一起，商议丧事具体咋办理。郭副局长说了自己的想法：设灵堂7天，请县城鼓乐队来演出，招待客人摆90桌宴席，喝三星丰谷酒，吸硬盒黄金叶烟。

村主任首先表示不同意见，说《村规民约》有规定，婚丧之事不准大操大办，坏了村里规矩，不好向群众交代。

理事会的吴某随手拿出《庙湾村红白理事会章程》，让郭某看，郭某翻开章程，有几款赫然在目：第二条：村民办红白喜事打算摆多少桌宴席，要提前7天向村红白理事会申报，取得同意；第三条：办喜庆事待客不准超过30桌，过白事待客不准超出20桌，每超1桌罚款20元；第四条：过红白事，待客只备饭菜，不准带白酒。不听劝告者，理事会有权制止；第六条：反对红白事大操大办，兴师动众……

吴某建议说：近几年，庙湾村过丧事渐渐形成了一种新风俗，就是白事带红事，丧事变喜事。具体做法是：给60岁以上老人办丧事，将“丧葬”、“五七”、“百日”、“周年”、“二周年”、“三年”大小共六场事放到一起过，灵堂改为纪念堂，棺材下葬后，主家当场将所发孝布换成手巾。农村风俗，“三年”为喜庆事，要张灯结彩，贴红对联，前五场白事和“三年”一次性过，就带上了红事，变成了喜事。这样既给主家省了事，也转移了亲人的悲痛。

郭副局长想，既然村里都遵守这样的规矩，自己焉能例外？他当即表示接受这个建议，全权委托村理事会具体安排各项事宜。

经村主任、理事会成员和主家进一步协商，终于达成一致意见：设灵堂由原定7天改为3天，宴席不超出40桌，去掉白酒，烟由50元/条的“黄金叶”改用25元/条的“沙河”，县城鼓乐队改成乡下唢呐队。吴某担当总执事，理事会成员各有分工，将主家丧事办得有板有眼，有条有序，紧凑圆满，文明节俭。（此案例由韩成章提供）

案例二：生产决策

在中国农村，村庄里还保留着集体经济的组织形式。有的地方集体经济组织名为“社”，社员来自同一个村民小组，也相当于当年的生产队；有的地方集体经济组织名为“联社”，就是由各社联合起来组成全村的大社。有的地方集体经济组织名为“经济合作社”。联社、经济合作社，从形式上看是与党支部、村委会平行的生产组织机构，实际只是挂个牌子而已。社长一般由党支部书记兼任。不过，在土地承包到户的条件下，一般的村庄已经很少有以村集体的名义进行的生产经营活动。但是，政府倡导的农村产业结构调整工作，往往比较集中地号召某村的村民种植什么，养殖什么，这就涉及家家户户的利益，使生产经营活动具备了公共事项的特点。事实告诉人们，具备公共事项性质的生产经营活动，比如农村产业结构调整，只有让农民群众广泛参与，才能变成农民的自觉行动。山东省邹平县码头镇的西站村发展植桑养蚕业的故事就是一个很好的例证——

随着涝洼地开发的继续深入和植桑养蚕业的迅猛发展，江南风光的“桑基鱼塘”在山东省邹平县码头镇的西站村开始崭露头角。上桑下鱼、上桑下藕的种植模式已成为西站人搞产业结构调整的最佳首选，这期间，浓缩了西站人厉行民主议定的群众智慧。

码头镇有着万余亩的涝洼地，过去曾试搞过无公害果蔬种植，因技术难度要求高，没能形成大面积推广，原农业副镇长张可荣同志引进的“有机藕建池造格种植”却获得了极大成功，并在西站、大郭等地发展到了400余亩。成功的背后，隐藏着若干感人的故事。

为引导农民走上快速致富的路子，西站村“两委”干部张继顺、张茂彬、张全义、张敦初等同志结合“三日活动”（党员活动日、村民代表议政日和矛盾纠纷排查日）等民主形式，多次召开会议，发动村民投资于涝洼地开发。因建池造价投资较高（一次性投资需8000元），许多村民对建池养白莲藕的可行性持怀疑态度。为打消群众的顾虑，西站村组织群众到几百里地之外的单县进行参观学习。张茂彬与张继桥等人带头进行了试种，结果获得了成功。张茂彬在藕池旁召开现场会，大讲一次投资，至少20年内受益的好处，鼓起了群众的干劲。把握住码头镇建起了蚕茧收购烘干站的有利时机，张继顺将桑蚕引到了西站，并在村委大院的闲置房屋内架起了蚕棚，方便了群众的观摩学习。为避免桑蚕与棉田挨得太近容易沾上农药，张继顺号召发展规模养殖，通过层层开会，和户户按手印表决，西站村将小清河堰下的土地发展成了桑园。许多群众将桑蚕引到了藕池旁，使昔日“十年九不收”的涝洼地变成了今天旱涝保收的桑基鱼塘。（此案例由刘兆刚提供）

案例三：保护生态

当环保问题越来越引起人们关注的时候，一个严酷的现实已经摆在人们面前：在中国，所谓环境保护问题，所谓生态平衡问题，并不仅仅是城市的事情，农村的环保因其涉及人口多，影响范围广，所以也更为严峻。首先是农民自身的生产生活，导致了对环境的严重破坏。农民大量使用化学肥料，导致土壤板结，地力下降；大量使用农药，在杀死田间害虫的同时也提高了害虫的抗药能力，并杀死了大量益虫，破坏了田野间的微观生态；大量使用农用薄膜，不注意回收利用，结果使农膜残留在田地里，长期不能降解，妨碍庄稼生长。其次是曾经对城市造成严重危害的一些工业项目，被转移到农村，严重破坏了农村的水源、空气，既危害农民的身体健康，又影响正常的生产活动。比如，对于电解铝厂、电解铜厂、味精厂等污染企业破坏农村环境的报道，已经频频见于报端。最后，城市产生的生产、生活垃圾，被大量地直接倾倒于农村地区，污染农村环境。

鉴于农村的环境问题涉及面广，覆盖范围大，往往不是一个村庄可以解决得了的。因此，环保问题应该是由政府来出面解决的公共事项，属于政府供给的公共物品和公共服务的范畴。但是，这并不意味着村民自治对环保问题和生态问题就无所作为。比如，城里人的餐桌上有一道美味需要蛙类，如果只是需要人工饲养的牛蛙之类也就罢了，可是偏偏人们喜欢吃农民水田里的“田鸡”，青蛙成了城市菜市场上的抢手货，于是不少人干起了捕捉、贩卖青蛙的行当。连幼儿园小朋友都知道，青蛙是田间害虫的天敌，是农民伯伯的好朋友。但是，大量的青蛙被捉了去卖给城里人做菜吃了，农田里的害虫便泛滥成灾。这个时候，村民自治就可以发挥一些作用了。请看浙江衢州市衢江区下彭川村的有效做法——

下彭川从立村规民约着手保护青蛙，并取得了成功。10 年前，该村也是捕蛙风盛行。为杜绝这一歪风，村里就将保护青蛙纳入村规民约，规定：谁在本村捕蛙，一经发现，除将青蛙放生、没收捕蛙工具外，还对当事人处以 20—100 元的罚款。这项制度开始实行时，村里还组织党员干部进行巡逻。两年后终于刹住了捕蛙风，不但本村无人抓，连邻村人也望而却步，青蛙从此在该村“太平无事”。青蛙多起来，庄稼好起来，田里农作物的害虫少，农药自然也用得少，每年全村每亩田降低农药成本100元左右。村民们尝到保护青蛙的甜头，从此也就更加善待青蛙了。（此案例由王国成提供）

案例四：土地分配

在农村税费改革之前，农民承包村集体的土地，除了承担农业税、农业特产税，还要向乡镇政府交纳统筹款，向村集体交纳提留款。尽管国务院发布的《农民承担费用和劳务管理条例》规定了农民每年承担的税费负担不超过当年纯收入的5%，但是基层政府却以人为虚夸农民人均纯收入等办法，加大农民实际承担的税费负担额。此外，基层政府还向承包耕地的农民征收额外增设的各项集资收费。总之，农民承包耕地，也同时承受着沉重的经济负担。这导致许多农民对承包地失去了兴趣，一些人将土地转包出去，一些人放弃承包权，也有不少人则干脆让土地撂荒，自己出去打工。

税费改革则极大减轻了农民负担。税费改革，将所有收费项目取消，而将农民的负担统一规划成税，这就堵住了基层政府向农民乱收费的渠道。更让农民高兴的是，2005年国家决定将于2006年全面取消农业税，国家不但不收税了，并且还给农户发放种粮补贴。种地不用交皇粮国税了，国家反而给补贴，这前所未有的好政策，显著提升了承包地的吸引力。转包出去的土地，现在想要回来了；放弃承包权的，现在又回来想要回承包权了。土地承包权纠纷由此急剧攀升。特别是对那些当初放弃土地，现在又回来向村委会要求承包权的农民，很让村委会头疼。因为他们放弃的土地，村委会已经发包给别的农户，并签订了合同，如果要回来，包给原先的承包户，势必承担违约责任；而要承包权的农户以村民身份要求应有的权利，也让村委会感觉难以应对这样一个难题：既然我是村民身份，为什么不能平等地享有村里的土地承包权呢？这样的难题，很可能通过村民自治的方式迎刃而解。

黑龙江省东宁县老黑山镇永红村就由村民做主化解了这样一个难题。

永红村杨某6年前走出去闯世界，当时他只是将家搬走，人走而户口未动，承包的耕地已退回村里。几年下来，在外面闯荡出了自己的天地。可是，当他听说去年省里落实了中央“一免两补”政策后，他觉得承包土地一事有账可算：即使不种地，承包出去也可以获得补助。于是他便回村向村里要承包地，理由是他虽然人走了，但户口没迁走，应该有承包土地的权利。

村委会感到此事有些棘手。给吧，怕村民有意见；不给吧，杨某的户口还在。经过研究讨论，村委会决定召开村民自治研讨会，把权利还给农民，让村民当家做主。于是，召开了由“两委”班子、全体党员、村民代表等100多人参加的研讨会，代表们针对杨某的这种情况该不该给承包地，展开了热烈的讨论。有人提出，根据有关文件，像他这种情况应该享受承包地；还有人指出，他的地给了，那别人也来要地咋办？有人提出他这是想占小便宜，头几年咋不要呢？为什么实行“一免两补”后才要地呢？还有的人说了，给他地也行，但他得把这几年的统筹、提留、“两工”以及这些年咱们对村里尽的义务补上，不能光占国家的便宜。

最后形成了决议：杨某的承包地可以给，但必须补齐这几年的统筹、提留、“两工”及村民对村里所尽的义务。

会后，村会计给杨某一算账，这几年他应向村里补交8000多元，方可得到承包地。杨某看到需交这么多钱，想了想说：“行了，行了，这承包地我不要了。”（本案例由邱衍生提供）

永红村通过解决土地分配中的这个具体问题，实际是制定了一个新的规则，而这一规则必定也会成为永红村以后处理类似问题的一个依据。将来也很有可能会规定为本村村规民约的新内容。什么是规约？规约就是在解决实际问题的过程中逐渐形成的具有约束力的规则。谁也不可能在事先制定一套完备的，可以包括村内所有公共事务的完美的章程规约，因为村与村的情形不同，同一个村在不同的时期所面临的问题也不同。所以，那种由政府出面为行政区内的村庄统一制定自治章程、村规民约的做法，是脱离实际的，也不会成为村民认同、遵守的真正的规约和章程。

案例五：发包事宜

村民自治，处理的村务都属于村庄的公共事务，涉及每家每户的利益，所以要求村民的积极参与。如果村民参与不充分，那么村庄公共事务的办理势必落在少数几个村干部的手里，村民自治成了村干部自治了。所以，参与性正是村民自治的重要特性之一。只有村民积极参与，及时发现村务管理中的问题，及时提议解决问题的办法，那么村庄公共事务就会进入良性循环的状态。比如，有关工程发包、资产发包的事宜，如果村民漠不关心，任由几个村干部处理，那就不能保证发包过程的公正性，也不能保证村集体通过发包获得最大的经济效益，到头来吃亏受损失的还是全体村民。反之，如果村民认识到自身的自治主体地位，充分行使权利，积极关心村务，参与村务，那就可能发包事宜在符合全体村民利益的前提下进行，会避免不该发生的损失。

一个村庄发包水库经营权的案例就是一个生动的证明。

四川省盐亭县林农镇中和村有座小二型水库叫红旗水库，水源充足，碧波荡漾，除灌溉抗旱之外，60 亩水面还是得天独厚的天然养鱼场。

1999 年，镇电管站职工王永奎以 8000 元的价格取得了红旗水库 5 年的经营承包权，经济效益可观。在包期届满之前，多户农户都表达了要承包水库的意愿，他们给村委会提意见，认为过去承包水库没有搞公开招、投标，承包方案也是少数人说了算。了解到这些情况，村委会主任主持召开了村委会、小组长会，反复研究承包水库方案，之后又召开了有 60 多名村民代表参加的大会，广泛征求意见，最后提出了一个现金竞价的承包方案：本村村民优先承包，现金竞价，3 万元起价，上不封顶，村民代表现场监督，现场决出承包人，签订合同。这个方案公告后，得到了村民一致拥护。

2005 年 6 月 5 日上午，在林农镇中和村举行了一次别开生面的水库现金竞价承包大会。水库现金竞价承包在中和村还是第一次，村民们都觉得新鲜，自然引起了全村人的关注，当天村委会通知 10 点开会，可是 9 点刚过参加大会的人就已经早早地到了，只见村办公室里座无虚席，会场内坐着报名参加现金竞价承包的 9 位村民，与以往不同的是今天来参加竞价承包的 9 位村民每人都带着一个鼓鼓囊囊装着现金的皮包，在会场外的院坝上人头攒动，挤满了足足有两三百人，他们都是自发来参加竞价承包大会的村民，因为他们知道今天在这里将现场决出红旗水库的第二轮承包人选，心情格外激动，他们要亲眼看一看红旗水库的承包究竟会花落谁家。

上午10点，村主任阳玉彬宣布第一轮竞价承包开始，报名参加现金竞价承包的9位村民每人单独坐一张桌子，桌子上放着现金，第一轮竞价，很快就有阳明生、阳明勇、阳桂林3人因为没有带足3万元现金退出会场；紧接着标价不断攀升，从3.1万元上升到4.8万元再上升到6.2万元时，又有陶才元、周青山、陶守林3人脱标退出会场；当标价达到8.2万元时，陈福脱标，只剩下陶守亮和苏治洋两位竞标人，现金竞价达到了高潮，当标价达到10.4万元时陶守亮脱标，最终一锤定音，苏治洋以10.5万元的价格，赢得了红旗水库的经营承包权。

竞价承包大会之后，五社全程监督竞价承包的村民代表陶德灿说："这次竞价承包真正让我们开了眼界，确实做到了'一碗水端平'，达到了几方面都满意的效果，村上搞竞价承包这招确实是好。"（此案例由王化云提供）

中和村召开公开招投标大会发包村级水库的故事给人以多方面的启发。也许有人看到的是村委会干部虚怀若谷的"民主作风"。但笔者看到的却是这样一个事实：竞价承包的方案表面上看是村委会提出来的，实际却是农户对原先村干部做主的发包办法不满意，并向村委会提意见的结果。如果没有这些村民对原来的发包方法表示不满，提出意见，村干部也不会自觉地采取公开招投标的办法来发包水库。那些向村委会提意见的村民，既关心自身利益，也关心村庄公共利益，他们是真正具有自治精神的公民。笔者相信，通过竞价大会来发包，也将成为中和村此后水库管理的新规约，成为水库发包的重要依据。

案例六：扶贫济困

患难相恤，扶贫济困，是我们民族的优良传统，也是历代乡村自治的重要内容，这有历史流传下来的乡规民约为证。这样的传统在当今的村民自治活动中也得到了发扬光大。村民自治之所以应该承担患难相恤、扶贫济困的功能，是公共物品提供在不同层次上的分工的需要。当大面积的自然灾害或者规模比较大的人为灾难发生时，政府必然会启动救灾救济程序，由民政部门勘验灾情并组织救助。而一个村庄内部发生个别农户的困难或者灾难的时候，就应该在村级组织的层面上来加以解决。国家制定了“五保户”的政策，旨在对那些失去劳动能力的农民和没有人供养的孩子进行救助，但是五保户的供养经费实际是由村集体经济来承担的。实行村民自治制度之后，这更成为自治组织分内的工作。实际上，即便国家没有规定，在一个村庄内，如果突然有某户人家陷入特别的困境，那么村庄内的成员也绝对不会置之不理，而是会自发地向其捐赠一些物品，提供人道的关怀，帮助这个遭受意外灾难的家庭渡过难关。当然，如果只是停留在这样的自发援助的状态，没有形成制度，那还不足以成为一个公共的事项。只有大家认识到，谁家都有可能面临突然的灾难，谁家都有接受援助的需要的时候，患难相恤才会上升到公共事项的高度，由村民议事机构制定相关制度、规约，规定怎样筹集救助的资源，按照怎样的标准进行救助，然后对全村所有需要援助的家庭执行同样的标准。这个时候，患难相恤、扶贫济困就成为村民自治活动的一项重要内容了。现实中我们确实发现了通过村民自治活动进行扶贫济困的实例。

广东省梅州市五华县华城镇城镇村现有 465 户 1968 人，由于城镇村集体经济不富裕，每年纯收入只有 4 万多元，村里需救济的贫困户较多，为了做好扶贫济困工作，2004 年底，城镇村成立了慈善会，这是梅州市第一个村级慈善会。慈善会有章程、有人员、有制度。慈善会在村党支部、村委会领导下，实行严格的财务管理制度，接收捐赠的钱物每笔都在当天上墙公布，支出每月用出纳流水账公布。由于主事者公平、公正、公开做事，得到了广大村民和在外乡贤的热情支持，约半年时间就接受了捐赠款 4. 3 万元和一批物品。城镇村把募集到的钱物，及时救济最困难的人。2005 年以来，就救济了因病致贫的黄叨发家 100 元、特困户黄亚运家 200 元、郑玉招 100 元。并捐资给全村残疾人、五保户参加合作医疗。今年春节期间，又募捐 2000 元和 33 包大米给 27 户贫困户送油送米，捐资 3000 元给全村 70 岁以上老人送上慰问品。城镇村还把募集到的一些钱物用于奖教奖学。城镇村村委会主任周锦翔说：成立村慈善会，开局良好，今后要积极工作，争取募捐到更多资金，为村里的五保户、残疾人、贫困户办更多好事实事，从而使全村老有所养、贫有所助、幼有所教，社会和谐，人心安定。（本案例由陈振丰、谢伟强、杨智良提供）

城镇村的患难相恤，有组织、有规章、有制度，自然也就有救助的保障。村级慈善会实际是村级自治组织的一个层次，它承担着募集善款和救助物资并进行管理、发放的工作。慈善会按照章程，确定需要救助的困难户对象，根据要求确定救助的等级和标准。处处有章可循。这是典型的村民自治活动。

案例七：倡导教育

人民公社时期，村级学校一般是由生产大队出资兴建的，生产大队有权力聘任合格的教师承担教学任务，名曰民办教师。现在，乡村教育体制已经发生了很大变化。虽然当年生产大队建设的学校，产权仍然归村集体，但是民办教师已经不复存在，政府的教育行政机构教委，统一掌管着教师的聘用权，村里已经没有任何发言权了。但是这并不妨碍一些有远见的村民自治组织大力倡导读书求学，推动本村文化教育事业的发展。比如广东省梅州市五华县华城镇城镇村就是一个很好的例证。

城镇村的干部们认为，扶持村民特别是贫困户子女读书，是治穷的根本。为了激励更多人读书，村委会在1999年就作出决定，凡考上大学的农家子女，每人发给300—500元的奖学金。每年录取通知书发下后，村干部挨家挨户登门祝贺。前几年贫困户李洪梅的女儿考取了梅州市重点中学，5名村干部主动捐款1100元，帮其缴交了入学注册费用。

城镇村有得天独厚的文化氛围，村庄范围内有省级重点文物保护单位长乐学宫，有百年老校五华中学。城镇村人均不到1分耕地，部分村民靠做小生意或打工养家糊口，但是无论家庭生活多么艰辛，做父母的即使典当、借贷，都要供孩子读书。每逢中、高考放榜，谁家子弟考上了大学，哪个学生被重点中学录取，成为村民最热门的话题。2005年初，村委会在村文化活动中心挂了一个设计精美的“龙虎榜”，记载着本村自1977年恢复全国统考以来254名考上大学的学生姓名，以此来激励学子奋发有为。城镇村现已成为远近闻名的“秀才村”，崇文重教，寄托着村民致富奔康的希望。村里不少孩子大学毕业后有出息，从而使全家脱贫致富的事例，激励着广大村民和学子，从而激发了强大的读书动力。

2004年底，村委会还腾出二层楼的办公室，建立了村文化活动中心，现已有图书4万多册，是梅州市村级文化室藏书最多的一个村。日前笔者陪上级机关同志到城镇村了解情况，只见城镇村文化活动中心有一个书库，几万册书籍分列几排大书架，编号登记，摆放有序，有不少村民在这里阅读，男女老少都有，阅览室有桌有凳有电灯，好安静，村民神情专注。（本案例由陈振丰、谢伟强、杨智良提供）

城镇村的自治组织，把扶持农民子女读书成材作为治穷之道，这确实是一个非常独特的视角。实际上，供养子女读书，已经成为成千上万个农民家庭摆脱贫困的希望之路，因为如果子女读书成材了，找到了理想的工作，会有一份不菲的收入，不仅子女有了出路，而且子女也会反哺父母，改善家庭的贫寒生活，提升家庭的社会地位。所以，家里培养出了大学生的农户，父母立即便扬眉吐气，等将来儿女在城里有了立足之地，那就更成了他们骄傲的资本。这也正是许多农民无论生活多么困顿也要供给子女读书求学的原因。尽管人们都看到了读书求学的重大意义，但是作为自治组织，竭力营造文化教育的氛围，并制定规约，奖励努力读书的农家子女，确实是难能可贵的。如果中国农村的村民自治组织比较普遍地倡导文化教育，并在这方面有所作为，那必将是一个十分可喜的局面。

案例八：监督决策

村务公开实际是为村民提供了一个监督村委会工作的制度性渠道。中共中央办公厅、国务院办公厅曾经专门下发关于推进村务公开民主管理工作的文件，各省、自治区、直辖市也布置过有关村务公开的专项工作。尤其是各村的村民自治章程里，也百分之百地规定着有关村务公开的制度。但是，纸上的村务公开制度是不会自动实现的，要想把村务公开制度落到实处，真正把村委会的工作置于村民的监督之下，必然要求作为自治主体的村民，踊跃参与到对村委会的监督活动中来。

发生在湖北罗田县骆驼坳镇夏家冲村的一次村民监督村委会决策的

事例，为我们诠释了村民积极监督村务的重要意义。

2005 年 4 月 6 日，湖北罗田县骆驼坳镇夏家冲村的村民们像过年一样，在新修的通村水泥路上放起了鞭炮，打起了锣鼓，舞起了“狮子”。在欢庆的气氛中，村民们自发地给村委会捐出了 3 万元的“修路费”。据村委会主任王金云介绍，为修这段通村路，村里还闹起了一场不小的决策“风波”。

2004 年 11 月份，村“两委”决定新修 1.5 公里水泥路，村干部当时认为是在为群众办实事，办好事，就没有召开村民代表大会和村民大会讨论，在群众还不知情的情况下，就请来县公路段技术人员到村里搞起了测量。

得知村里要投入 30 多万元修路，而没经村民和村民代表们讨论，测量队就来了。这下村民就“炸了锅”，纷纷来到村部，对“两委”决定修路的事情提出了质疑。有的村民质问村干部：“为什么修路这样的大事村民不晓得？为什么不召开村民代表会议?”有的说，村级资金状况不好，不应借债修路，新增债务。

面对群众的质问，村“两委”干部向村民检讨了违背决策程序的错误，同时召开村民会议和村民代表会议，讲清了修路的原因：这段公路硬化对村里经济发展、农民创收有好处，村委会已争取到了省、县两级以奖代补资金 15 万元，本村在外工作的同志已表示解决一部分，资金缺口不大。群众知道实情后，同意修建村级公路，并选举出王顶怡、徐新河等 5 位村民代表全过程参与公路投标和公路建设。公路施工时，不少村民主动到工地进行义务帮工，70 多岁的程老太太还坚持每天主动给民工送茶水，完工时，村民自发捐了 3 万元，以弥补工程欠款。（本案例由彭同军、邹能华提供）

这是一个很有意思的案例，以村民的怀疑和质问开始，以干部群众消除误会齐心协力修路的圆满结局终了。村干部似乎可以因为经受了村民的监督没出问题有骄傲的情绪，也许因为是为村里办好事却遭受质疑而有点委屈。但是笔者以为，作为村干部，首先违背了重大事项应该经过民主决策的程序，不应该犯“做好事就可以不经过民主程序”这样的低级错误，所以遭受村民的质疑，既没有委屈的资格，也没有什么骄傲的资本。本案例中，最值得肯定的是村民们根据有关村务公开、民主决策的规定，毅然向村干部提出质疑的举动，这种心有疑惑挺身而出的作为，正是村民自治精神的充分体现。幸好这一次的监督，证明村干部没什么见不得阳光的勾当，可以有一个大团圆般的欢喜结局。但是，假如村干部们不经过民主决策，果真悄悄地做了些损公肥私的事情，村民却疏于监督，村民们岂不是要遭受一次利益侵害吗？只有积极监督，才能预防公共利益遭受损失啊。

案例九：公益筹资

本来，政府承担着公共物品的供给功能。但是在广大农村，作为基层政府的乡镇人民政府及其前身人民公社，长期主要承担了向农村汲取资源以供应国家工业化、城市化之需的使命，没有养成为乡村社会供给公共物品和公共服务的能力。同时，因为农村地域广大，人口众多，乡镇实在没有足够的财力满足农民对于公共物品的需求。进入20世纪90年代，乡镇普遍负债累累，就更没有可能为农村社会提供公共物品了。所以，村庄居民对于公共物品的需求，一般是通过村庄内部的机制来得到满足的。这个机制，简单说就是向村民集资进行公益建设的机制。税费改革之后，国家制定了一个“一事一议”制度，就是说，所有的收费项目都取消了，村集体没有什么积累了，如果要进行村级公益建设，村民自治组织可以就事论事，商讨如何向村民筹集建设经费。这更是明确了一个现实：村里的公益事项政府就不管了，村民自己想办法吧。

不过，由于以下几个原因，一事一议制度遭遇到了普遍的抵制，不能有效地实施。一是对历史上存在的乱收费心有余悸，唯恐重蹈覆辙；二是自治组织缺乏严格的制度规范，村民们担心交纳的集资款不能得到有效管理和合理使用，可能会流入村干部的腰包；三是没有解决好出资与受益之间的关系，村民认为反正这个项目我也不能受益，出了钱没有任何好处；四是部分村民确实没有足够的经济承受能力，交不起。

可是不论有多少理由，不论一事一议有多么困难，总改变不了这样一个现实：村里的公益建设，必须由村民支付成本，必须进行公益筹资。而究竟村民是否愿意集资，公益建设能否实施，就取决于村民自治组织的运作能力和严格依照自治的规则办理事务的能力。

现实中也不乏村民自治组织成功组织公益筹款的事例。

我们先来看发生在重庆市涪陵区新村乡一个村庄的案例。

新村乡有一个群星村，搞村公益事业建设集资特别顺利。而新村乡其他有几个村根本不敢说集资，因为村干部知道集资款群众不交，干部难收，最终收钱效果差事情办不成，“一事一议”集资办事说了也当白说。而群星村不但年年集，并且集资款几乎不用干部上门催收，年年都百分百收齐。

为什么？这主要就是群星村认真按照“一事一议”操作，在群众集资办事方面严格实行村民自治。每年初，村委班子开会拿出当年拟为农民办的实事，研究初步方案。然后，分步召开村民代表大会和村民大会，向他们讲清上级政策和村委打算。要做什么事，要办成什么效果，要群众出多少劳，要群众出多少钱，资金怎么使用，账务怎么管理，办这事于村民有何好处等都敞开给村民代表和村民见面，听群众意见，修正方案，通过方案。方案一旦通过，村委立即组织实施。年底，再次召开村民代表会，村委就资金收取使用情况、项目实施情况作报告，接受村民监督检查。由于操作民主、公开、公正和透明，所以群众放心，群众支持，当然集资款收取容易顺利。集资款收取好，群众的实事办得好，二者互相促进，形成群众出钱办群众事的良性循环。2001 年至 2004 年，群星村采取如此形式 4 年内先后新修村社公路 18 公里；拓宽改建 2.5 公里公路达 4 级路；铺设水管 3.2 万米，建水池 9 口，实现 90% 的农户吃自来水，289 亩田灌溉水管铺到田角；起步有线电视闭路网络建设，296 户农民看上闭路电视；启动有线通信建设，固定电话由零到 204 门。基础设施发生巨大变化，令其他村的干部群众都眼红。（本案例由陈政权提供）

群星村的事例启示我们，只有把事情做得公开、敞亮，让村民看到这项事业为什么要做，怎样做，做了以后具体到每家每户能享受到什么利益，总之要中规中矩，村民自然会衡量利害，积极响应。毕竟村民中的绝大多数都是理性的“经济人”，他们都能比较清楚地判断自己的利益得失。如果他们在一个公共事项中只看到自己的付出和可能承担的风险，却不能看到可以得到的利益，那就难怪他们对这个事项不积极不踊跃了。所以，作为组织公益筹资的村民自治组织，一定要恪守村民自治的基本准则，做到公开、公正、透明、公益。

向村民集资是筹集公益资金的一般渠道。其实还有一个可以借鉴的更积极的筹资方式，那就是通过村民自治中的民主决策，集中民智，开发财源。接下来我们看发生在山东省惠民县胡集镇菜园张村的事例。

日前，山东省惠民县胡集镇菜园张村的村内街道硬化工程马上就要竣工了。村支部书记张寿平介绍说："我们共修了两条东西大街、一条南北大街，总长度达1公里，面积约5000平方米，投资额在17万元左右。说来你也许不信，我们没向群众敛一分钱。"当问到他们是怎样解决的资金，这位支书自豪地说："民主议政呗！"

菜园张村是惠民县胡集镇的一个小村，全村只有90户人家、350余口人，700余亩耕地，是一个典型的农业村。近几年来，村"两委"引导村民在种植粮棉的同时，发展韭菜生产，开发杂交制种棉生产，使农民收入大幅增加，几乎家家建起了大瓦房，有不少农户添置了农业机械、汽车，摩托车更是呈普及趋势。但同时，道路难的问题又凸显了出来。每当雨雪过后，村内街道泥泞不堪，拖拉机等机动车辆一碾，平地能有半米深的沟辙。前几年，村"两委"也曾决定整修村内街道，但经有关人员一算，需要10多万元，全村人均300余元。村民是一片怨声。无奈，只好作罢。

开展"民主议政日"活动以来，这个村坚持每月5日召集党员和村民代表，进行民主议政，议发展、议稳定、议村务。通过这些活动的开展，村民直接参与了村务的决策，把自己希望村里解决的事情，顺理成章地表达了出来。将以前的村领导要我怎样、应当怎样，变为我要怎样、我应当怎样，增加了和群众沟通的机会，增进了相互的了解，密切了党群、干群关系。

在2005年3月5日的民主议政会上，村民代表通过民主表决，作出了整修村内街道的决定。至于资金来源，代表们一致同意把到期的原"五荒"承包合同所涉及的沟、路、渠，采用公开招标的形式，另行发包。按照《中华人民共和国农村土地承包法》的规定，承包期限定为25—30年，承包费一次付清。通过这种方式，筹措资金20余万元。村"两委"把这些钱交由村民理财小组管理，开挖了2000余米水沟，栽种了3500棵杨树，整修了村内街道。

这个村有一处涝洼地，据说是新中国成立前的窑场地，一直荒着。在这次招标中，以5万元的价格承包给了两户村民，他们又投资2万元开挖了两个水塘，蓄水面积达10亩左右，挖出的泥土填平了洼地，为村里增加耕地12亩。张书记高兴地说："我们早就想开发这片洼地，但由于投资大，群众反对没办成。没想到，这次不但没花钱，还为村里解了燃眉之急，又开挖了水库，增加了耕地，群众还都赞成。这真是民主议政带来的一举多得的和谐发展呢!"（本案例由赵广力提供）

说到村级公益建设，人们首先想到的就是如何向村民筹集资金。菜园张村的经验告诉我们，其实除了直接向村民集资，还有更积极有效的筹资方案，这就是通过民主议事，挖掘村庄内部的潜力，合理处置盘活村集体资产，开发财源。村情不同，各村可以开发利用的资源也千差万别，但有一条要遵循的原则却是相同的，那就是村民自治所要求的村民参与、民主议事的原则。

案例十：调解纠纷

中国历代的乡规民约中都有关于息讼的条款，旨在通过乡村自治的办法化解民众之间的矛盾纠纷，以减少诉讼的发生。这在一定程度上反映了中国人以和为贵、以讼为耻的思想观念，认为双方一旦到公堂之上打官司，就意味着双方矛盾发展到了势不两立的地步，彻底伤了和气，所以不到万不得已是不对簿公堂的。不过，息讼客观上倒是真的可以促进邻里和睦，营造和谐的邻里关系。

当代中国村民自治制度，也设计了"息讼"的功能，只不过使用了一个新的名词：调解。《中华人民共和国村民委员会组织法》第二条规定："村民委员会是村民自我管理、自我教育、自我服务的基层群众性自治组织，实行民主选举、民主决策、民主管理、民主监督。村民委员会办理本村的公共事务和公益事业，调解民间纠纷，协助维护社会治安，向人民政府反映村民的意见、要求和提出建议。"这一条规定，定义了村民委员会的性质，也规定了村民委员会作为村民自治组织所承担的主要职能，而这些法定功能的第二项便是"调解民间纠纷"。村民委员会组织法还针对该功能进行了组织安排，该法第二十五条规定："村民委员会根据需要设人民调解、治安保卫、公共卫生等委员会。村民委员会成员可以兼任下属委员会的成员。人口少的村的村民委员会可以不设下属委员会，由村民委员会成员分工负责人民调解、治安保卫、公共卫生等工作。”人民调解委员会的设置，为村民自治组织承担调解民间纠纷职能提供了组织保障。截止到2001年底，99%的村民委员会都建立了人民调解委员会。

人民调解委员会是在基层人民政府和基层人民法院指导下，调解民间纠纷的群众性组织。据专家考证，民间调节制度自西周奴隶制社会就产生了，已经有数千年历史。现代人民调解制度萌芽于土地革命战争时期的红色政权。中华人民共和国建立后，人民调解制度则和民事诉讼制度、仲裁制度一样，成为我国民事程序法律制度系统中的重要组成部分，在社会生活中特别是在司法活动中，发挥着重要的作用。农村的人民调解组织有村人民调解委员会和乡镇人民调解委员会两级组织。村民委员会组织法将村级人民调解委员会划定为村委会下属的一个委员会，就进一步明确了村人民调解委员会的村民自治组织的性质，也使农村的人民调解制度在村民自治这个大的制度环境中得到更好的规范。

在村民自治的实践中，村人民调解委员会不仅调解村民与村民之间的矛盾纠纷，而且还调解村民与村民组织之间的矛盾纠纷。当然，所谓调解工作，其实很多情况下不是单独的调解委员会可以调解得了的，而是要依靠村干部的威望和村中德高望重的老人的影响力，共同促进纠纷的调解。在村民自治的制度中，有时还可能需要动用几乎整个村民自治组织的资源来调解比较复杂的纠纷。这一点，我们可以透过大沟塬村土地补偿费分配纠纷的成功化解这一案例，看得很清楚——

陕西省太白县嘴头镇大沟塬村三组于2003年6月，将本组267亩“五荒”地使用权出让给太白县扶贫开发办公室，用于全县扶贫移民搬迁用地，扶贫开发办公室按国家的有关规定足额给付了土地补偿金。

就土地补偿金分配一事，大沟塬村三组在2004年1月初召开了村民小组大会，以表决的方式决定了分配方案，按村民人数、入住本村时间的长短，共分三个档次进行分发。不久，该组移入新户（共11户51人），对村民小组会议的决定提出异议，认为老户占较大比例，老户掌握着会议的主动权，表决产生的分配方案分配不公、分配差距较大，损害了新户的利益。这11户多次向省、市、县有关部门反映和上访，要求合理解决。

矛盾纠纷发生后，县、镇两级非常重视，县上先后四次召开会议对纠纷进行检查督促，建议大沟塬村头按照村民自治有关规定妥善解决。为了矛盾纠纷彻底得到化解，村班子经过认真分析研究，通过三步走，较圆满地解决了问题。他们的具体做法是：

（一）召开班子会，明确调处工作的重要性。村班子及时召开会议，统一思想，成立了调解小组，制定了措施，落实责任。确保问题，顺利解决。

（二）做好群众的思想工作。首先集中力量，重点突破，做好上访组织者的工作。村干部通过拉家常，与上访组织者促膝长谈，宣传法律法规，说服教育，使其明白事理，转变思想，稳定情绪，防止了事态进一步激化。其次做好群众的思想工作。村干部走进每户，以言语说服人，依法教育人，以行动感化人，唤起群众的亲情，达到相互礼让，减少分歧，化解矛盾的目的。

（三）广泛征求意见，修订分配方案。针对土地补偿费分配，村干部广泛征求意见，考虑各方利益，制订出了解决问题的初步方案，提交村民代表会讨论，根据讨论情况，修改方案；再征求群众意见、召开村民代表会、修改方案。如此反复五次，最后制订了各方满意、切实可行的方案。2004年12月8日大沟塬村三组召开村民大会，讨论通过了村委会的方案。即11个新户村民共51人在原分配数额的基础上，每人增加400元，共计20400元。会后，村民小组按决定及时发放了钱款。至此，大沟塬村三组土地补偿费分配纠纷成功调处，消除了影响农村社会稳定的隐患。

为杜绝此类事件的再次发生，大沟塬村在嘴头镇协助下修订了村规民约，开展了法制宣传教育活动，教育全体村民要团结友爱、和睦相处，消除分歧，把精力集中到经济建设上来，心往一处想，劲往一处使，共同致富，建设文明和谐的新农村。（此案例由屈永平提供）

透过大沟塬村对11户农民与所在村民小组之间关于征地补偿款发放纠纷调解的经过，我们可以清晰地看到，这个涉及村民切身利益、矛盾尖锐的纠纷，之所以能够得到妥善调解，达成协议，根本原因在于大沟塬村充分利用了村民自治制度内的组织资源，通过村民代表会议的方式协商达成双方都可以接受的补偿款发放方案。村民自治活动对于纠纷调解功能的发挥由此可见一斑。

案例十一：大事听证

《中华人民共和国村民委员会组织法》规定，“村民委员会向村民会议负责并报告工作。村民会议每年审议村民委员会的工作报告，并评议村民委员会成员的工作”；涉及村民利益的重要事项，“村民委员会必须提请村民会议讨论决定，方可办理”；“人数较多或者居住分散的村，可以推选产生村民代表，由村民委员会召集村民代表开会，讨论决定村民会议授权的事项”。一方面，这些规定，确立了村民会议是村民自治组织中的最高权力机构，享有最高决策权；村民代表会议经村民会议授权，享有重要的决策权。另一方面，这些规定也确立了村民当家做主管理和监督村务的渠道，即村民可以通过参加村民会议和村民代表会议的方式行使决策权、管理权和监督权。村民会议和村民代表会议已经成为村民参与决策村务大事的常规模式。

尽管法律已经就村民参与村务管理和村务决策的方式作了明确规定，但是，各地在落实村民民主管理权、民主决策权的实践中，还是因地制宜地创造了一些生动活泼的形式，作为法定参与方式的补充。民主听证会制度就是其中的一种。

所谓“听证会”，是指为了了解案情和其他特殊事件的真相而听取当事人的说明与证词而召开的专门会议。而村民自治引入听证会制度，则是在重大村务进行决策之前，村委会召集村民代表或者全体村民会议，当场通报相关情况，听取村民代表和村民的质询，并解答村民代表和村民的提问。目的是让村民代表和村民充分了解将要进入决策程序的重要村务事项的来龙去脉和每一个细节，以便进行村民会议决策时更符合实际，符合科学。

村务民主听证会，有村务公开的性质，但远远优越于传统的村务公开。因为传统的村务公开是单向的，村委会以村务公开栏等形式向村民公布村务处理情况，村民却无法及时反馈意见和建议；而听证会则不同，村委会不仅要详细向村民公布某一事项的详细情况，而且要当场接受村民代表和村民的质询，并当场回答，甚至相互辩论，从而有很强的互动性，这有利于将村务事项的实施方案修订得更加完善。再说，传统的村务公开往往是事后公开，即便村委会把出现的重大失误如实公布出来，村民了解到了，也于事无补；而民主听证会则把重要的事项在进入决策程序之前，拿出来公开与村民商讨，充分交流，这就可以尽最大限度地避免决策失误的发生。

村务民主听证会，虽然不是让村民公决村务大事，但是又在很大程度上具有村民参与决策的成分。因为如果听证会上，村委会提供的方案遭受到村民太多的质疑而村委会却没有给出让大家满意的答复，那么这个方案就不得不中途刹车，无法进入村民会议或者村民代表会议的决策程序。所以，听证会事实上村民代表们行使了重要议案的审议权、批准权和否决权。所以，真正的村级民主听证会，绝对不是摆样子看的花架子。

重庆市丰都县兴义镇水天坪村的一次村务民主听证会，让我们见识民主听证会的一个范本——

2004年9月15日，是重庆市丰都县兴义镇水天坪村广大村民激动而兴奋的日子。当天，水天坪村将首次召开村务民主听证会，对出村公路整治和新建5组、9组自来水工程两件村务大事进行民主听证，公开征询村民的意见。

上午9时，水天坪村村务民主听证会正式开始。听证会由村支部书记龚长茂主持，村支部副书记刘德良、村委会主任高廷贵组成了听证方，与两个议题密切相关的村民推选的3名代表组成了公众方，部分党员代表、村民代表、村组干部及村民共60余人参加了公开听证。

听证会上，主持人首先介绍了会议议程、听证方式及会议要求，并对议题来源作了说明。接着，听证方陈述人向参加听证人员分别陈述了公路整治和自来水工程实施方案。对于公路整治方案，听证方阐述了整治公路的重要性、方案形成过程，介绍了整治公路长2000米、宽4米，总投资约3万元，资金从村上自筹、移民生产安置经费和乡镇项目发展资金三个渠道解决。关于自来水工程，听证方陈述了新建自来水工程所需资金及筹集渠道、施工组织、工程管理等情况。

随后，公众方陈述人分别就两个工程的技术方案、投工投劳、资金使用、后期管理等方面的问题，向听证方进行了全面详细的质询，听证方逐一进行了解答。经过听证、公众双方反复辩论，公众方综合陈述认为：公路整治议题前期论证充分，施工组织合理，资金来源有保障，后期管理有措施，整个方案切实可行、有操作性，建议听证方在认真吸纳听证意见、完善实施方案的基础上，提交村民代表大会研究决策。而对自来水整治工程，公众方认为听证方提供的方案调查论证不细，特别是对水源保障、输水管道设置、后期管理等方面缺乏全面考虑，不能保证整治确有其效，应重新论证完善，再行听证。

整个听证会经过两个多小时的激烈辩论，听证、公众双方充分表达了各自意见，最后形成了一个议题赞同、一个议题重新论证的听证意见。（此案例由隆厚文提供）

之所以说水天坪村的这次村民民主听证会是民主听证会的范本，主要是因为切实起到了村民参与听证的效果。人们注意到，听证方陈述的两个议题，经过双方几轮激烈的质询、解答，最终通过了一个，暂缓了一个。通过的一个可以顺利进入村民代表会议的决策程序，而暂缓决策的一个就需要重新论证。这说明听证会是货真价实的听证会，不是摆花架子让人参观的。这样的村务民主听证会，如果在水天坪村形成制度，必将使水天坪村的民主决策水平迈上一个新的台阶；这样的村务民主听证会，如果能在全国农村推广开来，必将使整个中国农村的村民自治活动的水准和自治的效果达到一个崭新的高度。

以上这10余个案例，分别叙述了中国农村村民自治活动在几个方面开展的情况。相信还有更多村民自动自发的自治活动，在中国农村大地上生根、发芽。

第二部分：制度原文

第1.《吕氏乡约》，（北宋）吕大钧

德业相劝

德谓见善必行，闻过必改。能治其身，能治其家，能事父兄，能教子弟，能御童仆，能事长上，能睦亲故，能择交游，能守廉介，能广施惠，能受寄托，能救患难，能规过失，能为人谋，能为众集事，能解斗争，能决是非，能兴利除害，能居官举职。凡有一善，为众所推者，皆书于籍，以为善行。业谓居家则事父兄、教子弟、待妻妾，在外则事长上、接朋友、教后生、御童仆。至于读书、治田、营家、济物、好礼乐射御书数之类，皆可为之。非此之物，皆为无益。

过失相规

过失谓犯义之过六，犯约之过四，不修之过五。犯义之过，一曰酗博斗讼（酗谓恃酒喧竞，博谓博赌财物，斗谓斗殴骂詈，讼谓告人罪匿，意在害人者。若事干负累又为人侵损而诉之者，非）。二曰行止逾违（逾违多端，众恶皆是）。三曰行不恭孙（逊）（侮慢有德有齿者，持人短长及恃强陵犯众人者，知过不改、闻谏愈甚者）。四曰言不忠信（为人谋事，陷人于不善。与人要约，过即背之。及诬妄百端，皆是）。五曰造言诬毁（诬人过恶，以无为有，以小为大，面是背非，或作嘲咏匿名文书，及发扬人之私隐无状可求，及喜谈人之旧过者）。六曰营私太甚（与人交易伤于掊克者，专务进取不恤余事者，无故而好干求假贷者，受人寄托而有所欺者）。

犯约之过四，一曰德业不相劝，二曰过失不相规，三曰礼俗不相交，四曰患难不相恤。

不修之过五，一曰交非其人（所交不限士庶，但凶恶及游惰无行众所不齿者，若与之朝夕游从，则为交非其人。若不得已暂往还者，非）。二曰游戏怠惰（游谓无故出入及谒见人止务闲适者。戏谓戏笑无度及意在侵侮、或驰马击鞠之类不赌财物者。怠惰谓不修事业及家事不治、门庭不洁者）。三曰动作无仪（进退太疏野及不恭者，不当言而言、当言而不言者，衣冠太饰及全不完整者，不衣冠入街市者）。四曰临事不恪（主事废忘、期会后时、临事怠慢者）。五曰用度不节（不计家之有无，过为侈费者，不能安贫而非道营求者）。已（以）上不修之过，每犯皆书于籍，三犯则行罚。

礼俗相交

凡有婚姻丧葬祭祀之礼，《礼经》具载，亦当讲求。如未能遽行，且从家传旧仪。甚不经者，当渐去之。

凡与乡人相接及往还书问，当众议一法，共行之。

凡遇庆吊，每家只家长一人与同约者皆往。其书问亦如之。若家长有故，或与所庆吊者不相识，则其次者当之。所助之事，所遗之物，亦临时聚议，各量其力，裁定名物及多少之数。若契分浅深不同，则各从其情之厚薄。

凡遗物，婚姻及庆贺，用币帛羊酒蜡烛雉兔果实之类，计所直（值）多少，多不过三千，少至一二百。丧葬，始丧则用衣服或衣段以为襚礼，以酒脯为奠礼，计直（值）多不过三千，少不过一二百。至葬则用钱帛为赙礼，用猪羊酒蜡烛为奠礼，计直（值）多不过五千，少至三四百。灾患，如水火盗贼疾病刑狱之类，助济者以钱帛米谷薪炭等物，计直（值）多不过三千，少至二三百。

凡助事，谓助其力所不足者。婚嫁则借助器用，丧葬则又借助人夫及为之营干。

患难相恤

患难之事七，一曰水火（小则遣人救之，大则亲往，多率人救之，并吊之）。二曰盗贼（居之近者同力捕之。力不能捕，则告于同约者及白于官司，尽力防捕之）。三曰疾病（小则遣人问之。稍甚，则亲为博访医药。贫无资者，助其养疾之费）。四曰死丧（阙人干，则往助其事。阙财，则赙物及与借贷。吊问）。五曰孤弱（孤遗无所依者，若其家有财可以自赡，则为之处理。或闻于官，或择近亲与邻里可托者主之，无令人期罔。可教者，为择人教之，及为求婚姻。无财不能自存者，叶力济之，无令失所。若为人所期罔，众人力与办理。若稍长而放逸不检，亦防察约束之，无令陷于不义也）。六曰诬枉（有为诬枉过恶、不能自申者，势可以闻于官府，则为言之。有方略可以解，则为解之。或其家因而失所者，众以财济之）。七曰贫乏（有安贫守分而生计大不足者，众以财济之，或为之假贷置产以岁月偿之）。凡同约者，财物器用车马人仆，皆有无相假。若不急之用及有所妨者，亦不必借。可借而不借，及逾期不还，及损坏借物者，皆有罚。凡事之急者，自遣人遍告同约。事之缓者、所居相近及知者，告于主事，主事遍告之。凡有患难，虽非同约，其所知者，亦当救恤。事重，则率同约者共行之。

罚　　式

犯义之过，其罚五百（轻者或损至四百三百）。不修之过及犯约之过，其罚一百（重者或增至四百三百）。犯轻过，规之而听及能自举者，止书于籍，皆免罚，若再犯者不免。其规之不听，听而复为，及过之大者，皆即罚之。其不义已甚，非士论所容者，及累犯，重罚而不悛者，特聚众议，若决不可容则皆绝之。

聚　　会

每一月一聚，具食。每一季一会，具酒食。所费率钱，合当事者主之。遇聚会，则书其善恶，行其赏罚。若约有不便之事，共议更易。

主　事

约正一人或二人，众推正直不阿者为之。专主平决赏罚当否。直月一人，同约中不以高下、依长少轮次为之，一月一更，主约中杂事。

人之所赖于邻里乡党者，犹身有手足，家有兄弟。善恶利害皆与之同，不可一日而无之。不然，则秦越其视，何与于我哉。大忠素病于此，但不能勉。愿与乡人共行斯道。惧德未信，动或取咎，敢举其目先求同志。苟以为可，愿书其语，成吾里仁之美，有望于众君子焉。熙宁九年十二月初五日汲郡吕大忠白。

附《吕氏乡约》现代汉语译文

一、德业相劝

德，是碰到善事就做，有错就改。也就是能修身，能齐家，能服侍父亲和兄长，能管教子弟，能约束仆人，能服侍长辈，能和睦亲友，能慎交往来，能廉洁自律，能乐善好施，能承担他人的付托，能救助患难的人，能规劝别人的过失，能为人谋划，能为众人办事，能化解纷争，能决断是非，能兴利除害，能担任官职，能承担责任。做了上述任何一项被众人公认和举荐，就记录下来。

业，是在家服侍父兄，管教子弟，善待妻妾；在外服侍尊长，联络朋友，培养后辈，管束仆从。至于读书、经营田亩、料理家业、增值物产，以及学习礼、乐、射、御、书、数等门类的知识，这些事都可以做。此外都没益处。

二、过失相规

过失分为犯义之过、犯约之过和不修之过三种。

犯义之过有六种，一是酗、博、斗、讼（酗就是纵酒喧闹，博就是赌钱博彩，斗就是打架骂街，讼就是栽赃诬告、意在害人。要是纠纷涉及他人的利益或是被人侵害的，不属于讼）。二是行止逾违（违犯和逾越的事情很多，各种恶行都是）。三是行不恭逊（就是侮辱怠慢年长有德的人，计较他人的是非短长，仗势欺人，知错不改，受到批评变本加厉，这些都是）。四是言不忠信（为人谋事却使人陷于凶险的境地，和人定约转而背约，以及妄说事端等都是）。五是造言诬毁（就是诬陷他人，无中生有，小题大做，两面三刀，以及写匿名信嘲讽人，揭人隐私，以及热衷谈论他人以前的过失）。六是营私太甚（和人做买卖过于贪心敛财，一心进取不顾其他，无故向人借钱寻贷，受人委托而欺诈）。

犯约之过有四种，一是德业不相劝，即不相互倡行德业。二是过失不相规，即有过失不相互规劝。三是礼俗不相交，即彼此交往不遵循礼俗。四是患难不相恤，即有患难不相互救助。

不修之过有五种，一是交非其人（无论士人和平民，都可以交朋友。凶恶及懒惰游荡的人，为众人所不齿。要是和这样的人朝夕相处，就属于交友不慎。要是因为不得已暂时来往的，不算）。二是游戏怠惰（游，是无所事事，去见人只是为了闲逛。戏，是戏笑无度，以及故意侮慢，或是纵马狂欢，打球取乐。怠惰，是不务正业，荒废家事，门庭不洁净）。三是动作无仪（行为粗鄙，态度不恭敬，不该说的时候说，该说的时候又不说，服饰穿戴过于华丽或衣冠不整，以及不穿正式服装在公众场所抛头露面）。四是临事不恪（忘记正事，迟到，遇事懈怠）。五是用度不节（不管有无过于奢侈浪费，不能安于贫困而取财无道）。上述不修之过，每次违犯，都一一记载。违犯三次的，要受罚。

三、礼俗相交

婚姻、丧葬和祭祀的礼仪，《礼经》上都有规定，大家应当照办。要是不能马上实行，暂时按家传的老规矩。太离谱的规矩，以后逐渐去除。

同乡交往的礼仪，应当由众人商议一个办法，共同实行。

若是庆贺或吊唁，每家只要家长一人代表，和同约的一起前往。要是用书信，也按这个办法。家长要是有事，或是和要庆贺或吊唁的人不熟悉，就让家长下面的人出面。怎么帮助，送什么东西，这些要大家商议，各自根据情况，确定物品及数额。要是交情深浅不同，也可以根据交情办。

凡是赠送东西，要是婚姻及庆贺，送礼钱、布帛、羊、酒、蜡烛、鸡、兔、水果等，价值多的不超过三千钱，少的是一二百。要是丧葬，始葬送衣服或缎料，作襚礼，送酒、肉干作为奠礼，价值多的不超过三千钱，少的是一二百。至葬时用金钱和布帛为赙礼，用猪、羊、酒、蜡烛为奠礼，价值多的不超过五千钱，少的是三四百。要是水灾、火灾、盗贼、疾病、刑狱等天灾人祸，助济的人送钱、布帛、粮食、薪炭等物，价值多的不超过三千钱，少的是二三百。

帮助做事，是帮助那些人手不足的。婚嫁时，借器物给人家，丧葬借助人力，并为他们谋划、操办。

四、患难相恤

患难的事有七种，一是水火（要是小灾，派人前去救助。要是大灾，多带些人亲自去救助，并慰问）。二是盗贼（要是住得近，协助抓捕歹徒。要是不能抓捕，就通知同约，并报告官府，尽力防御缉凶）。三是疾病（要是小病，派人去问候。要是重病，就亲自帮忙求医问药。贫困没钱的，就帮助提供养病的费用）。四是死亡丧葬（要是缺少人手，就去出力帮忙。要是缺少钱财，就送东西或借钱。吊丧慰问）。五是孤弱无助（无依无靠的孤儿，要是有家财能够自给，就帮助处理。或是报告官府，或是委托他的近亲和邻里主持这事，以防他被人欺负。可以读书的孤儿，给他请老师，并为他安排婚事。要是贫困没钱的孤儿，大家就协力救助，不要让他流离失所。要是孤儿被人欺负，众人要尽力为他讨回公道。孤儿长大后，要是行为不检，也要监督管教，不要让他误入歧途、陷于不义）。六是被诬枉（要是同约人遭到诬陷，自己无力澄清，有权势的人可以帮他向官府申诉，有办法的人可以帮他解决问题。要是这事造成这家人流离失所，众人应当出钱帮他）。七是贫困（有人安分守己，生活贫困，众人出钱帮他，也可以借钱帮他购置物产，将来偿还）。

凡是同约的人，财产、物品、器用、车马、仆人，都可以相互借用。非急需的物品或是不宜外借的，也可以不借。可以外借而不借，或是借后逾期不还以及损坏的，都要受罚。患难之事要是情况紧急，就亲自派人遍告同约。事态尚缓，就由近邻或知情者告诉主事，主事遍告同约。即使不是同约的人，如果有患难，知情者也应去救助。要是事态严重，就带领同约人一起救助。

五、罚则

犯义之过，罚五百（情节较轻的，罚金减少到三四百钱）。不修之过和犯约之过，罚一百（情节较重的，罚金增加到三四百钱）。轻微的过失，经人规劝后能改正，只记载，不罚钱。要是再犯，就罚。要是不听规劝，或者不改，以及犯有大错，都要受罚。对不仁不义超过舆论容忍的限度以及屡教不改和重罚仍不悔改的人，要召集众人商议办法。要是大家决定无法容纳，就让他出约。

六、聚会

每个月小聚一次，准备饭食。每个季度大会一次，备酒、备饭。开销由参加的人分担。聚会时，记录众人的善举和恶行，实行奖罚。要是约中有事不便，由众人商议变更。

七、主事

约正一人或二人，由众人推举正直不阿的人担任，专门负责监督赏罚是不是公正。执月一人，由同约之人轮流担任，大家不分高低贵贱，只按年龄大小，每个月换一个人，负责处理约中的杂事。

附吕大忠的话

人对邻里乡亲的依赖，就像身体有手脚，家庭有兄弟。彼此的善恶利害密切相关，一天都离不开。不这样的话，就会像秦国和越国一样相互之间疏远隔膜，无关痛痒。我吕大忠一向担心这个，却不能有所改善。希望和乡亲们共同实行乡约。我担心自己的德行还没有受到众人的信赖，一做事就可能出错，所以想先征求同志。暂且以为能行，所以写下这些话。成就我们乡里风俗之美，寄望于诸位君子。

熙宁九年十二月初五日　汲郡　吕大忠

附吕氏乡约的一个变体：《损益蓝田吕氏乡仪》，（明）刘麟

＊ 选自《清惠集》卷11

德业相劝

事亲能孝，事君能忠，夫妇以礼，兄弟以恩，朋友以信，能睦乡邻，能敬官长，能为姻亲，与人恭逊，持身清约，容止庄重，辞气安和，衣冠合度，饮食中节。凡此皆谓之德。见善必行，闻过必改，能教子弟，能驭童仆，能肃家政，能择交游，能广施惠，能受寄托，能救患难，能导人为善，能规人过失，能为人谋事，能为集众事，能解斗争，能决是非，能兴利除害，博闻强记，疏通义理，文词醇正，字法端楷，启札精研，读书治田，至于六艺，皆可为之。外此俱为无益。是之谓业。右件德业，同社之人各自进修，有未尽者，会集之日，交相劝勉。

过失相规

犯义之过，一曰行止逾违，二曰轻肆诬毁，三曰营私太甚。

犯约之过，一曰德业不相劝，二曰过失不相规，三曰礼俗不相交，四曰患难不相恤。

不修之过，一曰游戏怠惰，二曰动作无仪，三曰临事不恪，四曰用度不节。右件过失，同社之士各自省察，有未改者，会集之日交相规戒。

礼俗相交

一曰称谓。闲中称人如对面，然对面有不可者，背后不以称谓。此虽细微，最可观德，亦以示后生。二曰行辈。遇同社父兄，以事父兄之礼事之。见其子弟，以待子弟之礼待之。至童仆亦然。于此少存长厚风度，通家之谊由此而笃，不矜己以凌分，不降颜以掠美，有贤不肖者不在此限。三曰燕饮。有故，前三日具启，或躬请，或遣子弟童仆往请。至日，再速宿涤器皿，办蔬果鱼肉，务令精洁，不尚丰奇。或吹笛鸣鼓，不用妆戏喧哗。雅淡礼饮，成欢乃罢。赴饮亦然，但翌日遣谢。燕集之

日，言动衣冠足示仪劝，不恣饮啜，自同常人。同社有燕，于会期相逼，则并为之。有不可并者，另为之。四曰庆吊。同社有吉事则庆之有仪，有丧事则吊之，亦有赗赙丰缩之宜，酌于社长。有大丧，初闻往哭之。赗赙之外，为经营，及殡及葬皆往临之，余丧则杀其礼。若闻所知之丧远不能往，则遣使致奠。在至亲笃友则素服再拜，哭而送之，过期则不哭。右件礼俗相交之事，同社之士各宜遵行。

患难相恤

患难之事，一曰水火，二曰盗贼，三曰疾病，四曰死丧，五曰孤弱，六曰诬枉，七曰贫乏。右件患难相恤之事，社中有罹此者，同社之士极力经营周给，务令得所。

第2.《增损吕氏乡约》和《社仓事目》，（南宋）朱熹

1.《增损吕氏乡约》

凡乡之约四，一曰德业相劝，二曰过失相规，三曰礼俗相交，四曰患难相恤。众推有齿德者一人为都约正，有学行者二人副之。约中月轮一人为直月。（都副正不与）置三籍。凡愿入约者书于一籍，德业可劝者书于一籍，过失可规者书于一籍。直月掌之，月终则以告于约正，而授于其次。

德业相劝

德谓见善必行，闻过必改。能治其身，能治其家，能事父兄，能教子弟，能御童仆，能肃政教，能事长上，能睦亲故，能择交游，能守廉介，能广施惠，能受寄托，能救患难，能导人为善，能规人过失，能为人谋事，能为众集事，能解斗争，能决是非，能兴利除害，能居官举职。

业谓居家则事父兄、教子弟、待妻妾，在外则事长上、接朋友、教后生、御童仆。至于读书、治田、营家、济物、畏法令、谨租赋、好礼乐射御书数之类，皆可为之。非此之类，皆为无益。

右件德业，同约之人各自进修，互相勉励。会集之日，相与推举其能者书于籍，以警励其不能者。

过失相规

过失谓犯义之过六，犯约之过四，不修之过五。

犯义之过，一曰酗博斗讼（酗谓纵酒喧竞，博谓博赌财物，斗谓斗殴骂詈，讼谓告人罪诬赖。争讼得已不得已者，若事干负累及为人侵损而诉之者，非）。二曰行止逾违（逾礼违法，众恶皆是）。三曰行不恭逊（侮慢齿德者，持人短长者，恃强凌人者，知过不改、闻谏愈甚者）。四曰言不忠信（或为人谋事陷人于恶，或与人要约退即背之，或妄说事端、荧惑众听者）。五曰造言诬毁（诬人过恶，以无为有，以小为大，面是背非，或作嘲咏匿名文书，及发扬人之私隐无状可求，及喜谈人之旧过者）。六曰营私太甚（与人交易伤于掊克者，专务进取不恤余事者，无故而好干求假贷者，受人寄托而有所欺者）。

犯约之过四，一曰德业不相劝，二曰过失不相规，三曰礼俗不相交，四曰患难不相恤。

不修之过五，一曰交非其人（所交不限士庶，但凶恶及游惰无行众所不齿者，若己朝夕与之游处，则为交非其人。若不得已暂往还者，非）。二曰游戏怠惰（游谓无故出入及谒见人止务闲适者。戏谓戏笑无度，及意在侵侮，或驰马击鞠而不赌财物者。怠惰谓不修事业，及家事不治，门庭不洁者）。三曰动作无仪（谓进退太疏野及不恭者，不当言而言及当言而不言者，衣冠太华饰及全不完整者，不衣冠入街市者）。四曰临事不恪（主事废忘，期会后时，临事怠慢者）。五曰用度不节（谓不计有无过为多费者，不能安贫而非道营求者）。

右件过失，同约之人各自省察，互相规戒。小则密规之，大则众戒之。不听，则会集之日，直月以告于约正。约正以义理诲谕之。谢过请改，则书于籍以俟。其争辩不服与终不能改者，皆听其出约。

礼俗相交

礼俗之交，一曰尊幼辈行，二曰造请拜揖，三曰请召送迎，四曰庆吊赠遗。

尊幼辈行凡五等，曰尊者（谓长于己三十岁以上在父行者，一作长于己二十岁以上者），曰长者（谓长于己十岁以上在兄行者），曰敌者（谓年上下不满十岁者，长者为稍长，少者为稍少），曰少者（谓少于己十岁以下者），曰幼者（谓少于己二十岁以下者）。

造请拜揖凡三条。曰凡少者幼者于尊者长者，岁首冬至四孟月朔辞见贺谢，皆为礼见。（皆具门状，用襆头、公服、腰带、靴、笏。无官，具名纸，用襆头、襕衫、腰带、系鞋。唯四孟通用帽子、皂衫、腰带。凡当行礼而有恙故，皆先使人白之。或遇雨雪，则尊长先使人论止来者。）此外候问起居质疑白事及赴请召，皆为燕见。（深衣凉衫皆可，尊长令免即去之。）尊者受谒不报。［岁首冬至具己幸（姓）名牓子，令子弟报之，如其服。］长者岁首冬至，具牓子报之，如其服。余令子弟以己名牓子代行。凡敌者，岁首冬至，辞见贺谢相往还。（门状名纸同，唯止服帽子。）凡尊者长者无事而至少者幼者之家，唯所服。（深衣凉衫道服背子可也，敌者燕见亦然。）

曰凡见尊者长者，门外下马，俟于外。次乃通名。［凡往见人，入门必问主人食否，有他客否，有他干否。度无所妨，乃命展刺。有所妨，则少俟，或且退。后皆放（仿）此。］主人使将命者先出迎客，客趋入，至庑间，主人出降阶，客趋进主人揖之。升堂礼见，四拜而坐。燕见不拜。（旅见则旅拜，少者幼者自为一列。幼者拜则跪而扶之，少者拜则跪扶而答其半。若尊者长者齿德殊绝，则少者幼者坚请纳拜，尊者许则立而受之，长者许则跪而扶之。拜讫，则揖而退。主人命之坐，则致谢讫，揖而坐。）退，［凡相见，主人语终不更端，则告退。或主人有倦色，或方干事而有所俟者，皆告退可也。后者皆放（仿）此。］则主人送于庑下。若命之上马，则三辞。许，则揖而退出大门乃上马。不许，则从其命。凡见敌者，门外下马，使人通名，俟于庑下或厅侧。礼见则再拜。（稍少者先拜，旅见则特拜。）退则主人请就阶上马。（徒行则主人送于门外。）凡少者以下，则先遣人通名，主人具衣冠以俟。客入门下马，则趋出迎，揖，升堂，来报礼则再拜谢。（客止之，则止。）退则就阶上马。（客徒行则迎于大门之外，送亦如之，仍随其行数步，揖之则止，望其行远乃入。）

曰凡遇尊长于道，皆徒行，则趋进，揖。尊长与之言，则对。否则立于道侧，以俟尊长已过，乃揖而行。或皆乘马，于尊者则回避之，于长者则立马道侧，揖之，俟过乃揖而行。若己徒行而尊长乘马，则回避之。［凡徒行遇所识乘马，皆放（仿）此。］若己乘马而尊长徒行，望见则下马，前，揖，己避亦然。过既远，乃上马。若尊长令上马，则固辞。遇敌者皆乘马，则分道相揖而过。彼徒行而不及避，则下马揖之，过则上马。遇少者以下皆乘马，彼不及避，则揖之而过彼。徒行不及避，则下马揖之。（于幼者，则不必下可也。）

请召送迎凡四条。凡请尊长饮食，亲往投书。（礼薄则不必书，专召他客则不可兼召尊长。）既来赴，明日亲往谢之。召敌者以书简，明日交使相谢。召少者用客目，明日客亲往谢。曰凡聚会，皆乡人，则坐以齿，（非士类则不。）若有亲则别叙。若有他客，有爵者则坐以爵，（不相妨者坐以齿。）若有异爵者，虽乡人亦不以齿。（异爵谓命士大夫以上，今陞朝官是。）若特请召，或迎劳出饯，皆以专召者为上客，如婚礼则姻家为上客，皆不以齿爵为序。曰凡燕集，初坐别设桌子于两楹间，置大杯于其上。主人降席，立于桌东。西向上客，亦降席，立于桌西。东向主人取杯，亲洗上客，辞，主人置杯桌子上，亲执酒斟之，以器授执事者，遂执杯以献上客，上客受之，复置桌子上。主人西向再拜，上客东向再拜。兴，取酒东向跪祭，遂饮以杯，授赞者遂拜，主人答拜。（若少者以下为客，饮毕而拜，则主人跪受如常。）上客酢主人如前仪，主人乃献众宾如前仪，唯献酒不拜。（若众宾中有齿爵者，则特献如上客之仪，不酢。）若婚会，姻家为上客，则虽少，以答其拜。曰凡有远出远归者，则迎送之。少者幼者不过五里，敌者不过三里。各期会于一处，拜揖如礼。有饮食则就饮食之。少者以下，俟其既归，又至其家省之。

庆吊赠遗凡四条。曰凡同约有吉事，则庆之。（冠子生子预荐登第进官之属，皆可贺。婚礼虽曰不贺，然礼亦曰贺娶妻者。盖但以物助其宾客之费而已。）有凶事则吊之。（丧葬水火之类。）每家只家长一人与同约者俱往，其书问亦如之。若家长有故，或与所庆吊者不相接，则其次者当之。曰凡庆礼如常仪，有赠物，（用币帛酒食果实之属，众议定量力定数，多不过三五千，少至一二百。如情分厚薄不同，则从其厚薄。）或其家力有不足，则同约为之借助器用及为营干。凡吊礼，闻其初丧，为易服，则率同约者深衣而往，哭吊之。（凡吊尊者，则为首者致辞而旅拜，敌以下则不拜，主人拜则答之。少者以下则扶之。不识生者则不吊，不识死者则不哭。）且助其凡百经营之事。主人既成服，则相率素襆斗素带，（皆以白生纱绢为之。）具酒果食物而往奠之。（死者是敌以上，则拜而奠，以下则奠而不拜。主人不易服，则亦不易服。主人不哭，则亦不哭。情重，则虽主人不变不哭，亦变而哭之。赙礼用钱帛，众议其数如庆礼。）及葬，又相率致赗，俟发引则素服而送之。（赗如赙礼或以酒食犒，其后夫及为之干事。）及卒哭及小祥及大祥，皆常服吊之。曰凡丧家，不可具酒食衣服以待吊客，吊客亦不可受。曰凡闻知之丧或远不能往，则遣使致奠，就外次衣吊服，再拜，哭而送之。（唯至亲笃友为然。）过期年则不哭，情重则哭其墓。

右礼俗相交事，直月主之。有期日者，为之期日。当纠集者，督其违慢。凡不如约者，以告于约正而诘之，且书于籍。

患难相恤

患难之事七，一曰水火（小则遣人救之，大则亲往，多率人救，且吊之）。二曰盗贼（近者同力捕之。有力者为告之官司，其家贫则为之助出募赏）。三曰疾病（小则遣人问之，甚则为访医药，贫则助其养疾之费）。四曰死丧（阙人则助其干办，乏财则赙赠借贷）。五曰孤弱（孤遗无所依者若能自赡，则为之区处，稽其出内，或闻于官司，或择人教之，及为求婚姻。贫者协力济之，无令失所。若有侵欺之者，众人力为之办理。若稍长而放逸不检，亦防察约束之，无令陷于不义）。六曰诬枉（有为诬枉过恶不能自申者，势可以闻于官府，则为言之。有方略可以救解，则为解之。或其家因而失所者，众共以财济之）。七曰贫乏（有安贫守分而生计大不足者，众以财济之，或为之假贷置产以岁月偿之）。

右患难相恤之事，凡有当救恤者，其家告于约正。急则同约之近者为之告约正，命直月遍告之，且为之纠集而程督之。凡同约者，财物器用车马人仆，皆有无相假。若不急之用及有所妨者，则不必借。可借而不借，及逾期不还，及损坏借物者，论如犯约之过，书于籍。邻里或有缓急，虽非同约，而先闻知者亦当救助。或不能救助，则为之告于同约而谋之。凡事之急者有能如此者，则亦书其善于籍，以告乡人。

以上乡约四条，本出蓝田吕氏，今取其他书及附已意，稍增损之，以通于今。而又为月旦集会读约之礼如左方。曰：凡预约者，月朔皆会。（朔日有故，则前期三日别定一日，直月报会者。所居远者，唯赴孟朔。又远者，岁一再至可也。）直月率钱具食。（每人不过一二百，孟朔具果酒三行，面饭一会。余月则去酒果，或直设饭可也。）会日夙兴，约正副正直月本家行礼，若会族罢，皆深衣俟于乡校。设先圣先师之象于北壁下，（无乡校则别择一宽闲处。）先以长少叙拜于东序，（凡拜，尊者跪而扶之，长者跪而答其半，稍长者俟其俯伏而答之。）同约者如其服而至，（有故，则先一日使人告于直月。同约之家子弟虽未能入籍，亦许随众序拜。未能序拜，亦许侍立观礼。但不与饮食之会。或别率钱，略设点心于他处。）俟于外次既集，以齿为序，立于门外东向北上。约正以下出门西向南上。（约正与齿是尊者正相向。）揖迎入门，至庭中北面皆再拜。约正升堂，上香，降，与在位者皆再拜。（约正升降，皆自阼阶。）揖，分东西向立。（如门外之位。）约正三揖，客三让。约正先升，客从之。（约正以下升自阼阶，余人升自西阶。）皆北面立。（约正以下西上，余人东上。）约正少进，西向立，副正直月次其右少退。直月引尊者东向南上，长者西向南上。（皆以约正之年推之，后仿此。西向者其位在约正之右，少进，余人如故。）约正再拜，凡在位者皆再拜。（此拜尊者。）尊者受礼如仪。（唯以约正之年，为受礼之节。）退北壁下，南向东上立。直月引长者东面，如初礼。退则立于尊者之西东上。（此拜长者。拜时，惟尊者不拜。）直月又引稍长者东向南上，约正与在位者皆再拜，稍长者答拜。退，立于西序东向北上。（此拜稍长者，拜时尊者长者不拜。）直月又引稍少者，东面北上，拜约正，约正答之。稍少者退，立于稍长者之南。直月以次引少者，东北向西北上，拜约正。约正受礼如仪，拜者复位。又引幼者，亦如之。即毕，揖，各就次。（同列未讲礼者，拜于西序，如初。）顷之，约正揖，就坐。（约正坐堂东南向，约中年最尊者坐堂西南向，副正直月次约正之东南向西上，余人以齿为序东西相向，以北为上。若有异爵者，则坐于尊者之西南向东上。）直月抗声读约一过，副正推说其意，未达者许其质问。于是约中有善者众推之，有过者直月纠之，约中询其实状于众。无异辞，乃命直月书之。直月遂读记善籍一过。命执事以记过籍遍呈在坐，各默观一过。既毕，乃食。食毕，少休。复会于堂上。或说书，或习射讲论从容。（讲论须有益之事，不得辙道神怪邪僻悖乱之言，及私议朝廷州县政事得失，及扬人过恶。违者，直月纠而书之。）至晡乃退。

2.《社仓事目》

＊选自《晦庵集》卷99，《四库全书》电子版。并参照中华书局仿宋版《朱子大全》文99，14—20页，1936年。

一，逐年十二月，分委诸部社首、保正、副，将旧保簿重行编排。其间有停藏逃军几作过无行止之人，隐匿在内，仰社首、队长觉察申报尉司，追捉解县根究。其引致之家，亦乞一例断罪。次年三月内，将所排保簿赴乡官，交纳乡官点检。如有漏落及妄有增添，一户一口不实，即许人告审实，申县乞行根治。如无欺弊，即将其簿纽算人口，指定米数大人若干，小儿减半。候支贷日，将人户请米状，拖对批填，监官依状支散。

一，逐年五月下旬，新陈未接之际，预于四月上旬申府，乞依例给贷。仍乞选差本县清强官一员，人吏一名，斗子一名，前来与乡官同共支贷。

一，申府差官讫一面出榜，排定日分，分都支散（先远后近，一日一都）。晓示人户（产钱六百文以上及自有营运，衣食不阙，不得请贷），各依日限，具状（状内开说大人小儿口数）结保（每十人结为一保，递相保委。如保内逃亡之人，同保均备取保。十人以下，不成保不支）。正身赴仓请米，仍仰社首、保正、副、队长、大保长，并各赴仓，识认面目，照对保簿。如无伪冒、重叠，即与签押保明（其社首、保正等人不保，而掌主报明者听）。其日，监官同乡官入仓，据状依次支散，其报明不实，别有情弊者，许人告首，随事施行，其余即不得妄有邀阻。如人户不愿请贷，亦不得妄有抑勒。

一，收支米，用淳熙七年十二月本府给到新添黑官桶及官斗（每桶受米五筲半）。仰斗子依公平量，其监官乡官人从，逐只许两人入中门，其余并在门外，不得近前，挨捋搀夺人户所请米斛。如有违，许被扰人当厅告覆，重作施行。

一，丰年如遇人户请贷官米，即开两仓，存留一仓。若遇饥欠，则开第三仓，专赈贷。深山穷谷耕田之民，庶几丰荒赈贷有节。

一，人户所贷官米，至冬纳还（不得过十一月下旬）。先于十月上旬，定日申府，乞依例差官，将带吏斗前来，公共受纳，两平交量。旧例每石收耗米二斗，今更不收上件耗米。又虑仓廒折阅无所从出，每石量收三升，准备折阅及支吏斗等人饭米。其米正行附历收支。

一，申府差官讫，即一面出榜，排定日分，分都交纳（先近后远，一日一都）。仰社首、队长告报保头，保头告报人户，递相纠率。造一色干硬糙米，具状（同保共为一状，未足不得交纳。如保内有逃亡，即同保均备，纳足），赴仓交纳。监官、乡官、吏斗等人，至日赴仓受纳，不得妄有阻节及过数多取，其余并依给米约束施行（其收米人吏、斗子，要知首尾，次年夏支贷日不可差换）。

一，收支米讫，逐日转上本县所给印历。事毕日，具总数申府县照会。

一，每遇支散交纳日，本县差到人吏一名，斗子一名，社仓算交司一名，仓子两名。每名日支饭米一斗（约半月），发遣裹足米二石，共计米一十七石五斗。又贴书一名，贴斗一名，各日支饭米一斗（约半月），发遣裹足米六斗，共计四石二斗。县官人从七名，乡官人从共一十名，每日支饭米五升（十日），共计米八石五斗。以上共计米三十石二斗。一年收支两次，共用米六十石四斗。逐年盖墙，并买蒿荐修补仓廒，约米九石。通计米六十九石四斗。

一，排保式：某里、第某都、社首某人，今同本都大队长、队长，编排到都内人口数下项，甲户（大人若干、小儿若干口，居住地名某处，或产户开说产钱若干，或白烟耕田开店买卖土著，外来系某年移来，逐户开列）。

余开

右某等今编排到都内人户口数，在前即无漏落及增添。一户一口不实，如招人户陈首，甘伏解县断罪，谨状。

年月日大保长姓名，押，状

队长姓名

保正、副姓名

社首姓名

一，请米状式：某都、第某保、队长某人、大保长某人、下某处地名、保头某人等，几人今递相保委，就社仓借米，每大人若干，小儿减半。候冬收日，备干硬糙米，每石量收耗米三升，前来送纳。保内一名走失事故，保内人情愿均备取足，不敢有违。谨状。

年月日保头姓名

甲户开名

大保长姓名

队长姓名

保长姓名

社首姓名

一，社仓支贷交收米斛，合系社首、保正、副告报队长、保长，队长、保长告报人户。如阙队长，许人户就社仓陈说，告报社首，依公差补阙。社首即申尉司定差。

一，簿书锁钥，乡官公共分掌。其大项收支，须监官签押，其余零碎出纳，即委乡官公共掌管。务要均平，不得徇私容情，别生奸弊。

一，如遇丰年，人户不愿请贷。至七、八月而产愿请者，听。

一，仓内屋宇什物，仰守仓人常切照管，不得毁损及借出他用。如有损失，乡官点检，勒守仓人备偿。如些小损坏，逐时修整。大段改造，临时具因依申府，乞拨米斛。

朱熹奏节文：

臣所居建宁府崇安县开耀乡，有社仓一所。其法可以推广，行之他处。欲望圣慈，行下诸路州军，晓谕人户。有愿置立者，州县量常平米斛，责付本乡出等人户主执敛散，随宜立约，实为久远之利。其建宁府社仓见行事目谨录，一道进呈。伏望圣慈详察，特赐施行。

第3.《成化》，（明初）方孝孺

＊选自方孝孺，《逊志斋集》卷3

寓控制天下之道于迂远不急之法，使人阴服乎上而不自知者，周之所以得民也。欲人之服，而炳然示之以服人之具，其服也必不坚。有意于服人，先以养人者示之，使天下成化而归己，此诚能服人者也。

秦汉之君，未尝不笑周，以为迂。而其治之具，固周之所笑，以为拙陋而不为者也。恶犬升灶而食麋，必严禁而预防之，使不敢近则可矣。不能制之于先，伺其既食而挤之于釜，虽可以快意而釜之麋，岂可食哉。秦汉之法，挤犬于釜之类也。其于民也，未能教之知义，而禁之勿为乱。未能教之知孝，而禁之勿悖。慢视斯民冥顽愚僻，与熊豕麋鹿无异。不少量于心而为之计，及其丽乎刑则三族诛灭之，曲断焉行之而不顾。威令既立，使人视斧锧如就几席而无所避，岂不可畏哉。畏极而玩，玩极而怨，有时不畏之矣。故以刑罚为威者，威既亵而乱生。以礼义化民者，俗既成而分定。能使民威礼义如刑罚而不敢犯之，则刑罚可措而不用矣。

周之盛时是也，五家置之长，二十五家置之胥，百家置之师，五百家置之正，其事似乎不切也。岁时则读法，春秋则会射蒐狩。考其善而书之，纠其恶而戒之。民之得休息者寡矣，其事似乎太烦也。然则周卒以此而治，孰谓果烦而不切也哉。

周之成法具在，今欲为此不难也，而民以为甚病。夫变其所久习而俾为其所未见，非特今之人病之，虽周之民亦然。武王、周公以至仁易至暴，宜其悦而顺也。然殷民纷纷思乱，久而后定者，以法制之骤而然也。盖殷之政亡久矣，周骤以礼义绳之，俯仰揖让于规矩之中而不胜其劳，则思其纵逸之安，固恒人之所同然者。况今之世，承大乱之后乎。然先王之道所以利民而上无所利，能为之以渐，可不扰而复也。稍揆其当损益者而疏略之，民可不甚病也。

宜定其制曰：民家十为睦，睦者言相亲也。十睦为保，保者言相助也。十保为雍，雍者言众而无争也。雍咸属于县。雍有长，以有德而文者为之。保有师，以有行而文者为之。睦有正，以忠信笃厚为十家则者为之。同睦之人，月之吉咸造睦正之庐。正中坐，余立而侍。老者坐侍。令少者一人读古嘉训，已，正为释其义戒劝之，众皆揖。而听一人读邦法，已，正立而宣敷之，众皆北向跪而听读。既，正书众名于册，列其所为于侧。善恶咸具，无恶者为上，善多者次之，善恶均者为中，恶多者为次，中无善者为下。正饮，众酒位皆以其行为。差下者不畀酒，不命坐。三年而无恶者，告于县而复其身。三年而无善者，罚及之，异其服不齿，改者免之。其善之目，曰孝，曰弟，曰亲邻，曰恤贫，曰助同睦，曰敏好学，其恶反是。保有学以教十睦之秀民，四时各一会，如睦制而略。其教之法取其孝弟忠信，之行取其端庄和敏，之德取其治经而知理，射而中，习礼乐而安，知书数而适用。月试而升黜之。升则于雍，雍亦有学，其教如保而加详。雍试而善，则升于县，而复其家。黜则于睦，俾家之修，修而有闻则复教之，而复升之。凡睦之民有未达，则问诸正。正未达，则问诸学。农而暇，则惟学之游，以咨善言，以法善行。同睦同保，遇相揖，作相助，语相让，饮酒相命，召若族。虽非同睦，行族礼。童子则学于睦之正，取其群而和。睦正、保师、雍长，县岁考其绩而升易之。（此下疑有缺误）为者其家复凡民力征相先粟赋相率，上之所令胥，劝而趋葬死而绝者，食病而窭者，敬德而文者，执强悍愎而败类者，弃奸佞而巧者，此其要也。持而循之，使不至于坏。谨而察之，使不至于弊。而朝廷都邑，皆以礼为治民，宁有不化者哉。繇是道也，近者十年，远者数十年，周之治可复见矣。呜呼！周之盛至于今，三千年矣。汉文帝、唐太宗、宋仁宗有愿治之心，而治卒不如古者，以其不法古之道而失先王之意也。道之行岂非难哉。然为天下者，患乎无志。有志，无难为也。患乎苟安，求安，无难致也。患乎畏事，立事，无难成也。举而措之，如斯而已矣。

第4.《南赣乡约》，（明）王守仁

＊选自《王文成全书》卷十七

咨尔民，昔人有言，蓬生麻中，不扶不直。白沙在泥，不染而黑。民俗之善恶，岂不由于积习使然哉。往者新民，盖常弃其宗族，畔（衅）其乡里，四出而为暴。岂独其性之异，其人之罪哉。亦由我有司治之无道，教之无方。尔父老子弟所以训诲戒饬于家庭者不早，熏陶渐染于里闬者无素，诱掖奖劝之不行，连属叶和之无具。又或愤怨相激，狡伪相残，故遂使之靡然日流于恶。则我有司与尔父老子弟，皆宜分受其责。呜呼！往者不可及，来者犹可追。故今特为乡约，以协和尔民。自今凡尔同约之民，皆宜孝尔父母，敬尔兄长，教训尔子孙，和顺尔乡里。死丧相助，患难相恤，善相劝勉，恶相告戒，息讼罢争，讲信修睦。务为良善之民，共成仁厚之俗。

呜呼！人虽至愚，责人则明。虽有聪明，责己则昏。尔等父老子弟，毋念新民之旧恶，而不与其善。彼一念而善，即善人矣。毋自恃良民，而不修其身。尔一念而恶，即恶人矣。人之善恶，由于一念之间。尔等慎思吾言，毋忽。

一、同约中，推年高有德为众所服者一人为约长，二人为约副。又推公直果断者四人为约正，通达明察者四人为约史，精健廉干者四人为知约，礼仪习熟者二人为约赞。置文簿三扇。其一，备写同约姓名及逐日出入所为，知约司之。其二扇一书彰善，一书纠过，约长司之。

一、同约之人，每一会，人出银三分，送知约。具饮食，毋大奢，取免饥渴而已。

一、会期以月之望。若有疾病事故不及赴者，许先期遣人，告知约。无故不赴者，以过恶书，仍罚银一两公用。

一、立约于道里均平之处，择寺观宽大者为之。

一、彰善者，其辞显而决；纠过者，其辞隐而婉。亦忠厚之道也。如有人不弟，毋直曰不弟，但云：闻某于事兄敬长之礼颇有未尽，某未敢以为信，姑书之以俟。凡纠过恶，皆例此。若有难改之恶，且勿纠使无所容，或激而遂肆其恶矣。约长副等，须先期阴与之言，使当自首。众共诱掖奖劝之，以兴其善念。姑使书之，使其可改。若不能改，然后纠而书之。又不能改，然后白之官。又不能改，同约之人执送之官，明正其罪。势不能执，戮力协谋官府，请兵灭之。

一、通约之人，凡有威疑难处之事，皆须约长会同约之人，与之裁处区画，必当于理、济于事而后已。不得坐视推托，陷人于恶，罪坐约长、约正诸人。

一、寄庄人户，多于纳粮、当差之时躲回原籍，往往负累同甲。今后约长等劝令，及期完纳应承。如蹈前弊，告官惩治，削去寄庄。

一、本地大户、异境客商，放债收息合依常例，毋得磊算。或有贫难不能偿者，亦宜以礼量宽。有等不仁之徒，辄便捉锁磊取，挟写田地，致令贫民无告，去而为之盗。今后有此，告诸约长等，与之明白。偿还不及数者劝令宽舍，取已过数者力与追还。如或恃强不听，率同约之人鸣之官司。

一、亲族乡邻往往有因小忿投贼得仇，残害良善，酿成大患。今后一应斗殴不平之事，鸣之约长等公论是非。或约长闻之，即与晓谕详解释。敢有仍前妄为者，率诸同约呈官诛殄。

一、军民人等，若有阳为良善、阴通贼情、贩买牛马、走传消息、归利一己殃及万民者，约长等率同约诸人，指实劝戒。不悛，呈官究治。

一、吏书、义民、总甲、里老、百长、弓兵、机快人等，若揽差下乡索求赍发者，约长率同呈官追究。

一、各寨居民，昔被新民之害，诚不忍言。但今既许其自新，所占田产已令退还，毋得再怀前仇，致扰地方。约长等常宜晓谕，令各受本分。有不听者，呈官治罪。

一、投招新民，因尔一念之善，贷尔之罪。当痛自克责，改过自新。勤耕勤织，平买平卖，思同良民。无以前日名目，其心下流，自取灭绝。约长等各宜时时提撕晓。如踵前非者，呈官惩治。

一、男女长成，各宜及时嫁娶。往往女家责聘礼不充，男家责嫁状不丰，遂致愆期。约长等其各省谕诸人，自今其称家之有无，随时婚嫁。

一、父母丧葬，衣衾棺椁，但尽诚孝，称家有无而行。此外或大作佛事，或盛设宴乐，倾家费财，俱于死者无益。约长等其各省谕约内之人，一遵礼制。有仍蹈前非者，即与纠恶簿内书以不孝。

一、当会前一日，知约预于约所洒扫，张具于堂，设告谕牌及香案南向。当会日，同约毕至，约赞鸣鼓三，众皆诣香案前序立，北面跪，听约长读告谕。毕，约长合众，扬言曰："自今以后，凡我同约之人只奉戒谕，齐心合德，同归于善。若有二三其心、阳善阴恶者，神明诛殛。"众皆曰："若有二三其心、阳善阴恶者，神明诛殛。"皆再拜，兴，以次出会所，分东西立。

约长读乡约，毕，大声曰："凡我同盟，务遵乡约。"众皆曰："是。"乃东西交拜，兴，各以次就位。

少者各酌酒于长者，三行。知约起，设彰善位于堂上，南向，置笔砚，陈彰善簿。约赞鸣鼓三，众皆起。约赞唱："请举善！"众曰："是在约史。"约史出，就彰善位，扬言曰："某有某善，某能改某过。请书之，以为同约劝。"约长遍咨于众，曰："如何？"众曰："约史举甚当。"约正乃揖善者，进彰善位，东西立。约史复谓众曰："某所举止是，请各位所知。"众有所知，即举。无，则曰："约史所举是矣。"约长副正皆出，就彰善位。约史书簿。毕，约长举杯，扬言曰："某能为某善，某能改某过，是能修其身也。某能使某族人为某善，改某过，是其能齐其家也。使人人若此，风俗焉有不厚。凡我同约，当取以为法。"遂属于其善者。善者亦酌酒，酬约长，曰："此岂足为善，乃劳长者过奖，某诚惶怍。敢不益加砥砺，期无负长者之教。"皆饮毕，再拜谢约长，约长答拜。兴，各就位。知约撤彰善之席。

酒复三行。知约起，设纠过位于阶下，北向，置笔砚，陈纠过簿。约赞鸣鼓三，众皆起。约赞唱："请纠过！"众曰："是在约史。"约史就纠过位，扬言曰："闻某有某过，未敢以为然。姑书之，以俟后图。如何？"约正遍质于众曰："如何？"众皆曰："约史必有见。"约正乃揖，过者出。就纠过位，北向立。约史复遍谓众曰："其所闻止是，请各言所闻。"众有所闻，即言。无，则曰："约史所闻是矣。"于是约长副正皆出纠过位，东西立。约史书簿。毕，约长谓过者曰："虽然姑无行罚，惟速改。"过者跪请曰："某敢不服罪。"自起酌酒，跪而饮，曰："敢不速改，重为长者忧。"约正副史皆曰："某等不能早劝谕，使子陷于此，亦安得无罪？"皆酌自罚一。过者复跪，而请曰："某既知罪，长者又自以为罚，某敢不即就戮。若许其得以自改，则请长者无饮。某之幸也。"趋后，酌酒自罚。约正副咸曰："子能勇于受责如此，是能迁于善也，某等亦可免于罪矣。"乃释爵。过者再拜，约长揖之。兴，各就位。知约撤纠过席。

酒复二行，遂饭。饭毕，约赞起，鸣鼓三，唱："申戒！"众起，约正中堂立，扬言曰："呜呼！凡我同约之人，明听申戒。人孰无善，亦孰无恶？为善虽人不知，积之既久，自然善积而不可掩。为恶若不知改，积之既久，必至恶极而不可赦。今有善而为人所彰，固可善。苟遂以为善而自恃，将日入于恶矣。为恶而为人所纠，固可愧。苟能悔其恶而自改，将日进于善矣。然则，今日之善者，未可自恃以为善。而今日之恶者，亦岂遂终于恶哉。凡我同约之人，盍共勉之。"众皆曰："敢不勉。"乃出席，以次东西序立。交拜，兴，遂退。

附《南赣乡约》现代汉语译文

你们乡民听我说，古人说过，飞蓬长在麻中，不扶不直。白沙在黑泥之中，不染就黑。民俗善恶，难道不是积习造成的吗？以前，新民大概总是背弃宗族，为害乡里，四处为暴。他们这样，难道只是出于天性、是自身的罪过吗？这也是因为官府治理不善、教育无方。家里父老子弟没有及早训诲诫斥，受到里巷不良分子的熏陶，没有进行诱掖奖劝，居民组织没有起到和洽的作用。又加上愤怨相激，狡伪相残，就使他们日渐堕落走上歧途。所以说我们官府和父老子弟，都要分担他们的罪责。呜呼！往者不可及，来者犹可追。所以现在特地订立乡约，让你们和洽。从今往后，凡是同约的人，都要孝顺父母，尊敬兄长，教训子孙，和顺乡里。死丧相助，患难相恤，善相劝勉，恶相告诫，息讼罢争，讲信修睦。一定要做良善之民，共成仁厚之俗。

呜呼！笨人责备别人的时候也会聪明，聪明人责备自己的时候也会糊涂。你们父老子弟，不要因为新民的旧恶不和他们友好相处。他们有一念之善，就成了善人。不要自恃为良民，忽略自己的品德修养。你们有一念之恶，就成了恶人。人之善恶，在于一念之间。你们仔细琢磨我的话，别不当一回事。

同约中，推选年长而德高望重的人，一个当约长，二个当约副。再推举四个品行正直、做事果断的人当约正，四个性情通达、明察秋毫之人当约史，四个精明强干、廉洁奉公之人当知约，两个通晓礼仪习俗的人当约赞。准备三个文簿，其中一份记载入约者姓名和日常行为，由知约掌管。另外两份分别用于记录善行和过错，由约长掌管。

同约的人，每次集会每人出银三分，交给知约。准备饮食，不要奢侈，能消饥解渴就行。

会期是每月十五。要是生病或有事不能来，允许提前让人告诉知约。无故不来的，按过错记录在册，还罚银一两充公。

选择地势平坦、寺观宽大的地方，设立乡约地点。

表彰好人好事时用词明确肯定，纠察他人过失时用词隐晦婉转，这也是忠厚之道。比如，有人不敬兄长，不要直说不敬兄长，只说：听说某某在敬兄长上做得不够，我不能确信，暂时记下来等以后再说。凡是纠察过错和恶行都这样做。要是对方有难改的恶行，不要不留余地指责，可能使对方受激而破罐子破摔。约长、约副等人先私下里和他谈，使他悔悟。然后众人好言相劝，激发他的善念。暂且记录他的恶行，让他悔改。要是他不能改，再纠察，而且记录。要是还不能改，就报告官府。要是始终不悔改，同约人就把他抓起来送官府处理，明正其罪。要是抓不住，就联合起来和官府合作，请派兵缉拿。

同约人，凡是有危疑难办的事，约长和同约人要帮助他出谋划策，务必合于情理、解决问题才罢。不得坐视不管，相互推托，使人陷于困境。要是这样，约长、约正等人难逃罪责。

寄居在乡里的人家，很多在纳粮、当差时躲回原籍，往往连累同甲。今后约长等人要劝令他们按时履行义务。要是故伎重演，告知官府加以惩治，取消寄居资格。

本地大户和外地客商，放债收息要遵循常例，不能多收。要是有贫困落难的人难以还债，也该按礼照顾。有些不仁之徒，动辄对负债之人巧取豪夺、强占田地，致使贫民没有出路，跑去当盗贼。今后要是再有这种事，就告诉约长等人，和他们说个明白。没有全部还清的，要劝令债权人宽免。多收的，要争取追回。要是债权人恃强不听，约长应率领同约人告到官府。

亲族和乡邻中有人往往因为小事愤恨不平，投靠贼匪，寻衅复仇，残害良善，酿成大祸。今后所有斗殴不平之事，告诉约长等人公论非曲，或者约长听说后，立即予以劝导。有人胆敢像从前那样妄为，约长带同约人告知官府重惩。

无论军人还是百姓，若有私通贼匪、贩卖牛马、制造谣言、因私利祸害万民的，约长带同约人，当面质证、劝诫。不思悔改者，告官府究治。

吏书、义民、总甲、里老、百长、弓兵、机快等人，若在乡里强征差役、勒索钱财，约长带人告知官府追究。

各寨居民过去受到新民侵害，苦不堪言。现在既然允许他们自新，侵占的田产已经责令退还，你们不得再记前仇，以致使地方不宁。约长等人要经常提醒双方，各守本分。有不听者，告官府治罪。

投降、招抚的新民，因为你们有一念之善，官府免了你们的罪。你们应该深刻反省，改过自新。勤耕勤织，平买平卖，要做良民。不要因为从前的事，不求上进，自取灭亡。约长等人要时时提醒他们。如果重蹈覆辙，告知官府惩治。

男女成年之后，要及时嫁娶。通常女方家纠缠聘礼不足，男方家计较嫁妆不多，致使拖延婚事。约长等人要告诉大家，从今往后要根据家庭经济条件，及时婚嫁。

父母去世丧葬，衣衾棺椁，尽孝就好，根据家庭经济条件办理。此外，大做佛事或者盛设宴乐，倾家费财，都对死者无益。约长等人要告知同约人，都遵循里礼制。有重蹈前非的，就在过恶性簿里记上“不孝”。

聚会前一天，知约提前到约所打扫，布置用具，朝南摆好告谕牌和香案。聚会那天，同约人到齐后，约赞击鸣三声，众人到香案前依次站好，面朝北跪下，听约长读告谕。然后约长召集众人，大声说：“自今以后，凡我同约人，都奉行戒谕，齐心合德，同归于善。若是三心二意、阳善阴恶者，神明诛殛。”众人都说：“若是三心二意、阳善阴恶者，神明诛殛。”说完后行礼两次，礼毕依次出会场，分东西两侧站立。

约长读乡约，读完，高声说：“凡我同盟，务遵乡约。”众人都说：“是。”然后东西两侧的人相互行礼，礼毕依次就座。

少者给长者斟酒，酒过三巡，知约起身，在堂上摆好彰善的位子，面朝南，并放好笔砚和记善簿。约赞击鼓三声，众人起立。约赞高呼：“请举善!”众人说：“请约史。”约史出来，到彰善位那里，高声说：“某人有某善行，某人能改正自己的过错。请记下来，勉励同约人。”约长询问大家说，“怎么样?”众人说：“约史说得对。”约正于是向那些有善行的人行礼，请他们到彰善位，分东西两侧站立。约史又对众人说：“我就知道这些，请各位补充。”众人知道什么就说，不知道就答：“约史说的对。”约长和副正皆出列，来到彰善位。约史记录。完毕，约长举起酒杯，高声说：“某人能有某善行，某人能改某过错，是能修身啊。某人能让某个族人行某善行，改某过错，是能齐家啊。假如人人这样，风俗怎么能不淳厚?凡我同约，应该学他们。”然后向有善行的人敬酒。他们也斟酒，向约长敬酒说：“这些小事怎能算行善?有劳长辈过奖，我诚惶诚恐，怎敢不再接再厉，希望不辜负长辈的教诲。”饮毕，向约长行礼，约长回礼。然后各自回到原来的座位。知约撤下彰善位。

酒过三巡，知约起立，在会堂阶梯下设纠过位，面朝北，并放好笔砚和记过簿。约赞击鼓三声，众人起立。约赞高呼：“请纠过!”众人说：“有请约史。”约史来到纠过位，高声说：“听说某人有某过错，不敢相信。暂时记下来，以后再说，怎么样?”约正询问大家：“怎么样?”众人说：“约史拿主意。”约正于是向犯错的人行礼，请他来到纠过位，面朝北站立。约史再次对众人说：“我就知道这些，请各位补充。”众人知道什么就说，不知道就答：“约史说的对。”约长和副正都来到纠过位，分东西两侧站立。约史记录。完毕，约长对犯错的人说：“虽然暂时不作惩罚，但希望你尽快改正。”犯错的人跪下求道：“我哪敢不服罪。”起身斟酒，跪下饮完，说：“哪敢不立即改正，再让长者担忧。”约正和副史都说：“我们没有尽早劝谕，使你到这个地步，我们怎么能没有罪过?”都斟酒，各罚自己喝一杯。犯错的人再跪下求道：“我既然知罪，长者也罚了自己，我怎敢不马上杀了自己。要是允许我自新，就请各位尊长不要再喝罚酒了，这是我的荣幸。”说完退后，斟酒自罚。约正副使都说：“你能这样勇于受责，是能迁善啊。我们也不可免于罪过了。”于是放下酒杯。犯错的人再行礼，约长向他作揖。礼毕，各自回到原来的座位。知约撤掉纠过位。

酒过两巡，吃饭。饭后，约赞起立，击鼓三声，高呼：“申诫!”众人起立，约正在中堂站立，高声说：“呜呼！凡我同约的人，听清申诫。谁没有善行，谁没有过错？做好事虽然不为人知，日久天长自然会彰显。做坏事若不知悔改，久而久之必然达到罪不可赦的地步。今天有善行而被人称道，自然是好事。假如因为行善而自满，将会逐渐变成恶。有错被人责备，自然令人羞愧。假如能悔改，将会逐渐达到善。今天的善人不可自恃为善，今天的恶人也未必总是恶。凡我同约之人，都要共勉。”众人都说：“岂敢不共勉。”然后离席，依次分东西两侧站立，相互行礼。礼毕，离场。

第5.《泰泉乡礼》节选，（明）黄佐

＊选自《泰泉乡礼》卷二

凡预约者，月朔皆会。朔日有故，则前期三日别定一日，直月报会者。将会，则先一日洒扫里社，设香案，立戒谕牌于其上。若春秋而仲月，改用祭社日，以便行礼。或社未建，设先圣神位于乡校正堂，以便行礼。

直月率钱具食。入约人众每一人不过一十文。人少则随宜增之，毋过五十文。孟月朔具果酒三行饭食一会，余月则去酒果，或直设饭或米粉面食亦可。

会日夙兴，约正副正直月先率宗族，皆衣冠，俟于乡校。同约者如其服而至。有故则先一日使人告于直月。同约之家子弟及在乡校童生，虽未能入籍，亦许随众序拜。未能序拜，亦许侍立观礼，但不与饮食之会。或别率钱，略设点心别处。

里社鸣鼓三通，约众既集，以齿为序，立于门外东向北上，约正以下西向南上。教读不与约正与齿最尊者正相向揖，迎入门，至庭中北面，皆再拜。行礼以约正与约副直月三人列于左，以次而东。约众尊者长者列于右，以次而西。少者幼者从尊者长者之后。社祝立于香案之东，赞，鞠躬，拜兴，拜兴，平身。约正升堂，上香，降，与在位者皆再拜。社祝赞，诣香案前，约正升，自阼阶上香，降，赞，鞠躬，拜兴。拜兴，平身。

乃誓于神。社祝抗声以誓，约正以下皆跪听应命，毕，皆再拜乃出。社祝扬言曰，约正某等敢率同约者誓于里社之神，自今以后，凡我同约之人，只奉戒谕，孝顺父母，尊敬长上，和睦乡里，教训子孙，各安生理，无作非为，遵行四礼条件，毋背乡约，齐心合德，归于善。若有二三其心，阳善阴恶者，神明诛殛。众答曰，若有二三其心，阳善阴恶者，神明诛殛。社祝、赞俯伏，兴拜兴拜兴拜，平身。

诣乡校，俟于外次。约正以下皆东向立，教读出迎西向立，与约正三揖。约正以下三让，乃入。教读、约正三揖三让，升堂，同约者皆从之。教读升自阼阶，约正以下及同约者升自西阶。若无里社，则教读迎入，誓于先圣，如前仪。

皆北面立。约正揖。教读东上，南面立，教读就位，皆再拜。教读立于位。约正少进，西向立。约副、直月、社祝次其右，少退。直月引尊者东向南上，长者西向南上。皆以约正之年推之，后仿此。西向者，其位在约正之右，少进，余人如故。若乡校正堂设神位，则以北面为尊序次，如前仪。

约正再拜。凡在位者皆再拜，此拜尊者，社祝不必赞礼，后仿此。

尊者受礼如仪。惟以约正之年为受礼之节。若约正是尊者，则长者以下皆如少者仪，可以类推。退北壁下，南面东上立。直月引长者东面如初礼，退则立于尊者之西东上。此拜长者，拜时惟尊者不拜。

直月又引稍长者东向南上，约正与在位者皆再拜，稍长者答拜。退，立于西序东向北上。此拜稍长者，拜时尊者长者不拜。

直月又引稍少者东面北上拜约正，约正答之。稍少者退，立于稍长者之南。直月以次引少者东北向西北上拜约正，约正受礼如仪。拜者复位，又引幼者，亦如之。既毕，揖，各就次。

同列来讲礼者，拜于西序如初。以上礼，若冬日晷短或从简便，惟东西序齿，相向再拜。

顷之，约正揖，就坐。教读正坐，稍东南向。约正坐堂东南向，约中年最尊者坐堂西南向，约副直月次。约正之东南向西上，社祝次之，余人以齿序东西相以北为上。若有异爵者，则坐于尊者之西南向东上。若乡校正堂设神位，则以南为上。异爵者东北向西上。

直月抗声读约一过，教读推说其意，未达者许其质问。于是约中有善者众推之，有过者直月纠之，约正询其实状于众。无异辞，乃命直月书之。能行四礼者，亦附于善籍，违者附于过籍。直月遂读记善籍曰，某能为某善，能改某过，能行四礼，使人人若此，风俗焉有不厚。凡我同约，当取以为法。或能使其族人为某善，改某过，行四礼，则易其辞。

善者兴，直月亦兴，揖善者，善者对曰，某实无所有，乃劳过奖，敢不加勉。约正帅同约者北面序立，再拜，善者退居末位，答拜。或酌酒则先善者，善者向尊者三让乃饮。

复位，命执事以记过籍遍呈在坐，各默观一过。三犯不改，待他日誓于里社，鸣鼓罚之，毋得辄扬其过。过者不服，听其出籍。有大恶，则言于有司，惩之。

既毕，乃食。食毕，少休。复会于堂上。鸣讲鼓，说书，若歌诗，或习礼射，皆以钟鼓为节。教读说书一章，或讲切要故事，皆鸣鼓三声。若童生歌诗，习冠婚祭三礼，及习乡射礼，皆钟以宣之，鼓以节之，以耸众观听。

讲论从容，书丹而退。讲论须有益之事，毋得喧竞失仪，言非所宜言，及扬人过恶。违者，直月纠而书之。

事既毕，于入约籍中姓名，各押字于其下，谓之书丹。书丹毕，教读送至大门之外，揖让而退。

凡约正、约副正，如士大夫立教明伦敬身，以为乡人取法。出入道路，见者拱立避路致敬，毋得狎侮凌犯，违者，直月纠而书之。若能化行一乡，有司延至后堂，待以殊礼，为特设位，帅各乡约正、约副拜之。仍用花红羊酒旌奖，遇例先给与冠带。

第6.《乡甲约》节选，(明) 吕坤

＊选自吕坤《乡甲约》卷2《乡甲事宜》

会　　规

凡一约之人，或寺庙或公馆，或大家亭房，可容百人处所，上面立圣谕木牌一面，傍设约正、约副、约讲、约史四坐椅，约众分左右二班。如所在宽敞，作板凳数条，约众论齿序坐亦可。每月初二十六日，一竿时候到齐。击鼓三声，约中择少年读书者四人为约赞，唱班。班齐鞠躬，拜兴，拜兴，拜兴，拜兴，拜兴，拜兴，三叩头，平身。分班对揖，平身。唱正副讲史就坐。唱甲长初班言事。十甲长出向牌跪，举曰，本甲某人某日行某善，某人见证。举毕，分立于班前。为善与证人出，向牌跪。约正副问明，约史即照口词记于善簿。毕，为善者叩四头，起。十甲长复出，北向跪，举曰，本甲某人某日为某恶事，某人见证。举毕，分立于班前。为恶与证人出，向牌跪。约正副问明，约史即照口词记于恶簿。毕，为恶者叩四头，起。约正副先将本甲善恶事劝戒一番，约史讲又将本甲善恶事劝戒一番。毕，约讲讲劝善一条，讲律演一条。毕，画左右二扇卯簿毕，其有事不到者，甲中代之给假，卯簿写一假字。但不许连给三假。至日应举善恶者，亦不许给假。毕，总揖圣谕而退。仍将格叶未完事件叮咛申戒，下会定完。如约正副讲史一人有事不到，三人代之行事。

一每百家选约正一人，约副一人，俱以正直公道能管束处断者为之。约史一人，约讲一人，俱以正直识字能劝善戒恶者为之。如百家之内，无此四人，二百家有此八人，遥相管束亦可，或八人总管二百家亦可。

或不足二百家或二百家有零者，在州县官各随地方街巷村落远近编派，难以拘泥。但不许越管遥制，不便挨查。其同居父子兄弟只报一名在约，分居者人人在约。如有乐善之人，父子兄弟情愿俱入乡约者，听从其便。

一选约正约副约讲约史须百家个个情愿者，选甲长须九家个个推服及常不出外者。如扶同滥举非人，许不愿者举出。但全人难得，或旧过而改新，或善多而过少，或口毒而心善者，情愿从今学好，不妨准收。甲长不服人，许九家同秉于约正副。如果不称，九家另举一人更之，不许轮流攀当。约正副不服人，许九十八家同秉于官。如果不称，众人另举一人更之，不许一人私告。中间如有以曲为直，将善作恶，向亲识，受买嘱，报私仇，欺贫贱，大伤公论者，亦许同约公报到官。小者本约除名纪恶于申明亭，大者比众加倍究处。如无大过，及三五人私怨者，不许轻更约正副，致有投充推诿以生奸弊。

一州县正官先将各约为善为恶之人，密细访察。要见某约某人某日为某善事，某约某人某日为某恶事，却将各约善恶两簿及作善作恶之人拘查，或随便亲到本约呼唤审问。如果善恶是真而本约不曾书写者，除当面奖戒外，约正副讲史各重责纪过。甲长四邻隐匿不报者，与作恶之人一体重究。

一旌善申明二亭国初设老人二名，以佐州县之政。但老人名色，近皆归于里甲催科及仆隶顶当，朝揰暮楚，人皆耻为。今选概州县殷实有德二人，另名公正，总理城中乡约。四乡在选公正，人人分理各乡乡约。约正副讲史不公不法，听其纠举，应更换者听其保举，各给帖文印子，以便行事。先给举耆老衣冠，如果正直无私，督约有功者，三年给与冠带。

一约正副举行乡约一年之外，许戴耆老幅巾，青直身，博带。见州县行两跪一揖礼，州县起立答揖。见本院亦许两跪一揖，本院起立拱手。本一平民，一旦如此优待，为约正副者可不勉励，奋发劝善惩恶，表正风俗，以仰体上官之心乎？

一约中一年无人违犯条款格叶者，约正旌善亭纪善一次。二年无犯者，约副亦于旌善亭纪善一次。三年无犯者，约正副二人先以花红卮酒赏送于公堂，约讲史各纪善于旌善亭一次。六年无过者，约正副讲史各送匾一面。本约九年不违犯条款格叶者，同约保举约正给与冠带，约副免本身差役，仍与约讲史俱给约正衣冠，以礼相待。十二年约中不违犯条款格叶者，约正副各送牌匾，书本院姓名。待年至七十仍从各约通举，准入乡饮酒席。其约正年近七十，不能待九年者，掌印官每年考其勤惰公私等第，但肯实心任事，三考各约第一者，亦准冠带。

一约正副讲史止为管教一约之人，不许接送官员及州县一切差委接递听事，朔望升堂，及不干本约事情无故骚扰拘唤，无罪轻加凌辱以伤优礼良民之体。违者，掌印官即系昏庸不肖坏乱乡约。虽有他长，亦行戒饬。

一约正副讲史除正项亲朋礼节往来外，如有处分本约事情，因而受人只鸡杯酒斗谷分银者，即系不立行止无耻之人。被本约讦出枷号游迎，仍纪恶申明亭，乡邦不与为礼。

一除缙绅举监生员不须编入乡约外，其致仕闲住州县佐贰首领及省祭散官员衣巾生员，但有德望，众推为约正副者，州县官以见任乡官在学生员礼貌，一体优待，与各约正副另班行礼。

一乡约呈报善恶及条陈利害者，不分是何衙门，俱用连七粗纸手本封袋缝上，写某州县某字约约正副某人某人，封若系槩约公报，则写某州县某字约约正某人等同封，不许用细纸，以生科派之端。

一大奸大恶久惯行凶纪恶动辄与人为仇者，许同约百家连名指实用手本封固差约中一人密禀州县掌印正官差的当兵快当时锁拿扭解本院。

一乡约之中不怕豪强棍恶，只怕浮薄少年，此等浮薄之子或孙，大家贵族倚托门第钱财，将欲不编入约，此人置之何地？将欲编之约内，彼傲气雄心，轻口薄舌，无恂恂乡党之谦，怀卑卑贫贱之意，甲中不敢举过，约中不敢纪恶。或造言捏事，或构怨生仇。其明理父兄当思共守圣谕科条，替伊教诲做到，不护短，不尤人。不明理者，或到约中发怒，令长少难堪。或向州县递呈，托守令处置。彼庸懦有司，哪分皂白，约中一伙平民何苦与人斗气，从此而一约坏矣，一约坏而各约皆坏矣。以后约中少年务要低心下气，一遵条款格叶，不许分毫傲慢。掌印官时时另加体察，但有扰混一约不成者，另申本院施行。如有徇私诬善，以伤众心者，访知以罢软论。

一约中除乐户家奴及佣工佃户各属房主地主挨查管束，不许收入乡甲外，其余不分匠作裁缝厨役皂隶快手门禁马夫，但系本县老户人家或客商经年久住，情愿入约者，俱许编入乡甲，以乡党辈数齿序，不许作贱。

各州县做竖牌十面，长二尺，宽八寸。凡不养父母，时常忤逆者，牌书不孝某人。骨肉无恩，尊长无礼，夫妻无情，父子生分，牌书不义某人。偷鸡摸狗，拔树掐谷，系本县老户人民者，牌书做贼某人。赌博开场等众，牌书赌博某人。游手帮闲，牌书光棍某人。生事殴人，牌书凶徒某人。诡隐地粮，教唆词讼，阴险害人，贪婪利己，牌书奸民某人。口无实言，行无实事，搬弄是非，妄传诬告，牌书诈伪某人。诓骗财物，勾引妇人，及一切干事不顾行止体面，人所共恶者，牌书无耻某人。淫荡破家，牌书败子某人。各用大字，钉于本犯门左。每会跪约听讲，街民不与往来，两院访拿，即将此人举报。待十分懊悔，本约连名出，连坐甘结，保其省改者，方许去其门牌。

一各约纪善、纪恶、纪和、纪改四簿，有司终日查考。假如一百二十约，每日照依约号次序，初一日某字号等四约讲史，送簿来看。掌印官细查善有可赏者，批奖三二句。恶有当惩者，批戒三二句。其和处不当者，即与更正。罪恶大而和不足以尽法，贫者拘来责治，不贫者罚谷，多不过五石，少不下一石，注于簿上，责令甲长催完。下次查簿，即于罚谷项下注某月日纳讫。其谷即贮存本会殷实之家，以备本约社师束修及孤老残疾赈济。或本约不得已公用，俱约正呈知掌印官，方准动支。不许有司将谷入仓，违者以科罚坐罪。其批查约簿，俱以红笔，大约每日查数本，一月查一周。其大善大恶登记州县善恶和改簿上，以备申呈上司，大加奖赏、拿问施行。

一凡讲约之日，遇大雨雪改于次日，不向甲长给假而不到者，纪过一次。无假三次不到约者，禀官。

一麦忙放通假，两会秋忙放通假。两会其间或疾病，或家中疾病，或公事，或忙事，或远行，给单假者俱许准理。其疾病或远行之人，过三假后，再给不许。每会点卯不到，罚谷。致误穷汉生理，违者罪坐约正副讲史。

一每约百家选保正一人，百五十家量加选保正副各一人。乡甲之内，属本县者，听其挨查出入。乡甲之外属房主地主者，听其访问。但有为盗窝盗，听其举报到官。但有失盗，听其率领各甲救护。其甲中人等，除六十岁以上十八岁以下免其救护外，其余壮丁十月后收秋已毕，三月前农工未动，各家所备枪刀弓箭短棍绳鞭等器。一百家或二百家内，公觅教士一人，令其习学武艺。一年寻一人习一艺，不及五年而各艺皆熟矣。又以本甲教本甲，不及五年而各人皆熟矣。一甲共置锣一面，保正副各置铳三杆。遇有盗贼打劫，甲中鸣锣，保中放铳，一拥救护。但于盗所生获，或扎死强贼一名者，州县官花红鼓乐送至公堂，银杯递酒三杯，当时赏银十两。仍给帖一张，免其本身差役。如果贼见救护人多，要杀失主解围，失主见贼要杀骂人，不许救护，保甲人等一味上前捉贼，不许因而解散。盖盗贼杀人与救护者无干，盗贼走脱则救护者何用？况贼见失主骂人而救护者不散，彼何仇于失主而杀之哉。

一保正副，须选家道殷实、力量强壮、行止服人者为之。如有优占，即令其子男弟侄为之，不许掌印官听嘱徇情，巡捕官受贿卖放，却为无德贫棍顶充。盖盗贼打劫不寻穷汉，而棍徒保正岂能率人。借保甲之法，率百人之众，代富势者看守家财，何负于彼而推托以图苟免哉。是法也，有司必不遵行，但遇地方失事贼盗脱逃者，掌印、巡捕官即注劣考。

一乡甲之约，良民分理于下，有司总理于上。提纲挈领，政教易行，日考月稽，奸弊自革。若掌印官视为虚文，如醉如梦，则约正副以为齐货通贿通情，是良法反为弊政。乡约保甲果弊政乎？何不将周官法度一读也。故得千良民不如得一贤守令。呜呼！吾辈读圣贤书，受民社寄，终日抗尘走俗，身教既不倡先，言教又不修举，上负朝廷，下惭士庶。子夜深思，宁不汗背？本院自愧庸劣，愿与诸君子共勉之。

乡甲会图（略）

凡处断本约事情，将和事牌移置圣谕前，约正副先在牌前焚香誓曰，处事不公，身家被祸。叩四头，起。干证同有事人向牌前誓曰，举事不公，身家被祸，从公实说。讫，叩四头，起。约正副问有事人明白心服，斟酌王法天理人情，与讲史商量处断。断讫，约史向牌前誓曰，纪事不公，身家被祸。叩四头，起，即纪其事于和簿、恶簿。有不服者，听其告官。约中具由以备查取。其举善、证善人等俱一体，誓神以压嫉妒之口。

圣谕格叶（略）

填格叶法

第一格，填某县某字约第几甲。系约正副讲史，则填约正、约副、约讲、约史。系甲长则填甲长，系甲众则填甲众某人，系军民匠灶籍或上上或中中或下下户。

第二格，父在母不在，母下填一不字。母在父不在，父下填一不字。俱在，父母下填一俱字。俱不在，父母下写一不字。

第四格，填子某人某人，孙某人某人。或时常教训，或通不教训。

第五格，填地几顷几十几亩，一限完填一字，二限完填二字，三四限俱同。

第六格，填庄农生理，或卖酒生理，或佣工生理。各照生理填写。

以上俱于领格叶之日，约讲、史审明填写。其钱粮四限，完一限填一限。

一十二月十六日约正率十甲长焚香誓神曰，凡我会人，审填格叶遵行者不许诬枉，违犯者不许回护。如有不公不实，神鬼鉴察，身家被祸。叩四头，起。约正先唤第一甲长，到圣谕前填第二格。约史问某人事奉父母衣食有无缺少，如缺则于衣食下填一常字，不缺则填一不字。祭扫缺填一常字，不缺填一不字。

第三格尊敬长上填一长字，不尊敬填一不字。乡里和睦填一常字，不和睦填一不字。放债违禁填一常字，不违禁填一不字。

第四格子孙教训填一常字，不教训填一不字。

第六格或常勤不惰，或常惰不勤，或好奢不俭，或好俭不奢，各照格填。

第七格填钱数，各照多寡实书。

第八格填积菜积粪数。

第九格填牛驴猪羊鸡只数。

第十格十一格填栽树数。

第十二格填丝绵数，俱分毫不许增减。

第十三格衣食四项填不缺衣食者填亦足，次贫填略足，贫填不足，身无之上填未至二字，极贫填不足，身无之上填见今二字。

第十四格荒地种菜照数填。

第十五十六十七格犯者填时常字，不犯者填不敢字。

第十八格被告三款照次数填。

填毕，至十二月二十日以后，约正将格叶册单钉，送掌印官处查遵违。全遵无违者纪大善一次，全违无遵者纪大恶一次，仍行责治。半违半遵者，量轻重酌处。仍将旧格叶收库，照旧发新格叶于各约。其格叶一年一发，乡约三年一发。纸张工墨之费，许于正项公用钱粮开销。若正副讲史甲长填格叶不公不实者，访出各重责枷号。其约史甲长格叶，四邻报填。正副讲格叶，十甲长报填。俱不许扶同妄报一字。

编乡甲字号

孝弟忠信礼义廉耻正直公平欢爱欣喜忍耐让恭温和柔美畏天守法怀的循理知止存心省身克己知仁宣哲睦姻任恤富贵康宁昌盛丰足进修讲习敬谨纯笃操持有常干祯百禄劝君学好希圣为贤端方清净实行真言淑慎庄洁福寿延绵吉祥如意饱暖安然

续编乡甲字号

人种五秀灵于万物慧悟聪明刚毅朴讷六府三事水火金木复性（原是正德二字）利用厚生土谷阴阳寒暑日月星辰昭晰宇宙鉴视严森春水惕励戒惧临深一乡善士鸾凤麒麟官赏民颂此感彼钦凡兹黎庶细听吾说望汝遵依致我乐悦恩则雨露威是霜雪路只两条从尔审择

右一约分占一字，如约多二字号少者再领。

第7.《乡约总叙》，（明）章潢

＊选自《图书编》卷九十二

《周礼》党正、州长、族师，咸以属民而读邦法。读法之典废，后儒于是乎有乡约之举。蓝田吕氏之言，可征也。我太祖高皇帝里里社乡厉之祭，因以礼义法禁劝戒斯民，即古属民读法之意。而又颁圣训六言，以木铎徇于天下，虽深山穷谷，咸使闻之。大诰三编及教民榜文，其于五常之训，养亲、祀先、教子、睦族、勤生业、厚闾里、举善惩恶之事，言之不一而足。而尤谆谆者，同里之义，孝子顺孙，义夫节妇，则里甲老人奏闻。士农工商各守本业，毋许闲惰，则贤者良者互相劝勉。见丁著业，用心生理，则老人督并劝民为善。细微事务，互相含忍，则本里人民恳切告戒。五常不率，则乡高年并年壮豪杰者会议戒训。斯亦曷非乡约之意哉。历岁既久，奉行废，忽而不知所存者。诸乡村春秋社稷，而农巫告赛，亦非钦降之文。其在城郭方隅，则社厉之礼，守宰行之，法戒虽明，而环听无几。然则申圣代之明谟，述前贤之彝训，以淑乡闾，以厚风俗，行之岂不以坊郭为首乎。坊郭阜蕃，当以礼义旧家衣冠长者倡之。古族师月吉则行，或恐太繁，党正以四孟吉时行之，似可依也。

凡乡约一遵太祖高皇帝圣训

孝顺父母，尊敬长上，和睦乡里，教训子孙，各安生理，毋作非为。右六言各处训释非一，言虽异述，义则同归。每会举一处所释者，徐读之而申演之。又依朱子增损蓝田吕氏乡约四条：德业相劝，过失相规，礼俗相交，患难相恤。

右四言各具条件，定为约规，每百家或二三百家，随其远近联为一会，众推一人有齿德者为约正，有学行者二人副之。一会共圣谕牌一面，立簿二扇，一书同约姓名及举约费用，一记德行，一记过失。牌与簿，会首以次相传。会日择公所，预先陈牌案坐次，通会皆深衣，如期毕至，三揖三让，升堂端肃。班立赞者。唱，排班（以次北面各序立），班齐鞠躬，拜，兴，拜，兴，拜，兴，拜，兴。平身，分班揖，平身，各就位（坐定）。歌生进班（依次序立庭前），揖，平身，分班。唱，设讲案，鸣讲鼓，进讲者宣演圣谕。谕首二句毕，揖，平身皆坐。唱，歌诗（如前），送茶。唱，举善行。或举有善行者，约正副念于众，无异词，遂书于德行簿。唱，规过失。或闻有过失者，约正副戒之。再次不改，遂书于过失簿。会首将本日费用，书于费用簿。毕，皆兴，揖，平身，礼毕，凡同会礼让相先，如进退升降立班坐次，一以尊卑少长为序就坐，各宜肃容端默，敬听尊长教训。未达者宜虚心请教，问答之间切戒神怪邪僻之语，及私议朝廷州县政事得失，播扬他人过恶，违者即当纠而书之。每会至晡乃退。

圣 训 解

孝顺父母。父母生身养身，恩德至大。为人子者当孝顺以报。平居则供奉衣食，有疾则亲尝汤药。代其劳苦，顺其颜色，务使父母身安神怡，不至忧恼。如父母偶行一事，不合道理，有违法度，须要下气，再三劝谏。如或不从，则请父母素所交好之人，婉辞劝谏，务使不得罪于乡党，不陷身于不义而后已。欲尔尽事亲之仁，以为孝子顺孙者也。

尊敬长上。长上不一，有本宗之长，若伯叔祖父母伯叔父母姑兄姊之类是也。外亲之长上，若外祖父母母舅母姨妻父母之类是也。有乡党之长上，与祖同辈者，与父同辈者，与己同辈而年稍长者，皆是也。本宗外亲，制服虽各不同，皆当加意尊敬。远别则拜，常会则揖。行则随行，递酒则跪。命之起则起，不命之坐不敢坐，问则起而对。食则后举箸。遇乡党之先辈者则以叔伯称呼，同辈者则以兄长称呼。坐则让席，行则让路。此尊敬长上之道也。故圣祖教尔以此者，欲尔尽敬长之义，以为贤人君子也。

和睦乡里。乡里之人居处相近，田土相邻，朝夕相见。若能彼此和睦，交相敬让，则喜庆相贺，急难必相救，患病必相扶持，婚丧必相资助，有无必相借贷。虽则异姓，有若一家。出入自无疑忌，作事未有不成。若不相和睦，则尔为尔，我为我，孤立无助，嫌疑易生，作事难成，岂能久处。故圣祖教尔以和睦乡里者，欲尔兴仁兴让，以成善俗也。

教训子孙。人家子孙自幼之时，须教以忠信孝弟，使知尊卑上下之分。性资聪俊者，择明师教之。务使德器成就，以为国用，光显门户。若资性庸下，不能读书者，亦要谨守礼法，勤做生理。切不可令其骄惰放肆，自由自在，则饮酒赌博，无所不为。家门必被其败坏，产业必被其浪费。故圣祖教尔以教训子孙者，欲尔后昆贤达，家门昌盛也。

各安生理。耕种田地，农之生理也。造作器用，工之生理也。至若无产无本，不谙匠艺，与人佣工、挑脚，亦是生理。若能各安生理，则衣食自足，可以供养父母妻子，可以持门户，不为乡人所笑。故圣祖教尔以各安生理者，欲尔有衣有食，不饥不寒也。

毋作非为。若杀人、放火、奸盗、诈伪、抢夺、掏摸、恐吓、诓骗、赌博、撒泼教唆词讼、挟制官府、欺压良善、暴横乡里，凡一应不当为之事，皆非为也。人若为之，大则身破，小则吃打、坐牢，累及父母、妻、子。若能安分守己，不作非为，自然安稳无祸。故圣祖教尔以毋作非为者，欲尔不犯刑宪，保全身家也。

圣训释目

孝顺父母

其一常礼。凡子事亲，晨省昏定，出告反面。饮食衣服不违其志，奔走服役不敢辞劳。每事必禀命而行，无或专制。父或移于后母，溺于妾媵，偏于幼子，亦当不见父之非，委曲承顺。若妇事舅姑，宜同子道。一或有违子，当以礼戒之，甚者出之。若父亡，子事祖父母与嫡母、继母、庶母如父存日，方可为孝。

其二养疾。父母有疾，人子当常在左右扶持，衣不解带。药必先尝，寻访名医，以求治疗之方。若俗尚祈祷、设斋醮，均系无益，宜禁之。若父母必欲，则勉从，以安其心。

其三谏过。《礼》曰，事父母几谏。父母行事偶有失道理违法度者，须下气柔声谏之。如不从，则请父母所交好之人，婉辞讽喻。所谓敬不违，劳不怨，必改方已。若过则称亲，善则称己，不孝孰加焉。

其四丧礼。人子居丧之礼，只当哀痛，不顾其他。择子弟知礼者一、二人为䕶丧，悉遵《文公家礼》行之。衣衾棺椁务极诚信。修荐求福之事，一切禁戒。三年之内不得饮酒肉，混处家室。尤可恨者，俗拘年月不利，不发哀，不孝极矣。深戒，深戒。

其五葬礼。葬者，藏也。藏者，安也。人子于亲求以安之而已，惟择藏风聚气，水蚁不侵之所足矣。慎勿拘泥风水祸福报应之说。其有侵占他人山地者，有冒认他人祖坟，或利诱他人子孙迁葬窃买者，有因无主旧坟弃尸窃墓者，有连年暴露不知痛惜者，甚至火化尸棺不以为惨。所谓安其亲者，何在哉?！至于营造坟墓，宜称家有无，富者吝财，贫而厚葬，均于不孝。若俗以纸作金银山锭狮象驼马送丧，设酒席绢帛待客，则悖礼，当戒也。

其六祭礼。孔子曰，事死如事生，孝之至也。祭岂可忽。自始丧至追远常祭，务遵《文公家礼》，其祭品在精不在丰，在洁不在华。称家之有无行之，必尽其诚可也。

尊敬长上

其一处常。事长之道当谦卑逊顺。常见则揖，远别则拜。进酒则跪，食则后。长者不命之坐不敢坐，问则起而对，不问则不敢言。或有事理当辩论，有疑难当质问者，必俟长者言毕，乃陈己意。（中略）

和睦乡里

其一礼让。乡里所以不睦者，多因计较礼节，责望施报。今后凡事当存恕心。古人谓，人有不及可以情恕，非意相干可以礼遣。闻一好事协力赞助，见一过失尽言规讽。毋谓我富而彼贫可欺，毋谓我壮而彼老可侮，毋占便宜，毋尚诈伪，毋面是背非，毋因饮食细故辄兴斗讼。有一如此，皆非乡居之谊，悉宜省戒。

其二守望。凡同约所以更相守望，保御地方。无事则彼此获安，有变则同心协力。如盗贼所生，发水火不测，邻保务相应援救护，此谓患难相扶持也。如有临事而坐视不赴者，各保长告于约正副，呈县治罪。

仍量罚银两，给被害之家，为约中不义之戒。乘机抢掠者，计赃，以盗窃论。

其三丧病。凡有父母兄弟妻子之丧不能举者，有患病不能延医措药者，约内议处措之，或劝有力者济之。若借贷，但令其偿，不责利息。

其四孤贫。凡无子孙供养，无父母兄弟可依者，谓之孤。饥无食，寒无衣者，谓之贫。约内当恤之，济之。若有反行欺侮凌害者，此盗贼残忍之性也，约正等呈官治之。

教训子孙

其一养蒙。人教子孙多姑息于婴孩之时，殊不知幼而不教养，成骄惰，长遂难改。自其识人颜色，知人喜怒之时，便加教诲，导之以礼节，防其欺诳。使为则为，使止则止，有犯则严训以禁之。稍长入塾，教以入事父兄，出事长上。而于孝弟忠信礼义廉耻等语，时常解讲，证以日用实事，俾之易晓。十五以上，量其材质，各守一艺，以责其成。

其二隆师。今人延师，只求易，供应薄贽仪。不知师道尊重，则师徒严惮，而教化易行。反是则玩易，而规矩不立。故须择端重诚悫，刚明特达之士为师，以教其子，俾有所视效。其人品卑污，举止轻佻，语言慢易及作文怪僻者，虽有时名亦不足取。庶几言动不涉于浮薄，文辞不病于新奇，而德器之成就可望矣。其各里大姓，能并建义塾，延师教里中子弟有成效者，约正副以闻于官，加奖异焉。

其三冠礼。《礼》曰，冠者，成年人之道也。三加一醮之礼，亦简易易行。其延宾币帛牲酒，不必丰侈。约正副时率子弟演习，使观感而兴，习以为常。庶几古道可复。中户以下力不及者，亦不责备。

其四婚礼。婚礼之废久矣。女家责聘礼不充，男家责妆奁不备，遂至嫁娶愆期。甚有淹溺子女者。又有一等过简便，将聘礼折银，私自授受。或止换庚帖，举族莫知。遂至日后弃贫悔婚，冒认强娶。争讼之端，实由此起。自今婚定之后，详审良贱，凭媒通知，各从所愿，具一茶，告报宗族。凡诸仪节，悉遵家礼。若仍有弃贫悔婚，冒认强娶及孀妇夫死未寒辄行聘定，甚至聚众拦强者，俱从法重治。

各安生理

其一民生。凡民各有生理，且如为农而勤于耕种，则稼穑有秋，而农之生理安矣。其间或有惰，于农业耕耘不皆及时，或地二熟只种一熟，何以仰事俯育。今后务宜勤力，毋自怠惰。至于商贾皆然。农为衣食之本，故特举之。

其二士习。士者，民之望也。进德修业，无欲速，无见小，斯无愧于为士。迩来教道不明，士习不善，或谑浪欢狎取媚世童，或诗酒豪放妄自高大，或纵谈道德不敦躬行，或依托师友以文奸慝，皆士之蠹也。有则改之，无则加勉。如躬亲驵鱠之务，手操吏胥之笔，或嘱托官府营殖己私，或凌铄族闾，不恤人言。数者有一于此，名教罪人，岂可列于冠裳乎！约正副从实告官，以行止有亏论。

其三男务。礼，男不言内。治外者，男之生理也。男子于士农工商各专一以奉公，或售艺医卜以济物，至于转贩以自食，皆男之所有事也。若不安生理，而懒惰飘蓬，为家长者当谕以礼法，检束教导。至必不可禁制，然后以法治之。

其四女工。礼，女不言外。治内者，女之生理也。苦操井臼，勤纺织，纫衣裳，治酒浆，谨祭祀，皆女之所有事也。其或内外混淆，帏薄不谨，抵触公姑，以及毁骂妯娌，欺凌宗族，伤败风化者，罪坐夫。

毋作非为

其一毋窝盗贼。地方不宁，莫甚于盗贼。盗贼滋蔓，实由于窝隐。窝隐无地，盗何所容。今后各保内或家长或子弟辈，凡百里之外出，不拘归期久近，俱要报于同保及约正副。回日如前报知。其有外府县投住者，或亲或有货物商人，不拘在家久近，初到与起程之日，亦一体如前报知同保。仍察其来历，如有出没无定，形迹可疑者，约正副共戒饬之。盗情显露，明知窝隐者，报官，以法处之。虽不知情，难逃不检之罪。约正副率众攻之。

其二毋受投献。今之奸民，有将互争产业及混占他人田土，投献势豪之家，或称典当，或称转卖，或资酒食，或得半价。又有身为不善，恐事败露，仗其庇覆，以滋凶恶者。势豪知利而不知义，公然掩为己业，收为爪牙。不知一日势去，则此业此辈又将转而为他人矣。尔之子孙，能保守乎！约内凡有投献者，约正副核实，劝谕，召原主而归之。亦不许奸刁之徒乘此冒认，辄行告争。

其三毋酗博讪讼。酗谓纵酒无赖，博谓赌博财物。每见市井五七成群，诱良家子弟赌博饮酒宿娼，耗用无经，倾败立至。讪谓毁谤善人，以无为有，以有为无，颠倒是非，其类不一。讼谓欺压良善，诬人罪名，教唆代告以讼为主是也。凡此邑中大蠹，宜痛加省改，怙终不悛者，约正副告官处之。

其四毋图赖人命，尚气轻生。世之薄俗，有偶因争讼忿，或负欠钱谷，一家服毒，图赖一家亦服，以相抵命，两人俱死。及或兄弟夫妇争利亦然。又有或将老幼残疾，教令服毒，或投水，或自缢。或将病故之人，妄捏打死，图赖财物，烦扰官司。其祸甚惨，其情可恶。今后凡有此者，约正副率同约，验实情。轻，责令自行埋葬，仍重加责罚。故杀情重者，率被害人赴官告理。

其五毋拖欠税粮。先公后私，庶民定分。奸顽之民，不肯及时完纳税粮，负累里长，杖并赔赃。殊不知己享租利之入，使人剥肤椎髓，是何心哉！今后税粮不许恃顽愆期，亦不许粮里巧立名色，逼窜贫民。又有买田未经收粮，贻累田主输纳者，其恶尤甚于拖粮。戒之。

其六毋斗夺。斗有三，今俗有忿集众执持凶器相殴者。有因忿以酒食相胜，争觅异品，盛设筵宴，或出银谢中多至数十两，其作中者利于得谢，愈搬弄是非，构成大衅，报复相寻。又有因时节赛会，装饰神船，搬演戏文，施张灯火，鸣金放铜，彼此相角，亦谓之斗。是皆败俗靡财，有损无益。夺亦有二。有市井无赖，白昼拦街，夺人财物者。有当客商要路，邀截货物、牲口，或假称盘诘，公然夺去者，或减价强买者。凡此皆宜速改。犯者约正等请官，以法治之。

其七毋伪造。近来一种奸贪之徒，专一伪造低假之银，名为神仙，包铜贯铅盐烧青花光铁等项不一，具充白银行使。小民被其骗害，至有夫妇自缢者。此其为害，足以杀人。犯者，约正送官惩治。至于升斗等秤，亦无得大小轻重，以滋奸弊。

其八毋霸占水利。水利关系民用甚大，官豪坡圳及民间公塘，往往有恃强霸占者，以至柔善之田荒旱无收。自今务在均平，凡陂塘之当浚者，当筑堤者，约正副率众及时为之。遇耕耘之日，挨次车放灌救，毋得阻占及挖坏陂圳，利己损人。

其九毋违例取债。凡借放钱债，贫富均为有益。富无贫者所干，利息何由而生。贫无富者相假，患难何从而给。若富而取盈，谓之不仁。贫而负骗，谓之不义。各宜省改。今后放债，利息不得过二分、三分。如有年月过期叠算不休，或故令残疾老幼填门，或捉锁私家准折田亩，而负债硬赖不偿，反为刁告者，是皆自速其祸。约正副告官，从重治之。

其十毋侵占产业。凡乡里中争竞，多起于田业。买者或揹留价值不付，或套典不与杜绝，或其成片不与赎回，或恃强侵占，挪移年月，假立契券。卖者或盗卖、重卖与强卖，或多勒价钱。又有强梁之徒，卖田与人，不由田主换佃者。有耕人田土，不肯依时输租者。有遇天年荒旱，仍要佃户纳租者。有豪强欺凌贫弱，占人田产者。皆为可恶，各宜省改。

其十一毋强主山林。山林之利，民用所资。除用价所买，及坟山管业久远明白外，其余官山、官地及阴注坡湖，原无定主者，听人樵采潴水。若豪强冒认称主，树立界牌，阻人得利，及放人故烧茅岭松山，沿烧人房屋，并盗伐他人坟茔内树木者，约正副告官，一体从重究治。

其十二毋纵牲食践。田禾畦菜豆麦，皆民生衣食之资。豪横之徒每纵放牛马猪羊鹅鸭践食，佃人告白，反致嗔怒。反而思之，我之所种者，他人纵牲畜食践，我能容乎？己所不欲，自当勿施于人。

其十三毋纵下侮上。良贱上下，不可不严。近来豪右多养豢猾桀之徒，为伴当义男，以张威势，纵其强暴，肆无忌惮。虽属亲党师友，亦肆欺侮凌辱。及告其主，略不加意。殊不知豪奴悍仆恶不可纵，今日欺其主之亲属，他日安知不欺其主之子孙乎？自今严加戒饬，如有不悛，罪归其家长焉。

其十四毋傲惰奢侈。俗有浮薄子弟，倚势自傲，恃富自惰。曾不思傲乃废德，惰乃丧家，害不在人。又乡俗本来尚俭，近日富家渐侈，居室舆马饮食衣服日见华靡，犯分伤财，弊不可长。自今持己当谦勤，处家当节俭，毋蹈前非，自取倾覆。

其十五毋崇尚刑。民俗有等非僧非道之人，倡北方白莲之教。往往全家斋素，诱引妇女，败伤风化。此左道乱政者也，律有重刑，毋贻后悔。如有违教不悛，仍在地方者，约正副即便呈官治之。

其十六毋屠宰耕牛。私宰耕牛，法例严禁。各该地方有等交通贼徒，盗牛开剥，病农肆奸。及牧牛之家牛壮，则用其力，力尽则付之屠宰，忍心至此。其恶尤甚于盗者。自今即行禁革，敢有仍蹈前恶，呈县重治。

第8.《乡约事宜》节选，（明末）刘宗周

每坊立一乡。（或合两坊为一乡，都分随宜。）乡有长，统其众保；保有长，统其十甲；甲有长，统其十户。各隶籍以统于官。（乡长以德充，保甲长皆以才选。）

凡约长一人，约副一人，总甲一人，木铎老人一人，夜巡四人。

约训（奉高皇帝圣谕）

孝顺父母，（忠、孝一理，在家以父母为严君，在国以元后为父母。）

尊敬长上，（子弟敬父兄，百姓敬官长。）

和睦乡里，（息争为上。）

教训子孙，（在势家大族，尤当诫戢童仆。）

各安生理，（以士、农、工、商为常业。）

毋作非为，（即不安生理之人，禁条具下：）

赌，（尤禁窝赌。）盗，（尤禁窝盗。）私娼，（罪坐夫男。）容留来历不明等人，（凡异乡人以贩客来者，犹须查其籍贯，察其言貌，观其行止，并其随从人与其周身行李，仍限其去来时日，但属可疑，即行押送出境。此外，如游方僧道、弹唱及投递公文、走报人役，皆须一一料察，不得轻易安歇。）讹言，（凡道路流传之言，不得转相告语。传讹者即是生讹之人，法在不容。）夜行，（不得过一更三点，五更三点。）抢火，（火起之家，但许左右两甲奔救，此外不得轻走一步。如遇外坊远保人等，借救火为名乘机窜人，即时驱逐，仍许地方拿获送官。）台戏，（一概神庙皆禁社戏。凡各甲皆不得安歇梨园。违者，两邻即时公逐出境。近者士绅子弟习为风流杂剧，登场扮演，尤伤风化。又有童子鼓乐吹弹

迎赛道路者，教训子孙之谓何。）迎神会赛，（近见各神社每花迎一次，或费二三百金。）纵妇女入庙烧香，溺女，锢婢，健讼，（尤禁诬告。）斗殴，（验伤为重。）行使假银。（仍禁做造者。）

约　　法

德义相长：孝、敬、睦、训、生理。以上德行，凡一户有闻，一甲举之；一甲有闻，一保举之；一保有闻，乡约长举之。大节举于官，旌于匾额；小节本乡风励。贫者旌以粟帛。（俟有公资行。）

过失相规：不孝、不敬、不睦、不训、不安生理。以上过端，凡一户有犯，一甲举之；一甲有犯，一保举之；一保有犯，乡约长举之。大事致于官，甚者两邻同坐；小事本邻诫饬，知而不举者各罚。罚例：一等（一两），二等（五钱），三等（三钱）。

礼俗相交：春秋社、（无社田，则一乡醵金，设供以祀土谷神。祀毕会饮，其席五荤、一素、四果，酒十余行罢。）私宴、（亲友常举，以五荤、三素、四果为限。遇盛宴，亦不得台戏。违者各罚。）贺正、贺冬、致端、贺娶妻、贺生子、贺高年、贺进取。（各随俗。）以上礼节，皆士绅作法，乡人从之，一以俭为训。

患难相恤：水火（相救），盗贼（相捍），疾病（相问），死丧（相吊），诬枉（相白），灾荒。（相济。或平粜，则量减十之二。或施赈，则每贫户日给米五合。或借贷，则立券交易，其子钱不得过二分。）以上恤典皆贫者出力，富者出财，一以厚为训。

约　　礼

讲约公会：每朔望日，各甲长以上，夙兴候上官，行礼，（设香案，行五拜三叩头，次谒官长。）宣读圣谕六言。礼毕而退。

讲约私会：（公会隔远则举私会。）每朔望日，士绅会约长，行礼，略如前讲。讫，约长公举各户劝惩事件，仍书之册。（劝惩册载后，善者书白圈条下，过则书黑圈条下。）

凡行礼，公会则序爵，官长东序，士绅西序，乡人以下拱而立。私会则序齿，士绅东序，乡长以下西序，乡人皆与坐其下。

约　备

每户限田二十亩以上，岁积谷二石有差。（早完官税，平粜乡里，官不得取，民不得问。出陈收新，岁积而饶。）健丁。（殷户备。）

每甲备灯笼一盏、器械十件、（铁器七，木棍三。）水缸二只。（随各户所有。）

每保备锣一面、铳五门、（并火药。）弓箭五副。（各保甲中殷实者任之。）

每乡备木铎一具、（三六九日传诵圣谕六言，老人司之。）更锣一面。（更夫司之。）

每坊交界处栅门一座。（通十坊坊长置。十年重修，总甲司之。）

第9.《订乡约事宜》，（明）李春芳

＊选自兴化县志，《古今图书集成》

一婚嫁

凡结婚姻，两情相好，儿女相配，此诚百年缘分。聘娶礼不必较其厚薄，量力行之。尝见平日相好，后因计较财礼反伤情义。女家需索者固为可恶，男家力可为而悭吝鄙俗尤为薄劣。若盛时结亲，或后一贫一富，男家力歉，女家颇过，即量力自备衣物，以完儿女之债。倘两家力乏，不能成亲，其至厚亲友，当相助之。无使有怨女旷夫，此亦厚道也。

一丧礼

凡有父母之丧，亲友题铭旌送之，盖谥号殊称，丧家不宜自僭也。及发引时，丧家具席，邀至亲至交，拜请代事。其事之轻重，费之多寡，量情力管认。丧主纤毫不理，事毕具席相谢，亦彼此报施之道。盖丧礼事烦，人子哀痛惨怛之中，不能纤悉中宜，宜托亲友行之，庶不致失礼，此亦厚道也。原议吊仪香纸虚文以银代之，少为省约。至亲至交止于一钱，多至三钱，其余不过一分二分。近好事者出至两数，反觉累人，合当复原议。一时不能遽变，其多寡亦当以渐递减可也。初丧不用酒席，坐饮心亦不安。

一序齿

吾乡士夫衣冠文物较前颇甚，但人多轻薄之习，无谦厚之风。长幼失序，本之则无，如之何？今后年长者务宜自立，毋与晚辈相亵，以取其慢。倘会坐，少当逊长。有傲不为礼者，长者径出，不必与较。庶使少者有省而隅坐，随行之礼可复举矣。

一称呼

长幼之道有序存焉。凡父辈学士年长者，对面称号心颇不安，加以翁字，似也。若朋辈一概以老翁称之，甚至年幼者亦以翁相称，或以老相呼。夫称呼，若子若孙以翁老，不知见其祖父，又何以称之。此浇漓之甚者，宜痛革之。凡通家父辈，只前辈以伯叔称之，朋辈以兄弟相呼，自然中节，庶免过情之愆也。

一寿诞

年遇六十七十八十，此人生难得者。当衣冠相拜，礼义称情，不必过厚。其平常生日，止随众出分，借此一会可也，不必相拜。若亲友父母年高者，虽常诞，亦当拜之。

一宴会

酒席先年尚简，物薄情真。近来侈靡，杯盘罗列，堆积满案，殊为可厌。今后每大会二人一席，常会四人一席，肴止五簋，果止四碟五碟，止行，蔬菜不拘。倘有客，相留小坐，出家中见有一菜一鱼不嫌于薄，举杯相酢无用巨觞。所谓客亦可来，主亦可办。且会可常继，而俗不淫湎也。

一相见

平友止于一揖，庆贺止行两拜，礼父母师长行四拜礼。宾主相见，切不可效南北礼，作转揖，并多打躬。相厚亲友倘有时鲜，一菜一鱼相馈不拘多寡，物薄情真，自是亲爱。其余节礼并贺礼，往来烦扰，不必虚行，亦节省之一端。

一分资

凡出入，人情也。三分五分，不必计较彼此。以至三钱五钱，有力者易办，不足者难。以一时措处，或至相累，甚至缺礼，真情反失。今后顾事之轻重，量力行之。有余者不过二钱三钱，不足者虽三分五分，亦见情矣。

一柬帖

亲友往来通门，并常相邀，只用单帖，不用封筒。其县学并远来士客，大事酒席，方用全柬，非喜庆不须帖。签帖上或称老亲翁、老契丈，亦不为不尊称也。近不写全号，只写某翁，不知号上一字相同者太多，反致混乱。今后只写全号，通家晚辈直称其字，转觉相厚也。

附《订乡约事宜》现代汉语译文

一、婚嫁

凡结成婚姻，两情相悦，彼此般配，这实在是百年的缘分。没有必要计较聘礼多少，量力而行就好。有人平时相好，后来因为计较彩礼，反而伤了彼此的情义。女方家庭索要彩礼固然可恶，要是男方家里有财力而吝啬鄙俗，就更差劲儿。如果定亲时双方财力相当，后来一贫一富，男方家庭力不从心而女方家庭有余力，两家都应当量力，各自筹备衣物成婚，完成双方儿女的终身大事。如果两家都比较贫困，不能成亲，那么，双方的至亲好友都应当鼎力相助。不要造成怨女旷夫，这也是厚道。

二、丧礼

凡是有他人的父母去世，亲友要代为题写铭旌送去。因为谥号是特别的称呼，只能外人题写，丧家不好自夸。丧家准备酒席，邀请至亲好友前来代办丧事。排场是大是小、花费是多是少，按家庭实际情况而定。丧主不亲自办理丧事，事后设宴向帮忙的人们道谢。这也是彼此施恩和报恩之道。这样做的原因，是丧礼事务繁杂，而丧主沉浸在哀痛之中，没有精力料理清楚。因此，最好托亲友办理，以避免出错失礼。这也是厚道的体现。

以前议定，把各家原来赠送香纸等虚文改成出钱，这样能稍微节省。近亲和至交只需交一钱，最多三钱，其他人不过出一分二分。近来有一些人数额翻倍，反而不好。应该按以前商定的办。一时不能很快改变，就逐渐减少数额。初丧仪式不用酒席。否则，坐那里喝酒，心里也不安。

三、长幼

我们乡过去出过很多士大夫，但是现在多了轻佻鄙薄的习气，谦虚厚道的风尚没有了。长幼之道不复存在，人们交往的根据也就没有了，怎么办？今后，年长的人要自重，不要和晚辈嬉闹调笑，以免被年轻人轻视怠慢。众人聚会时，年轻人要给年长者让座。要是有人傲慢无礼，年长者可以径直离开，不必和他计较。这样一来，也许能让那个后生自己坐在那里省悟，以后能行这个礼数。

四、称呼

长幼之道，在于有序。凡是父辈、学士、长者，当面直呼其名，心里难免不安。加上翁字，觉得好点。要是同辈之间都以老翁相称，有人甚至把年轻的也叫他翁，叫他老。子孙辈的人称翁、老，要是见到他的祖父该怎么称呼？这种风气太轻薄了，最好彻底革除。今后，凡是亲戚中的男性长辈，一律以伯、叔相称，同辈之间以兄、弟相称。这样更自然，也符合礼节，可免矫情之嫌。

五、寿诞

人活到六十岁、七十岁甚至八十岁，这是十分难得的。众人应当穿戴好衣冠，前往拜寿。不必送厚礼，表达心意即可。遇到一般的生日，大伙儿按份额出点钱，主要是借此机会见面，不必相拜。要是亲友的父母且年高，即使是一般的生日也应前去拜贺。

六、宴会

以前的酒席，物薄情真。近来奢侈靡费，杯盘罗列，堆满了桌子，这实在令人厌恶。今后，重大聚会二人一席，平常的聚会四人一席，菜肴只要五盘，果品只要四五碟，蔬菜不限。要是有客人来小坐，用家常的一盘菜、一条鱼招待就可以了，喝酒小酌即可，没有必要觥筹交错。这样，客人可以常来常往，主人也游刃有余。而且这样一来的会面可以经常不断，风俗也不奢靡。

七、相见

朋友平时相见只需作个揖，庆贺只需行两拜礼，对父母、老师和长辈行四拜礼。宾主相见时，不要效仿行大礼，也不要转着圈作揖，频频地鞠躬。交情厚的亲友互送一些时鲜，不必在乎数量多少。哪怕是一把菜、一条鱼，物薄情真，表示亲切和关爱。此外的节日送礼和贺礼，你来我往，令人不堪其烦，不必虚行。这样，也是一种节约。

八、分资

份子钱的出入，表示人情。三分、五分的数量不多，不必去计较。至于三钱、五钱，经济宽裕的人容易应付，拮据的人就难了。为了筹措一时的份子，有可能造成麻烦甚至失礼，反而丧失了真情。今后凡事要分别轻重，各自量力而行。宽裕的人不要超过二钱、三钱，拮据的哪怕只出三分、五分，也足以表达心意。

九、柬帖

亲友之间邀请只用单帖，不必用封筒。要是邀请县学和远道而来的士客，安排了丰盛的酒席，才用全柬。不是喜庆，不必发请帖。请帖上的称谓可以是老亲翁或老契丈，这样称呼没有不敬的意思。近来的风气是请帖上不写全称，只写某翁，殊不知同姓之人比比皆是，反而造成不必要的混乱。今后请帖上只写全称，通家晚辈直呼其字，这样反而让人感到亲切。

第10.《葬亲社约》，（明）唐灏儒，

＊选自陈弘谋《五种遗规·训俗遗规》卷3

原　约

不孝之罪，莫大于不葬其亲，而以贫自解。加以阴阳拘忌，既俟地，又俟年月之利，又俟有余赀。此三俟者，迁延岁月，而不可齐也，势愈重而罪愈深。今集同社数十人，为劝励之法，以七年为度，期于皆葬。谨陈数则如左。

一凡欲葬其亲，愿入社者，各书姓名，满三十二人者则止。每人详列同社姓氏，粘诸壁间。遇有葬者，则注其下曰，某年月日，其亲已葬，以观感而愧焉。

一凡有举葬者，同社各出代奠三星。有力者或再从厚。一以为敬，一以为助。或至墓，或至家，一拜而退。主人惟各登拜以为谢，无纤毫酒食之费。

一同社者众，不能遍告促金，各随其亲朋远近，分为东西南北四宗。每宗八人，自叙长幼，轮年挨次。一为首，一为佐。凡所宗内，有葬日，则以语于各宗之首佐。各聚其所宗之金而函之。上书奠仪，注曰某宗，下书同社某某仝拜。主人无答简。宗者不失可宗之意，仁孝相勉，异姓犹同姓也。

一每宗首佐躬拜，其余可至可不至。或首佐有事，亦可挨代。如志同而地隔，度后往返不便者，不必共社。仿例别成可也。

一所费甚薄，而贫者犹以为艰。然有为浮名社刻而费者矣，有呼卢酣宴而费者矣。即不然，譬有至戚吉凶大事，不得已而多此一费者。又

譬有泛交套仪，而其人偶受之者。今费而必酬，则是葬亲之外府也。譬诸今日仅费三星，而亲之一指，已先受葬。虽甚贫窭，可不竭力图之乎？至于葬而受金，不权母子者，先葬者孝，是以轻财为义也。较诸称贷举会者利已多，岂有不酬之理？凡有葬，如期前三日，金不至者，宗首罚之。宗首犯者，旁宗首罚之。凡罚，于本金外加三星。

一亲未入土，礼宜疏布持斋，而大拂人情，则相从者少。今乐斋戒者，短长任意，惟每月朔望，及亲忌日，及祀祖之日，俱不得华服茹荤。此仅习饩羊之遗意[1]。而尚不能者，不必入社。既入而犯者，亦如罚例。此所罚，注月日，对押存宗首处。俟偶有葬者，并入函赠之。受者于原罚人之葬日，答其半。

一七年之间，赀可徐措，地可徐择，日可徐涓。念释在兹，庶能勉强。盖三年而力不足，又以三年。迟之又久，将复何需？不得已而又一年。再不葬者，从前之费，无所复酬，所以为大罚也。无已，则于八年之葬者，众答其半，以存余厚。过此，复何尤乎？

一人数既定，约于某日，共至公所，聚会信誓，以期必遂。期满而亲俱葬，复聚会告成。任意丰歉，醵饮以相庆。

杨园先生跋，附补例三条

一原约同会，始终两会而已。窃恐日月寝久，相见太疏，不免怠忘之患。宜于每岁之首，特加一会。其已葬者，于会期，申再拜稽颡之礼以致谢。既省登拜之烦，亦使未葬者，有所观感。而于一岁之中，矢心积力，以期必葬，则是岁举事者必众矣。其会以已葬者司其事，而不任费。

一同会之人，不踰桑梓，非其亲党，则通家邻旧也。聚会之人，不妨率其子弟以至。世好既敦，亦明礼让。其有佻达不敬兄弟，游浪不务本业者，同会教戒之。

一蓝田吕氏乡约，敦本厚俗，莫此为甚。今日之集，特从流俗之极敝，人心之最弱者，先为之导。宜于会日讲明其意，使相辅而行。庶乎仁义之风，久而寝盛。异时即不立社，可也。

---

① 饩，古代赠送谷物、饲料、牲畜等。

附《葬亲社约》现代汉语译文

一、原约

不孝的罪中，最严重的是不安葬父母，却以家境贫困自我开脱。加上阴阳方面的禁忌，既要等合适的地点，又要等合适的时间，又要等有余钱。这样三种等待，时间过去了，各项条件还不能齐备。耽误越久，不孝的罪就越重。现在集合同社数十人，一起制定鼓励葬亲的办法。打算以七年为限，届时完成所有安丧事务。现列本条款如下。

第一，凡是打算安葬父母，愿意入葬亲社的人，登记姓名，以三十二人为限。每人详细列出同社人的姓氏，贴在墙上。遇到有人安葬父母，就在这人的姓氏下面，注上某年某月某日，他的父母已经安葬。这样观看，就会感觉惭愧。

第二，当有人举葬时，同社的人各出祭奠所用的三牺，有能力的可以再多出。这样做，一来表示尊敬死者，二来是帮助葬家。祭拜可以去墓地，也可以去葬者家里，拜一拜就告辞。主人到各家登门拜谢。这样办丧事，丝毫没有酒食的花费。

第三，一社的人多，不能都通知督促筹钱，可以按亲戚朋友关系远近，分成东、西、南、北四宗。每宗八人，按年龄大小排序，每年轮流，推举一人为宗首，一人为宗佐。宗内有安葬那天，他们通知其他各宗的宗首和宗佐。各宗把筹的钱装在信封里，在封套上写奠仪，标明某宗所赠，下面注明同社某某同拜。主人不必回复。这样，既不失同宗之意，又能仁孝相互勉励，异姓犹如同姓。

第四，每宗的宗首和宗佐，前去鞠躬祭拜，其他人可以参加，也可以不参加。要是宗首和宗佐有事，也可以找人代替。如果志同道合，但是住处较远，往返不便，不必同在一社。可以仿照这个办法，另外成立一社。

第五，花费很少，但对贫困者来说仍然难办。但是，有的人为慕虚名刻碑立传而花费，有人为铺张排场操办宴席而花费。即使不这样，碰上近亲有凶吉大事要花费，或是泛交客套要花费。现在这个社约，凡是花费都有回报，这是安葬父母之外的好处。比如，现在只花费了三牺，就安葬了一个父母。即使家境非常贫困，又怎能不尽力而为？至于葬家，接受礼金得以顺利葬亲，而送礼之人没有义务而成全了孝行，这是为义轻财之举。这个办法，比起为了办丧事四处借贷筹款，岂不更加有利？等到他人葬亲时，哪有不回报的道理？凡有安葬的事，提前三天就交上礼金。过期的，由宗首罚他。要是宗首不按期交，由别宗的宗首罚他。处罚时，交本金外，再加三牺。

第六，亲人亡故还没入土时，按礼要穿麻衣，持斋，因为违背人情，所以照办的不多。现在，凡是愿意斋戒的，时间长短可以随意。只是每月初一和十五以及亲人的忌日和祖先的祭祀日，都不要穿鲜艳的衣服，也不要吃荤。这只是沿袭告庙献祭时的规矩。要是觉得做不到，就不必加入葬亲社。要是入了社而违反了这个规定，也要受罚。记录哪月哪日犯规，并交纳罚金，罚金由宗首保存。等到有人办理安葬时，把罚金并入礼金，一齐赠送丧家。丧家在被处罚人办理丧事时，只需回赠一半的数额。

第七，七年之间，钱款可以从容筹措，墓地可以从容选择，丧日可以从容安排。这样，就可以放心了，大概能够办到吧。如果给三年的时间觉得力不从心，那就再给三年。又推迟了，还需要什么？实在不行，就再给一年。要是还不安葬，以前给别人的礼金就没有回报了，用这个办法当作大罚。要是不行的话，对第八年安葬的，众人回报半数，这样保持我的厚道。过了这个年限，还有什么好抱怨的？

第八，人数既然确定了，大家约定一个日子，一起到公所，聚会发誓，以期履行约定。七年期满，要是全部安葬，就再聚会宣告成功。那时随年成好坏，凑钱畅饮，以示庆贺。

二、杨园先生补例三条

第一，原约中规定，同社的人只在开始和结束的时候聚会两次。恐怕相隔七年，人们见面太少，难免有懈怠遗忘的弊端。应该在每年年初，增加一次聚会。已经完成安葬的人家，在会上向众人磕头行礼，表示答谢。这样既省了逐个登门拜谢的麻烦，也可以让没葬亲的人看了有所感悟。一年之内，下定决心，以期必须完成安葬的事。如此激励，这一年落实的人一定很多。集会由已经办完安葬的人主持，没有花费。

第二，参加聚会的人，或是乡里，或者亲戚朋友，或者非故，老邻居。所以，聚会时不妨带上子弟，以便延续世交情谊，也让他们明白礼让之道。要是有举止轻浮、不敬兄长、四处游荡不务正业的人，同会的人一起教训他。

第三，蓝田吕氏乡约，敦本厚俗，无人能比。如今聚会立约，是特意从流俗最敝和人心最弱之处下手，先进行倡导。应该在聚会那天说明这个意图，使大家协力而行。长此以往，也许仁义之风能够兴盛。那时，即使不立社，也行啊。

第11.《治乡三约》，（明）陆世仪

1.《治乡三约自序》

天下不可不以三代之治治也。不特天下为然，即郡邑且然矣。三代之治治天下，其要在于封建。以三代之治治一邑，其要在于划乡。乡者，王划之所由基也。有民人焉，有社稷焉。故孔子曰：吾观于乡，而知王道之易易。欲治一邑，亦治一乡而已矣。夫治民犹治兵，然什什伍伍，分节而制之，总纲而挈之。以天下之大，而一人自治而有余，分数明也。古者成周之治，体国经野，设官分职，既已尽天下而封建之矣。而畿内之制，则又详于都鄙之法，所谓王化起于乡也。是又率畿内之地而封建之也。

今者，三代之制虽不可复，然古有比闾族党，今有厢坊里甲。其名异，其实同。而古今不相及者，何也？自用、用人之法殊，繁简疏密之制异也。夫今之耆正、里排、地方、保甲，即周之乡大夫、州长、闾胥、党正之类。然古者职以上士或任大夫，皆为官役民。而今之耆正、里排、地方、保甲，则皆佥点富民及无赖之徒为之。任其事者，不谓之职而谓之役，又何怪乎长民者之政令繁多，目不暇给哉。故夫欲复三代之隆，非明于自用用人之术、繁简疏密之制，不可以垂拱而治。

则请得言，由今之道而可以臻古之治者，其法有四，曰乡约也，社学也，保甲也，社仓也。四者之名，人莫不知。四者之事，人莫不行。而卒无致三代之治者，用人无法，而四者之义不明也。夫何以谓之社学、保甲、社仓也？孔子之所谓足食，足兵，民信。孟子之所谓出入相友，守望相助，疾病相扶持也。夫何以谓之乡约也？约一乡之众，而相与共趋于社学，共趋于保甲，共趋于社仓也。四者之中，乡约为纲而虚，社学、保甲、社仓为目而实。今之行四法者，虚者实之，实者虚之，纲者目之，目者纲之。此其所以孳孳矻矻，而终不能坐底三代之治也。是居敬行简之道，未得也。居敬行简之道得，则又当致精于用人。仲弓为季氏宰，孔子教以举贤才。子游为武城宰，以得人为问。得人之为用不浅矣，得人之为治不难矣。愚故仿周礼之意，为治乡三约，而又拳拳于为上者之得其人而任之也。

崇祯庚辰孟秋陆世仪桴亭氏识。

附《治乡三约自序》现代汉语译文

天下不能不用三代时的办法来治理。不单是治理天下要如此，治理地方也一样。用三代的办法治理天下，关键在于封建。用三代的办法治理地方，关键在于划乡。乡，是政治的基础，因为乡里有人民，乡里有社稷。所以孔子说：我看乡，就知道治道的变化了。要治理地方，不过就是治理乡。治理人民就像治理军队，都是把他们十人五人地分成小组，然后再有总的统领。这样的话，即使天下这么大，让一个人治理也行，因为划分得明确。古代，周朝的国分成乡和遂，野分成都和鄙，分别设官管理，天下全部实行封建。王都四周千里以内的制度，比都鄙制度还详细。这正是所谓的王道政治从乡开始，以至于连王都之内的地方也实行封建。

现在，三代的制度虽然不能恢复，但是古代有比、闾、族、党，现在有厢、坊、里、甲。名字不同，实质一样。古今不同的地方在哪里呢？那就是自用和用人的办法不同，制度的繁简、疏密也不同。今天的耆正、里排、地方、保甲，就是周朝的乡大夫、州长、闾胥、党正之类。古代这些人有上士或大夫的官职，是治理人民的官员。现在的耆正、里排、地方、保甲，都是由地方富民以及一些无赖充任，让他们办事不叫作职位，而叫作劳役。难怪现在的官府政令繁多，目不暇给。所以，想要使三代的昌盛重现，必须明白自用和用人的道理，以及制度的繁简疏密，否则就不能轻松地治理。

通过今天的办法，怎么达到古代的治理成就？有四个具体办法，一是乡约，二是社学，三是保甲，四是社仓。这四个名目谁都知道，这四件事谁都实行。但是始终达不到三代的成就，就是因为没有好的用人办法，没有明白这四者的意义。什么是社学、保甲、社仓？那就是孔子所说的足食、足兵、民信，孟子所说的出入相友，守望相助，疾病相扶持。什么是乡约？就是约定一乡人民，相互共同建设社学、共同实行保甲，共同建设社仓。四者中乡约是纲，是虚的，社学、保甲、社仓是目，是实的。现在人推行四个办法，把虚的和实的颠倒了，把纲和目混淆了。所以虽然拼命努力，也达不到三代那样。没有达到居敬行简的境界。要是到了那一步，还应该致力于用人。仲弓当鲁国的国君季氏的家相时，孔子教他举贤任能。子游职掌武城的时候，也向孔子请教获得人才的办法。善用人才的作用匪浅。要是能善用人才，治理就不难了。我仿照周礼，作《治乡三约》，衷心希望掌权的人能够知人善用。

崇祯庚辰（1640 年）初秋，陆世仪桴亭氏记。

2.《治乡三约》

治乡之法，每乡约正一人。

周礼国中称乡遂，野外称都鄙。今制城中为坊铺，城外为都图，即周礼遗意也，然可通谓之乡。乡无长，不可治。今拟每乡立约正一人，城以坊铺，乡以都图为分域。以本乡中廉正公平宿儒耆老为之，凭一乡之公举。（凡举约正，不可概凭里甲开报，须细心采访。每乡多举三四人，精加选择。誓于神，诏于众，隆其礼貌，优其禀给，委之心膂而用之。宁择而后用，勿用而后择。）

约正之职，掌治乡之三约。一曰教约，以训乡民。一曰恤约，以惠乡民。一曰保约，以卫乡民。

教约，即社学之意。恤约，即社仓之意。保约，即保甲之意。以其总统于乡约，故谓之约。训之，惠之，又从而卫之。教养之义尽，兵食之备修矣。

以一乡之籍，周知一乡之事。

教长有户口秀民之籍，恤长有常平役米之籍，保长有役民之籍。以教长之籍知教事，以恤长之籍知恤事，以保长之籍知保事。（据：此皆耆民之任。既设约正，则此皆约正之责，不必另设耆民矣。或即以耆民为约正亦通。）

岁时月吉，率其属而治会。

会，乡约之会也。岁时正月及春秋二社，为大会。约正率三长听讲约于官府。其余月朔，约正自率其属于本乡宽大处所为之。

教民读法饮射。

读法，即讲。饮射，谓行乡射礼，而以酒饮之也。（按：讲约，从来只讲太祖六言，习久生玩。宜将大诰、律令及孝顺事实与浅近格言等书，令社师逐次讲衍。庶耳目常易，乐于听闻，触处警心，回邪不作。其习射，则视土地之宜。北方弓矢易办。南方地湿，筋角易弛，又价高，难概以强人。其有绅缙子弟，能制弓矢者，听自为社。其余乡勇、役民，令习弓弩亦可。然其价值，亦须于恤长公费中给之。）

考其德行而劝之，纠其过恶而诫之。

德行，如孝友睦姻任恤之类。反是，为过恶。劝诫，谓有小善小过，则于会中对众而称奖训诫之也。有大善大过，则闻于官府，或于大会时行赏罚。

凡公事，官府下于约正，约正会三长而议行之。

公事，谓钱粮、户役、地方公事。

凡民事，亦上于约正而行官府。

民事，亦公事也。

民有质讼大事，决于官府。小事，则官府下于约正，约正与教长平之。民间之讼，官府理之则愈棼，平之则竟息者也。尝见民间有一小讼，经历十数衙门，而所断仍枉，两造倾家。又是朝廷所设问刑衙门，较别衙门为多，而天下未尝无冤民。且朝廷所设之官，无非日逐为民间理讼事，而军国大事则多付之不问。此皆相逐以利，而非真为天下理冤抑也。且我朝开国之初，每州县设立申明亭，坐老人于中，断乡曲之事，其法甚佳。盖真见终讼无益，而欲使民无讼耳。处以约正，亦老人之意也。与教长共平之者，终欲教诲之不底于法也。

凡乡之土田出入，谨其推收，掌其税事。

土田有买卖，则有推收。有推收，则有税事，此一定之法也。今民间岁一推收，每至秋冬，过户太迟，催办不便，则民病。或作假契，或赂吏书，彼此扶同，希漏国税，则官病。今法，凡买卖田产者，彼此俱要书该约正长名氏，取其花押。无者，不准买卖。其中金，即分其半，以为约正长养廉之资。既立契后，即行推收过户，使民间无产去粮存之弊。既推收后，即完官税，使国家无漏税之虞。诚两便之法也。

凡乡之民事，年终一上于官府。

民事，谓图籍之类。三约之籍，三长任其劳，约正主其册。存其副，而上其正于官府，所以赞治也。

官府受而藏之，以周知各乡之事。

天子岂能周知天下之事，赖天下之有民牧。民牧岂能周知各乡之事，赖各乡之有乡正。此有国家者，所贵乎相助为理也。

凡三长之能否，皆书之。岁终则庀其职事，以赞于官府。

凡民之善否，三长之能否，约正书之。职详职要，各有其司也，谓之曰赞。其三长之黜陟，又非约正所得专矣。

约副三人。一曰教长，以任教约。一曰恤长，以任恤约。一曰保长，以任保约。教长以知书义者为之，恤长以富厚公廉者为之，保长以有智力者为之。皆听约正及一乡之人公举。

教长之职，掌一乡之教事。

教孝，教友，教睦，教姻，教任，教恤。

主户口秀民之籍。

主，谓主其造册登记之事也。籍成，则进于约正。约正受而藏之。职藏者，不得记注。职记注者，不得藏。

令民十家为联，联有首。十联为社，社有师。

此即周礼比闾族党之制也。联首以诚实者为之，社师以学究知书者为之，皆听约正同教长编举。其编举之法，官以册式下于约正。约正下于教长，教长下于社师。联首乃率编户之民就社师，而实书其户口之数，以进于教长。教长进于约正，约正同教长核实而藏之。上其副于官府。官府据之以为定籍。（编联之法，不得一字排去，须对面为佳。并联首为十一户。十联并社师为一百十一户。其有地势、民居不联络者，不妨奇零开载，不必拘拘十数为一联，约正主裁。其有寺院庵观，亦须开载。按：户口之数，最不可不实。此王政之本，致治之源也。施政教，兴礼乐，治赋役，听讼狱，简师徒，行赈贷，万事皆根本于此。与今保甲之法略同。但保甲主于诘奸，民望而畏之，则多方规避漏脱。今立联社之法，主于行教化。天下可有一人，自外于教化者乎?！故户口之籍，最要详细确实。其有脱漏作奸者，本户及联首社师同罪。甚者罪教长，并及约正。有国者，能于此细心致力，则治民之道，思过半矣。虽然，有虑焉。使长民者而得人，则此法行如明道之治扶沟，无一民一物不入其照鉴者也。不然，吕惠卿之手实法，亦去此不远矣。长民者念诸。）

使之相爱相和亲，有罪奇衺则相及。

此即周礼之文，相爱、相和、亲、孝、友、睦、姻、任、恤之事也。相及，即连坐之意。然法有当连坐，不当连坐者。如盗贼、奸恶、知情不举之类，此当连坐者也。其余隐微之罪，作者自应独承。若概连坐，则同秦法。

以教法颁四境之社师，而俾教其童蒙。

此即社学之法也。所以端其蒙养，使之习与性成，而后无不可教之民。人人亲其亲，长其长，而天下平也。（按：社学旧有定制，不过使之歌诗习礼，以和平其心，知血气而已。今则多教之作文，诱之考试，徒长奔竞，益坏风俗。愚谓，文盛之时教童子者，当教以朴。使人心留一分惇古，则世道受一分便益。宜令童子凡读书写字，但从所便。各自择师外，惟于每月朔望，赴本社社师处。择宽大处所，歌诗习礼，拜先圣先贤。其有声容端好、威仪闲习者，注善。有举止疏忽，跳踉不驯者，注过。习礼既毕，教长即以孝友睦姻任恤之道，约举故事，随宜讲导。遇讲约大会，则社师各举其善者，进之于会所。官府试其善否，而记注之。盖歌诗习礼，虽若迂阔，然童子无事，无善过可考。一试之声容，则其人材之能否，心气之平躁，可以立见。勿谓古人礼乐为糟粕，亦后人未识其精意耳。）

凡乡之冠婚饮酒祭祀丧纪，教其礼事，掌其禁戒。

此皆齐之以礼之事也。冠婚丧祭，有文公家礼诸书，斟酌而行之可耳。

乃期将试，则书其秀，而升之于官。

凡户口术业，前册明载。则凡民之秀，为上者已知矣。此复录而进之，便于览也。其教长所书名字，有不合于前册者，则罪之。（按：此则试中无重名、诡名、冒籍、混荐诸弊。）

凡乡之地域广（东西）轮（南北）及沟涂封洫，皆图之。（涂，杜塞孔穴也。封，凡造都鄙，制其地域，而沟封之。洫，田间水道。）此即周礼遂人以土地之图，经田野，造县鄙，形体势之法也。准之于今，则为地图于鱼鳞图册，向以属之画工及耆正里区。今既有约正三长，则此为正长之任矣。必属之教长者，以教长知书而能文墨也。（按：地图险易所以慎固封守，鱼鳞图册所以分田制赋，皆为国要事。而今之长民者，率视为缓局。即有知其为要，而行之无法，督之太骤。地图则疏脱不准，图册则作奸滋弊。宜用张子厚经界法，每三百步立一标竿，纵横四方成一井字。如今地图之画，方计里以绳约之，图其四至。散之则各成方形，合之则横斜曲直不失尺寸。不特地形有准，而每方之中步口一定，则田亩之数有不待丈量而分毫难遁者。此真至简至妙之良法也。细琐不能尽述其详，具于《思辨录》中。）

凡质讼，联首、社师辨其诚伪，而司其责。

凡小民质讼，必命书某乡某社某联第几户某人，仍告于联首社师及四邻。必实有不平，始令之讼。如虚伪，则联社俱有罚。其证佐非必不可少者，毋得越四邻。（按：此则讼中无春状、诬告、硬证、欺隐诸弊矣。孔子曰：听讼，吾犹人也，必也使无讼乎。行此法，则无情者不得尽其辞。岂非无讼之要术乎。）

岁时月吉，则佐约正读法于会。振铎以令之，扬其夏楚而威之。

铎以警众，夏楚杖属所以挞犯法之民。此即铎老之遗意也。

辨其美恶，而登之籍。

讲约即毕，约正进父老而问之，参稽众说以定美恶劝罚。教长承命而书之，以授于约正。凡劝罚，量以银米布帛之类，听约正临事酌量之可也。

恤长之职，掌一乡之恤事。

凡周贫乏，恤死丧，皆是。

主常平、义仓粟米之出入之籍。

常平、义仓，各为一籍。籍成，进于约正。与教长同。

令民岁为常平。

岁者，每岁一为之也。（按：从来积储之法，惟常平、社仓、和籴、青苗四者而已。四者之中，莫善于常平，莫不善于青苗。然愚以为，使君子为之，则青苗亦善。小人为之，则常平亦敝。盖官民之间不可为市，自古而已然。倡之以义，使其自为，则或有成功。督之以法，强其从我，则奸弊百出。偶思得一常平权法。其意则常平，其迹似社仓。倡之于公，而无收放出入官民互市之嫌。寄之于高大寺院，可省建仓之经费。恤长司其事，领于约正。地方长官亲至寺中，作兴开导或量助俸银，以为之倡。恤长设立簿籍，劝募本乡绅缙、富户、商家，出米多少，一惟其愿，其米俟秋收米价。平时听人先后进仓。进仓时，即面同书之于籍，其下注明当时米价若干。盖早晚之间，价色有不齐也。俟明岁五六月间，青黄不接，米价或长，则恤长闻于官府。请官府及本乡中好义乐善诸人，齐集寺中，设法赈粜。其法视时价，不宜太减。太减则奸民乘之而射利矣。若得利多，而众心勤于行善，则当以米本再粜，亦一妙事，不必太减价也。粜毕后，合算米价共得多少，还其原本。再俟秋收，另行劝募。愿出者仍如前，不愿出者听之。盖人户力量每年不同，不可强以一概之法。惟借此以定恤长之高下，则恤长自有多方劝募之法也。又粜后或有余利，听当时官府及约正主裁。内以三分之一为恤长养廉之费，其余入义仓，为地方公用。）

置义仓以供公事。

常平减价而粜者也，义仓所以储常平之余及一乡之羡者也。供公事，谓如修筑、疏浚及役民、役米之类是也。从来义仓之制，不过如常平而已。常平有本有羡，岁一敛散。虽遇凶岁，不能全蠲。虽有公事，不敢取用。是常平仅可为平粜之用，卒然有事，地方仍无余粟也。因思古人有子母仓之法。母仓积粟，以余粟入子仓，母仓本米常存子仓。母仓本米常存子仓，则视丰凶为敛散。今仿其意，以常平为母，以义仓为子。凡常平有余息，则入子仓。其外，或一乡之中有得罪，而愿出粟以赎者，有愿助为公田以济物者，亦设一处公所，公同收储。监以恤长，领于约正。俟有公用，则闻于官府，酌而用之。

凡有鳏寡孤独，则闻于官府而养之。

国家向设养济院，专为此四者，今恤孤粮是也。此项粮米，向为大户吏书侵没。即略有给发，又大半蠹于强乞。官府能清厘而整顿之，则文王之政举矣，不必烦恤长也。但本乡之中有此等人，官府不知，须恤长开报。约正核实，闻于官府，然后可以入院。

岁荒则设粥赈济。

此不常有之事。偶一有之，则恤长之职也。设粥赈济，向苦无管领之人。每县止设一二处，则弊多而法坏矣。今既每乡有恤长，则一乡止食一乡之人，清楚易辨。其有流民就食者，则官府另为设法，或分食于各乡，是亦至便也。设粥规条，向多成法，兹不具载。

夏秋籴贵，则以余米给役民之食。

余米，即义仓中所储也。给役民法，见保长条下。

岁时月吉，则佐约正读法于会。会其出入之数，验其贫寡之实而登之籍。

出入，常平、义仓之出入也。贫寡役民及鳏独之类，会谓总结一月之事也。

保长之职，掌一乡之保事。

凡水火盗贼之属。

主役民之籍。

役民，谓一乡之贫而可役者。籍成，则进于约正，与恤长同。（按：此即保甲之意也。但保甲之法，有令各户通出壮丁者，或朋出一丁者。不便有三。民不习兵，易生惊扰，一。强弱不等，二。多则无法，无法则乱，三。且一谓之壮丁，则人人畏而规避。夫国家自有战兵，亦无取乎壮丁之名也。故莫若籍一乡之贫而可役者，谓之役民。凡菜佣及担夫、仆役之类皆是。定为什伍，统于保长，则心志定，强弱均。而教习节制之法，亦易施而不乱，愈于徒有壮丁之名而无壮丁之实也。）

今民五人为伍，伍有夫。五伍为队，队有士。

此即周礼伍两卒旅之意也。但周礼寓兵于农，此则战兵自为战兵，而役民止供役事及城守之用耳。

凡乡之土功，皆率其属而致事。

土功，谓如筑城、浚隍、修葺庙宇之类。

农功之隙，以时兴修水利，则庀其畚锸，以听于官。

兴修水利，地方之要务也。古者，或因之而置开江军士，亦以其早晚呼集之易至，约束之易齐耳，然总不如役民之法为得也。昔人开河之法，一置四挑，正今五人为伍之制，畚锸办，则事速举矣。若役大，则与民参错为之。

暇则颁以射法，教之击刺，习之守御。

射则铳、矢及弩，击刺则梃刃，守御则城操。皆有法则，皆宜训练。

国有大故，则率其属而授兵登阵，事毕而解。

人知不教之民不可以战，而不知不教之民不可以守。更番迭休，分合救应，骤使之俱，不能指挥如意也。故必须平日先以城操法练之，有事则登阵陴。庶几事习胆生，以守则固耳。（城操法另载别篇。）

凡盗贼水火之患，皆司之。

谓本乡之事也。

夏秋籴贵，则率其属而受廪于恤长。

常平之法，止可概之于民。若役民则国家之所役，无以惠之不可使也。但每月给廪，力有不能，宜于五六七三月青黄不接米价涌贵之时，每人日给米一升，三月共给九斗。虽千人之众，每年不过千石。所费少，而所养多，为可久也。其费出义仓，恤长主之。

凡乡之役事，皆与之饩廪而役之。

其费总出义仓，不足则另为设处。

岁时月吉，则佐约正读法于会。比其劳逸而书之，辨其勇力以登于官府。

比其劳逸，所以均其饩廪。辨其勇力，或为战士，或为官府之爪牙也。既登之后，役民数缺，则仍补之。

凡乡之教事责教长，恤事责恤长，保事责保长。三长非其人，责约正。约正之邪正，官府治之。

此振裘挈领之术也。表正则影直，纲举而目张矣。不然，官府之治岂能家喻而户晓哉。（按：一乡之中，凡联首社师有不得其人者，皆须随时更易。不言之者，省文也。三长不称职，则于年终之时，约正白于官府而请易。至于约正，则必俟岁终，合一乡之公平而诛赏，不得数数废置也。此亦久任之意也。）

附《治乡三约》现代汉语译文

• 治乡的办法，每乡设约正一人。

《周礼》中，国中称为乡、遂，野外称为都、鄙。现在城里叫坊、铺，城外叫都、图，这是《周礼》的遗意，但是可以通称为乡。乡要是没有长官，没法治理。现在每个乡设约正一人。城市用坊、铺，乡用都、图为划分单位。约正需是廉洁公正有学问的老者，由一乡人民公开推选。（推举约正，不能只凭里甲自报，也要细心查访。每个乡多推举三四人作为候选人，然后从中选定一人。当选人要向神灵起誓，要告诉众人。官方要礼遇约正，给他优厚的报酬，把他当成心腹和脊梁一样任用。宁可择而后用，不要用而后择。）

• 约正的职责，是掌管治乡的三个约。一个是教约，用来教化乡民。一个是恤约，用来给乡民实际好处。一个是保约，用来保护乡民。

教约就是社学的意思，恤约就是社仓的意思，保约就是保甲的意思。由乡约统领它们，所以都叫约。教化乡民、惠及乡民，然后又保卫乡民。这体现了教养的意义，也达到了备兵备食的目的。

• 通过一个乡的户籍，得知全乡的事。

教长有居民的户口记录，恤长有常平仓役米的记录，保长有劳役的记录。根据教长的记录得知教化的情况，根据恤长的记录得知救恤的情况，根据保长的记录得知保甲的情况。（这些职责，都是由年高有德的乡民充任的。既然设了约正，这些也都是约正的职责，不用另找老人做了，或者让年高有德的人当约正也可以。）

• 约正在年初和月初率领乡民聚会。

会，就是乡约的聚会。正月及立春、立秋的两个社日是大会，约正带领三长到官府去听讲约。其余每月初一，约正亲自率领乡民在本乡宽敞的地方聚会。

• 让乡民读法、饮射。

读法就是讲约，饮射就是饮酒，行乡射礼。（按语：讲约从来只讲太祖的圣谕六言，日久天长，就懈怠了。最好也把《大诰》、律令、孝顺的事迹、浅显的格言等书，让社师依次讲解。这样经常变换新内容，乡民愿意听，能有所感触，收回邪念，不做恶事。练习射箭这种事，要因地制宜。在北方容易弄到弓矢。南方潮湿，弓箭的筋角容易松弛，价格又高，难以强求。至于富家子弟和能自制弓矢的人，随便他们自行结社练习。其余乡勇和民兵，也可以让他们练习弓弩，费用须从恤长掌管的公费开支。）

• 考察乡民的德行，劝其为善。纠正他们的过错，诫其恶行。

德行，例如孝顺父母，兄弟友爱，婚姻和睦，救济贫苦。与此相反的，就不对，就是恶行。劝诫，就是对有小善或小错的人，在会上当众表扬或批评。对有大善大错的人，上报官府或在大会上赏罚。

• 凡是公事，官府通知约正，约正与教长、恤长、保长讨论如何执行。

公事包括钱、粮、户役、地方公事。

• 凡是民事，也应当通知约正而报告官府。

民事也是公事。

• 乡民有诉讼这种大事，由官府断决。小事官府下达约正，约正和教长处理。

民间诉讼，由官府受理则越弄越麻烦，由约正和教长调停则会平息。我见过乡民之间有个小争端，经过十多个衙门断决还是有冤枉，双方为此倾家荡产。朝廷设立的刑事衙门多于别的衙门，而天下不曾没有冤枉的人。朝廷所设的官，无非每天处理民间的官司，而军事国政等大事多数不过问。这都是相互追逐功利，并非真为天下百姓申冤。明朝建国之初，各州县设立申明亭，德高望重的老人坐在亭子里，断决乡里的纠纷，这种方法很好。大概是看出到底诉讼无益，而想使乡民没有诉讼。让约正来处理，意思是一样的。让教长和约正一起平息纷争，是想让教诲比律法更有效。

• 凡是乡里的土地买卖，约正负责过户事宜，并掌管税收。

乡里的土地有买卖，就有过户的事。有过户，就有税收的事，这是一定之规。现在民间每年办理一次过户，都是在秋冬进行。由于过户太晚，催办不便，这样对乡民不利。于是有人造假契约，也有人贿赂吏书。沆瀣一气，希图偷漏国税，这样对官府不利。如今的办法，凡是有买卖田产的，买卖双方都要在契约上写其约正或三长的姓名，并要他的签字画押。否则，不准买卖。手续费要拿出一半，给约正或三长作为养廉钱。双方立下契约后，就可以过户。这样，民间就不会出现田产卖出去了还有税粮的弊端。过户后，就交纳官税，使国家没有漏税的担忧。这真是两全其美的办法。

• 年终时，把乡里的民事上报官府。

民事，就是档案之类。三约的档案，由教长、恤长和保长记录，约正负责保管。副本由约正保管，正本上交官府，以辅助其治理。

• 官府保存档案，以便通晓各乡情况。

皇帝不可能完全了解全国的情况，而是靠官员们。官员们不可能完全了解各乡的情况，而是靠各乡的乡正。因此，对国君来说，这样上下协助共同治理是宝贵的。

• 三长是不是胜任，都要记录下来。年终向官府报告他们的事迹。

乡民是不是善，三长是不是胜任，约正都要记录下来。约正和三长的职务差别，各有专责。三长辅助约正，所以叫赞。当三长的处分，并不让约正专权。

• 乡约设副职三人。一是教长，负责教约。一是恤长，负责恤约。一是保长，负责保约。

教长由知书明理的人担任，恤长由富裕廉正的人担任，保长由智力和体力都强的人担任。他们都由约正和全乡人公开推举。

• 教长的职责是掌管一乡的教化。

教育乡民孝敬，友善，和睦，婚姻，担当，救济。

• 负责乡民的户口登记。

主，就是负责登记造册的事。完成后，上交约正。约正接到后保管起来。保管的人，不能参与记录。记录的人，不能负责保管。

• 让乡民十家为一联，由联首负责。十联为一社，由社师负责。

这就是《周礼》中比、闾、族、党的制度。联首由诚实的人担任，社师由知书达理的学者担任。联首和社师都听从约正和教长的指挥，进行户籍登记。具体办法是，官府把固定的格式下发给约正，约正下发给教长，教长下发给社师。然后，联首带领本联的乡民去社师那里，如实登记户口数目。然后，社师把户口册上交给教长，教长上交给约正。由约正和教长核实后保存起来，并将副本上交官府。官府以此作为正式的户口档案。（编联的办法不要按门户直接排下去，住在对面的最好。每联加上联首有十一户，每社加上十联加上社师有一百一十一户。有的地势偏僻或是居民不来往的，不妨单令登记，不必拘泥凑数，这由约正裁定。寺院、尼姑庵、道观，也要登记。按：户口数目千万不能不真实。这是王道的根本，是达到治理的本源。实施政教，举行礼乐，办理赋税徭役，裁决诉讼，精简军队，救济赈贷，所有这些都依赖户籍。这和今天的保甲类似。但是保甲主要是盘查奸民，让乡民望而生畏，相反设法逃避它。今天设立联社，主要是推行教化。天下能有一个人，能在教化之外吗?!因此，户籍最重要的是详细确实。要是有漏掉作弊的，本户和那个联首和社师同罪，严重的教长甚至约正都受牵连。管理国家的人如果能在这方面细心用力，治民之道就有一大半了。但是，还是有所忧虑。如果统治者能得到合适的人，那么这个办法就会顺利实施，就好像用光明大道取代凌乱的沟渠，万民万物都会纳入其中。否则，像吕惠卿那样的事情就会发生了。治理百姓的人要记住这一点啊①。）

• 使乡民相互友爱、相互和睦亲善，有罪互相连坐。

这是《周礼》里面的话，即相爱、相和、亲、孝、友善、和睦、婚姻、担当、救济之事。相及，就是连坐的意思②。然而律法规定，有的罪应当连坐，有的不应当连坐。如盗贼、通奸和知情不报之类，这些应当连坐。其余小罪，由犯罪的人独自承担。要是什么都连坐，就和秦朝的法律一样了。

• 教育办法发给各处社师，让他们教育儿童。

这就是社学的办法。抓好儿童的启蒙教育，使他们养成好的习惯和品性，以后国家就没有不可教化的人民。要是人人都爱戴父母，尊敬兄长，天下就太平了。（按语：社学有旧制度，不过是让儿童唱诗，学习礼仪，用这种办法使他们心态平和，使他们了解感情。但是现在的启蒙教育，大多是教他们作文，诱使他们考试，只能助长一味竞争，使风俗更差。我觉得盛行文的时代，应当教儿童朴实。除了各家找老师以外，每月初一和十五，让孩子们都去社师那里。找一个宽敞的地方，以唱诗，学习礼仪，拜古代的先圣先贤。有的儿童声音洪亮，仪态端正，礼仪熟练，社师就给他写“好”。有的儿童举止疏忽，态度不恭，社师就给他写“错”。学完礼仪，由教长用故事作例子，给孩子们讲授孝顺、友爱、和睦、婚姻、担当、救济的道理。每逢讲约大会，社师就把表现好的儿童

① 吕惠卿，宋代官员，曾参与过王安石的变法，功劳颇盛，随即力求扩大自己的个人权力，与王安石分裂。

② 牵连治罪叫作连坐。古代的律法规定，一人如犯重大罪行，亲属也要被治罪。

带到会场。官府考查他们是不是真好，并记录下来。也许唱诗学礼这事，看上去不着边际。但是孩子没有什么善恶可言，一试声音仪容，就立刻显出他有没有能力，他的心态平和还是躁动。因此，不要说古人的礼乐都是糟粕，只是后人不明白其中的精髓。）

• 凡乡里有冠礼、婚礼、饮酒礼、祭祀、丧礼、纪念活动，教大家相应的礼节，并有责任使大家在行礼仪的时候不要触犯了禁忌。

这些都是古人所说的“齐之以礼”之类的事。冠礼、婚礼、丧事和祭祀，有《文公家礼》等书，大家参考就行了。

• 快到岁考的时候，把乡里优秀的读书人呈报官府。

凡是户口登记的事，前面已经说明。有优秀的乡民，上面已经知道了。教长再次把他们的名字报告官府，便于查阅。要是教长报的名字和档案上不符，教长有罪。（按语：这样，考试中就不会有重名、假名、冒充他人户籍、混荐等弊端。）

• 凡是乡里的地域东西南北各方位，以及田间水渠等情况，都要绘成图。

这就是《周礼》的办法，遂人根据土地的图册划分田野，构造都鄙。现在的地图是在鱼鳞图册里①。过去让画工和耆老、乡正、里甲等负责此事。现在既然有约正和三长，这些事就是他们的责任。让教长主持，是因为他有学问，能写会画。（按语：地图显示险易之处，便于审慎守卫。鱼鳞图册的记录，便于按照田地分布情况，合理地制定赋税。这都是国家大事。现在的当政者，把它们都当作不急之务。即便是有人知道其重要性，但推行的办法不当，急于求成。地图疏漏不准，鱼鳞图册有人作弊。应该用张子厚的经界法，每隔三百步立一个标杆，东西南北四个方向呈一个井字。现在绘制地图时，以里为单位计算面积，用绳来测量，然后绘制四个方向。分散看来，每个都是方形，合起来横斜曲直都不会漏掉尺寸大小的土地。这样不仅地形准确，而且每个单位中有多少面积也是一定的，田亩的数量不需要丈量却丝毫不差。这真是又简单又奇妙的好办法。这里难以详述细节，参见《思辨录》。）

---

① 鱼鳞图册，明代为征派赋役而编制的土地登记簿册，以所绘田亩形状与鱼鳞相像而得名，简称鱼鳞册。

• 凡是乡民诉讼，由联首和社师先辨明真伪缘由，并负责此事。

凡有乡民要提起诉讼，必须让他写下某乡、某社、某联、第几户及某人姓名，也要告诉联首、社师以及四邻。确实有不平或冤情，才许他向官府提交诉讼。如果其中有虚，联首和社师都要受罚。在诉讼中的证人，不能超出四邻。（按语：这样，诉讼中就不会乱讼、诬告、硬证、欺骗隐瞒等弊端。孔子说，审理诉讼，我和别人差不多，不过要使诉讼的事不发生[①]。用这个办法，无情的人就不能随意说辞。这难道不是使民间无讼的要诀吗?!）

• 新年和月初，辅助约正在大会上读法。摇铃，让众人注意听。挥舞夏楚，让人害怕。

大铃，是让众人注意。夏楚是棍子，用来打犯法的人。这就是古代铎老的遗意。

• 明辨美丑，并登记在档案里。

讲约结束后，约正向诸位父老征询意见，然后归纳大家的说法，确定哪些人做了善事应该表扬，哪些人做了恶事应该惩罚。教长负责记录，然后交给约正。凡是赏罚，都按银钱、米、布帛之类计算，由约正根据具体情况酌量定夺。

• 恤长的职责，是掌管一乡的抚恤救济事务。

凡是救济贫困户，抚恤死丧等事，都是由恤长负责。

• 主持常平仓和义仓的仓米出入的记录。

常平仓和义仓，有各自的档案。完成后，交给约正。档案的登记和保管办法，和有关教长的相同。

• 让乡民每年向常平仓交米一次。

岁的意思，就是每年一次。（按语：向来的积储办法，只有常平、社仓、和籴、青苗四种。四者中常平仓最好，青苗法最差。但是我认为，要是让正直的君子来管理，青苗法也有好处。要是让奸猾的小人来管理，常平仓也有坏处。大概政府和百姓之间不可做买卖，自古就是这样。提倡大义来动员乡民，让他们自己办理，或许能成功。要是用律法督促，强迫乡民服从政府，就会弊病丛生。我偶然想到了常平权的办法。它的

① 孔子的话出于《论语·颜渊》："听讼，吾犹人也，必也使无讼乎。"

意思类似常平仓，做法类似社仓。由官府的名义提倡，但是没有收放出入、官民交易的嫌疑。仓米存放在高大的寺院，可以节省建设仓库的经费。恤长具体负责此事，而受约正指挥。地方官亲自到寺庙中，加以开导，或酌量拿俸银赞助，以示提倡。恤长设立档案簿，劝募本乡缙绅、富家和商家出米，多少随意，等秋天米价平稳较低的时候收米。平时，随人先后交米入仓。进仓时，当着交米人的面，记录米的数量，并在下面注明当时的米价。因为时间不同，米价是不一样的。等到来年五六月份，青黄不接，米价可能上涨。那么恤长就报告官府，请官府和本乡好义乐善的人一起到寺院来，设法出售仓米赈济乡民。价格不能比时价低太多，以免奸民乘机牟利。如果出售仓米得利比较多，而大家乐于行善，就应该用米本再粜。这也是一件好事，不要比市场价低太多。等到仓米全卖完了，计算一下共得多少钱，归还本金。等到下年秋收时，再另行劝募。愿意出米的还是老办法，不愿意的也不勉强。各户情况每年不同，不能强行用一定的标准。只是用这个办法衡量恤长的能力高低，那么恤长自然要想方设法劝募。出售谷米并还回本钱后，如果仍有余利，由官府和约正决定。余利的三分之一，作为恤长的养廉费。其余的就归义仓，为地方公用。）

● 设置义仓，供给公共事务的开支。

常平仓，就是把谷米减价出售。义仓，就是把常平仓的余利和一乡的余财储备起来。供给公共事务，就是诸如修筑、疏通河道以及代乡民缴纳徭役赋税之类的事情。义仓向来的制度，不过和常平仓一样。常平仓有本金有余利，每年敛米一次，散米一次。即使遇到荒年，也不能全免。即使乡里有公事急需，也不敢取用。由此可见，常平仓的米只是用于平粜，一旦遇到紧急情况，地方还是没有多余的谷米。我想到古人有子母仓的办法。母仓积蓄谷米，多余的谷米收入子仓。母仓的库存要一直保有米本，多余的入子仓。子仓的库存根据丰年和凶年的不同需要而确定或敛或散。现在仿照子母仓的精神，把常平仓当作母仓，把义仓当作子仓。常平仓有剩余的谷米或余利，就收入义仓。此外，乡里有人犯了罪想出谷米赎罪的，或是有愿意为乡里的公田捐资捐物的，也设一处公所，一并收受处理这些谷物钱粮。这事由恤长监督，由约正领导。等到需要公用时，就告知官府，适当取用。

• 凡有鳏寡孤独的人，报告给官府并给他们提供生活保障。

国家一向设有养济院，专门抚恤这四类人，现在设恤孤粮。这项粮米，一向被大户书吏侵吞。即使分发少数，也常落到强横的乞丐手里。要是政府能整顿清理这些弊端，周文王那样的仁政就实现了，就不必麻烦恤长了。但是本乡中有鳏寡孤独，官府却不知道，就需要恤长报告。经约正核实后，上报官府，然后他们就可以入养济院。

• 荒年设粥赈济。

这事不常有。偶然出现一次，就是恤长的责任。设粥赈济，向来苦于没人主持。每县只设一两处，弊端多而制度也被破坏了。现在既然每乡有恤长，一乡之内只让本乡人来吃，大家都认识，容易辨认。有流民来吃粥就由官府再另行设法解决，或是安排他们分散到各乡，这也很方便。至于设粥救济的规则，有很多现成规定，这里不赘述。

• 夏秋季节米价高的时候，就用余米补给役民。

余米，就是义仓储蓄的谷米。关于给役民补米的办法，见后面保长的条目。

• 年初和月初，辅助约正在大会上读法。汇总常平仓和义仓谷米出入的情况，验明并记录贫困乡民的实际情况。

出入，是指常平仓、义仓的谷米出入情况。贫寡役民及鳏独之类，会，就是总结一月的事。

• 保长的职责，是负责一乡的保卫治安等事。

凡是有关水患、火灾、偷盗、抢劫之类，都属于保长负责。

• 保长主持役民的档案。

役民，是指乡里贫困但能役使的人。恤长登记他们的情况，把档案交给约正。登记和保管档案的办法，和恤长的一样。（按语：这就是保甲的意思。但是保甲法，让每户出壮丁，或者几户合起来出一个壮丁。这样做有三个不便之处。一是乡民不熟悉军事训练，乡里容易受到外来的侵扰。二是被征集的壮丁，强弱不一。三是壮丁多了就不服从，不服从就会乱。而且一说到壮丁，人人都畏惧逃避。国家自有去打仗的军队，也没有过用壮丁这个名称称呼军人。所以，不如登记乡里贫困但是能服役的乡民，叫作役民。凡是菜贩子、担夫和仆役之类，都是。按照什伍进行编制，由保长统领。这样他们的心志坚定，强弱平均。然后教给他们遵守纪律，也容易实施，而不会出乱子。这样，就能改变从前只有壮丁之名而无壮丁之实的情况。）

•让乡民五人组成一伍，由伍夫负责。五个伍组成一队，由队士负责。

这就是《周礼》的伍两卒旅的意思。但是《周礼》寓兵于农，这里军人就是军人，役民只服劳役和担负城守。

•乡里如果有土功，保长带人去做。

土功，就是像筑城、清理城壕、修葺庙宇之类。

•农活闲暇时，抽时间兴修水利。保长让役民准备好簸箕、铲子之类的工具，等候官府安排。

兴修水利是地方的重要事务。古代有专门为此设置开江军士，也是因为无论早晚，想召集他们很容易，想管束他们也很容易。但是，总不如役民的办法好。过去人开辟河道的办法，是一置四挑，正是现在五人组成一伍的制度。簸箕、铲子备齐了，事情很快就能办成。如果工程大，就和乡民相互配合。

•闲暇时，保长教役民射箭，击刺敌人，让他们学习守御。

射，包括火器、弓弩，击刺用木棍或刀，守御用城操。这些都有法则，都适合训练。

•国家有大事，保长带人到官府领取兵器上阵，等事故平息了就解散。

人们知道，没有训练过的乡民不能打仗，却不知道没有训练过的乡民也不能守御。更番迭休，分合救应，这些战时防御的事如果没有受过训练就突然去做，很难指挥顺畅。所以，平时先用城操法训练他们，有事的时候就能登上城垛发挥作用了。或许熟悉让人胆大，防守就能牢固。（城操法另外记载。）

•凡是偷盗、抢劫、水患、火灾，保长都要负责。

这是指本乡的事。

•夏秋季节米价较高，保长带人到恤长那里领米作为津贴。

常平法，只针对乡民。役民实际上是国家在役使他们，如果没有实惠就不能使用。但要每月都给米当津贴，也承受不了。最好是在五到七月，青黄不接、米价高涨时，每人每天给米一升，三个月一共给九斗。

即便有一千人，一年不过一千石米。费用少而养的人多，就能长久实行。这些花费从义仓里出，由恤长主持。

• 凡乡里的役事，都给役民米当津贴。

这些费用都从义仓里出，如果不足再另想办法。

• 年初和月初，保长辅助约正在大会上读法。比较役民的勤惰，并记录下来。辨别他们的勇敢和体力，上报给官府。

比较役民勤惰，据此合理地分配津贴。辨别他们的勇敢和体力，使他们以后或者当战士，或者去官府当差。登记之后，如果役民数量少了，就补充。

• 凡是乡里教化的事，责任在教长。救恤的事，责任在恤长。治安的事，责任在保长。如果三长不尽职，责任在约正。如果约正有问题，由官府惩治。

这就是提纲挈领的治理良方。表正则影直，纲举则目张。否则，官府的治理岂能家喻户晓。（按语：一乡中，联首、社师不称职的，都要随时换人。没讲这些，是为了节省笔墨。要是三长不称职，就在年终时，由约正报告官府，请求换人。至于约正，一定要等年终，按全乡人的公论，实行赏罚，官府不得随意废置。这也是使他们久任的意思。）

第 12.《圣谕广训》，（清）雍正

＊选自《圣谕广训》，China Inland Mission，1924 年，上海。

第一条，敦孝弟以重人伦

我圣祖仁皇帝临御六十一年，法祖尊亲，孝思不匮。钦定《孝经衍义》一书，衍释经文，义理详贯，无非孝治天下之意。故圣谕十六条，首一孝弟开其端。朕丕承鸿业，追维往训，推广立教之思，先申孝弟之义，用是与尔兵民人等宣示之。夫孝者，天之经，地之义，民之行也。人不知孝父母，独不思父母爱子之心乎。方其离怀抱，饥不能自哺，寒不能自衣。为父母者审音声，察形色，笑则为之喜，啼则为之忧，行动则跬步不离，疾痛则寝食俱废。以养以教，至于成人，复为授家室，谋生理，百计经营，心力俱瘁。父母之德，实同昊天罔极。人子欲报恩于万一，自当内尽其心，外竭其力。谨身节用，以勤服劳，以隆孝养。毋博弈饮酒，毋好勇斗狠，毋好货财私妻子。纵使仪文未备，而诚悫有余。推而广之，如曾子所谓居处不庄非孝，事君不忠非孝，莅官不敬非孝，朋友不信非孝，战阵无勇非孝，皆孝子分内事也。

至若父有冢子，称曰家督。弟有伯兄，尊曰家长。凡日用出入，事无大小，众子弟皆当咨禀焉。饮食必让，语言必顺，步趋必徐行，坐立必居下，凡以明弟道也。夫十年以长则兄事之，五年以长则肩随之，况同气之人乎。故不孝与不弟相因，事亲与事长并重。能为孝子，然后能为悌弟。能为孝子悌弟，然在田野为循良之民，在行间为忠勇之士。尔兵民亦知为子当孝，为弟当悌。所患习焉不察，致自离于人伦之外。若能痛自愧悔，出于心之至诚，竭其力之当尽。由一念孝弟，积而至于念念皆然。勿尚虚文，勿略细行，勿沽名而市誉，勿勤始而怠终。孝弟之道，庶克敦矣。夫不孝不弟，国有常刑。然显然之迹刑所能防，隐然之地法所难及。设罔知愧悔，自陷匪僻，朕心深为不忍，故叮咛告诫。庶尔兵民咸体朕意，感发兴起，各尽子弟之职于戏，圣人之德本于人伦，尧舜之道不外孝弟。孟子曰：人人亲其亲，长其长，而天下平。尔兵民其毋视为具文焉。

第二条，笃宗族以昭雍睦

书曰：以亲九族，九族既睦。是帝尧首以睦族示教也。礼曰：尊祖故敬宗，敬宗故收族。明人道，必以睦族为重也。夫家之有宗族，犹水之有分派，木之有分枝。虽远近异势，疏密异形，要其本源则一。故人之待其宗族也，必如身之有四肢百体，务使血脉相通而疴痒相关。《周礼》本此意以教民，著为六行，曰孝，曰友，而继曰睦。诚古今不易之常道也。我圣祖仁皇帝，既谕尔等敦孝弟以重人伦，即继之曰笃宗族以昭雍睦。盖宗族由人伦而推，雍睦未昭，即孝弟有所未尽。朕为尔兵民详训之。

大抵宗族所以不笃者，或富者多吝，而无解推之德。或贫者多求，而生觖望之思。或以贵凌贱，而势利汩其天亲。或以贱骄人，而忿傲施于骨肉。或货财相竞，不念袒免之情。或意见偶乖，顿失宗亲之义。或偏听妻孥之浅识，或误中谗慝之虚词。因而诟谇倾排，无所不至。非惟不知雍睦，抑且忘为宗族矣。尔兵民独不思子姓之众，皆出祖宗一人之身。奈何以一人之身，分为子姓，遽相视为途人而不顾哉。昔张公艺九世同居，江州陈氏七百口共食。凡属一家一姓，当念乃祖乃宗，宁厚毋薄，宁亲毋疏。长幼必以序相洽，尊卑必以分相联。喜则相庆，以结其绸缪。戚则相怜，以通其缓急。立家庙以荐蒸尝，设家塾以课子弟，置义田以赡贫乏，修族谱以联疏远。即单姓寒门，或有未逮，亦各随其力所能为，以自笃其亲属。诚使一姓之中，秩然蔼然，父与父言慈，子与子言孝，兄与兄言友，弟与弟言恭，雍睦昭而孝弟之行愈敦。有司表为仁里，君子称为义门，天下推为望族，岂不美哉。若以小故而隳宗支，以微嫌而伤亲爱，以侮慢而违逊让之风，以偷薄而亏敦睦之谊，古道之不存，即为国典所不恕。尔兵民其交相劝励，共体祖宗慈爱之心，常切水木本源之念。将见亲睦之俗成于一乡一邑，雍和之气达于薄海内外，诸福咸臻，太平有象，胥在是矣，可不勖欤?!

第三条，和乡党以息争讼

古者五族为党，五州为乡，睦姻任恤之教由来尚矣。顾乡党中生齿日繁，比闾相接，睚眦小失，狎昵微嫌，一或不诫，凌竞以起。遂至屈辱公庭，委身法吏。负者自觉无颜，胜者人皆侧目。以里巷之近而举动相猜，报复相寻，何以为安生业长子孙之计哉。

圣祖仁皇帝悯人心之好竞，思化理之贵淳，特布训于乡党曰和，所以息争讼于未萌也。朕欲咸和万民，用是申告尔等以敦和之道焉。诗曰：民之失德，干糇以愆，言不和之渐起于细微也。易讼之象曰：君子以作事谋始，言息讼贵绝其端也。是故人有亲疏，概接之以温厚，事无大小，皆处之以谦冲。毋恃富以侮贫，毋挟贵以凌贱，毋饰智以欺愚，毋倚强以凌弱。淡言可以解纷，施德不必望报。人有不及，当以情恕。非意相干，当以理遣。此既有包容之度，彼必生愧悔之心。一朝能忍，乡里称为善良。小忿不争，闾党推其长厚。乡党之和，其益大矣。古云：非宅是卜，惟邻是卜。缓急可恃者，莫如乡党。务使一乡之中，父老子弟联为一体，安乐忧患视同一家。农商相资，工贾相让，则民与民和。训练相习，汛守相助，则兵与兵和。兵出力以卫民，民务养其力；民出财以赡兵，兵务恤其财，则兵与民交相和。由是而箪食豆羹，争端不起。鼠牙雀角，速讼无因。岂至结怨耗财，费时失业，甚且破产流离，以身殉法而不悟哉。若夫巨室耆年，乡党之望。胶庠髦士，乡党之英。宜以和辑之风，为一方表率。而奸顽好事之徒，或诡计挑唆，或横行吓诈，或貌为洽比以煽诱，或假托公言而把持。有一于此，里闬靡宁，乡论不容，国法具在，尔兵民所当谨凛者也。夫天下者，乡党之积也，尔等诚遵圣祖之懿训，尚亲睦之淳风。孝弟因此而益敦，宗族因此而益笃。里仁为美，比户可封，讼息人安，延及世世。协和遍于万邦，太和烝于宇宙。朕于尔兵民永是赖焉。

第四条，重农商以足衣食

朕闻养民之本，在于衣食。农桑者，衣食所由出也。一夫不耕，或受之饥。一女不织，或受之寒。古者，天子亲耕，后亲桑，躬为至尊，不惮勤劳，为天下倡。凡为兆姓图其本也。夫衣食之道，生于地，长于时，而聚于力。本务所在，稍不自力，坐受其困。故勤则男有余粟，女有余帛。不勤，则仰不足事父母，俯不足畜妻子，其理然也。彼南北地土虽有高下燥湿之殊，然高燥者宜黍稷，下湿者宜粳稻。食之所出不同，其为农事一也。树桑养蚕，除江浙、四川、湖北外，余省多不相宜。植麻种棉，或绩或纺，衣之所出不同，其事与树桑一也。愿吾民尽力农桑，勿好逸恶劳，勿始勤终惰，勿因天时偶欠而轻弃田园，勿慕奇赢倍利而辄改故业。苟能重本务，虽一岁所入，公私输用而外羡余无几，而日积月累以至身家饶裕，子孙世守则利赖无穷。不然而舍本逐末，岂能若是之绵远乎。至尔兵，隶在戎伍，不事农桑。试思月有分给之饷，仓有支放之米，皆百姓输纳，以散给尔等，各赡身家。一丝一粒，莫不出自农桑。尔等既享其利，当彼此相安，多方捍卫，使农桑俱得尽力。尔辈衣食永远不匮，则亦重有赖焉。若地方文武官僚，俱有劝课之责。勿夺民时，勿妨民事。浮惰者惩之，勤苦者劳之，务使野无旷土，邑无游民。农无舍其耒耜，妇无休其蚕织。即至山泽园圃之利，鸡豚狗彘之畜，亦皆养之有道，取之有时。以佐农桑之不逮。庶几克勤本业，而衣食之源溥矣。所虑年谷丰登或忽于储蓄，布帛充赡或侈于费用。不俭之弊与不勤等，甚且贵金玉而忽菽粟，工文绣而废蚕桑，相率为纷华靡丽之习，尤尔兵民所当深戒者也。自古盛王之世，老者衣帛食肉，黎民不饥不寒，享庶富之盛而致教化之兴，其道胥由乎此。我圣祖仁皇帝念切民依，尝刊耕织图，颁行中所，以敦本阜民者甚至。朕仰惟圣谕，念民事之至重，广为诠解，劝尔等力于本务。余一人衣租食税，愿与天下共饱暖也。

第五条，尚节俭以惜财用

生人不能一日而无用，即不可一日而无财。然必留有余之财，而后可供不时之用，故节俭尚焉。夫财犹水也，节俭犹水之蓄也。水之流不蓄，则一泻无余，而水立涸矣。财之流不节，则用之无度，而财立匮矣。我圣祖仁皇帝躬行节俭为天下先，休养生息，海内殷富，犹兢兢以惜财用示训。盖自古民风，皆贵乎勤俭。然勤而不俭，则十夫之力不足供一夫之用，终岁所藏不足供一日之需，其害为更甚也。夫兵丁钱粮有一定之数，乃不知撙节，衣好鲜丽，食求甘美。一月费数月之粮，甚至称贷以遂其欲。子母相权，日复一日，债深累重，饥寒不免。农民当丰收之年，仓箱充实，本可积蓄。乃酬酢往来，率多浮费，遂至空虚。夫丰年尚至空虚，荒歉必至穷困，亦其势然也。似此之人，国家未尝减其一日之粮，天地未尝不与以自然之利。究至啼饥号寒，困苦无告者，皆不节俭所致。更或祖宗勤苦俭约，日积月累以致充裕。子孙承其遗业，不知物力艰难，任意奢侈。夸耀里党，稍不如人即以为耻，曾不转盼，遗产立尽，无以自存。求如贫者之子孙并不可得，于是寡廉鲜耻，靡所不至。弱者饿殍沟壑，强者作慝犯刑，不俭之害一至于此。易曰：不节若，则嗟若。盖言始不节俭，必至嗟悔也。尔兵民当凛遵圣训，绎思不忘。为兵者，知月粮有定。与其至不足，而冀格外之赏，孰若留有余以待可继之粮。为民者，知丰歉无常。与其但顾朝夕，致贫窭之可忧，孰若留贮将来为水旱之有备。大抵俭为美德，宁以固陋贻讥，礼贵得中，勿以骄盈致败。衣服不可过华，饮食不可无节，冠婚丧祭各安本分，房屋器具务取素朴。即岁时伏腊，斗酒娱宾，从俗从宜，归于约省。为天地惜物力，为朝廷惜恩膏，为祖宗惜往日之勤劳，为子孙惜后来之福泽。自此富者不至于贫，贫者可至于富。安居乐业，舍哺鼓腹，以副朕阜俗诚民之至意。《孝经》有曰：谨身节用，以养父母，此庶人之孝也。尔兵民其身体而力行之。

第六条，隆学校以端士习

古者，家有塾，乡有庠，州有序，国有学。固无人不在所教之中。专其督率之地，董以师儒之官。所以成人材而厚风俗，合秀顽强懦，使之归于一致也。我圣祖仁皇帝寿考作人，特隆学校。凡所以养士之恩，教士之法，无不备至。盖以士为四民之首，人之所以待士者重，则士之所以自待者益不可轻。士习端，而后乡党视为仪型，风俗由之表率。务令以孝弟为本，才能为末。器识为先，文艺为后。所读者皆正书，所交者皆正士。确然于礼义之可守，惕然于廉耻之当存。唯恐立身一败，致玷宫墙。惟恐名誉虽成，负惭衾影。如是，斯可以为士。否或躁竞功利，干犯名教，习乎异端曲学而不知大道，骛乎放言高论而不事躬行。问其名则是，考其实则非矣。昔胡瑗为教授，学者济济有成。文翁治蜀中，子弟由是大化。故广文一官，朕特饬吏部，悉以孝廉明经补用。凡以为兴贤、育才、化民、成俗计也。然学校之隆，固在司教者有整齐严肃之规，尤在为士者有爱惜身名之意。士品果端，而后发为文章非空虚之论，见之施为非浮薄之行。在野不愧名儒者，在国即为良臣，所系顾不重哉。

至于尔兵民，恐不知学校之为重，且以为与尔等无与。不思身虽不列于庠序，性岂自外于伦常。孟子曰：谨庠序之教，申以孝弟之义。又曰：人伦明于上，小民亲于下。则学校不独所以教士，兼所以教民。若黉宫之中[①]，文武并列。虽经义韬略所习者不同，而入孝出弟，人人所当共由也。士农不异业，力田者悉能敦本务实，则农亦士也。兵民无异学，即戎者皆知敬长爱亲，则兵亦士也。然则庠序者，非尔兵民所当隆重者乎?！端人正士者，非尔兵民所当则效者乎?！孰不有君臣父子之伦，孰不有仁义礼智之性。勿谓学校之设，止以为士。各宜以善相劝，以过相规。向风慕义，勉为良善。则氓之蚩蚩，亦可以礼义为耕耘。赳赳武夫，亦可以诗书为甲胄。一道同风之盛，将复见于今日矣。

第七条，黜异端以崇正学（略）

第八条，讲法律以儆愚顽（略）

① 黉，读作红，古代称学校。

第九条，明礼让以厚风俗

汉儒有曰：凡民函五常之性，而其刚柔缓急音声不同，系水土之风气，故谓之风。好恶取舍，动静无恒，随厥情欲，故谓之俗。其间淳漓厚薄难以强同，奢俭质文不能一致，是以圣人制为礼以齐之。孔子曰：安上治民，莫善于礼。盖礼为天地之经，万物之序。其体至大，其用至广。道德仁义，非礼不成。尊卑贵贱，非礼不定。冠婚丧祭，非礼不备。郊庙燕飨，非礼不行。是知礼也者，风俗之原也。然礼之用，贵于和。而礼之实，存乎让。子曰：能以礼让为国乎何有。又曰：先之以敬让而民不争。使徒习乎繁文缛节，而无实意以将之，则所谓礼者，适足以长其浮伪，滋其文饰矣。夫礼之节文，尔兵民或未尽习。礼之实意，尔兵民皆所自具。即如事父母则当孝养，事长上则当恭顺。夫妇之有倡随，兄弟之有友爱，朋友之有信义，亲族之有款洽。此即尔心自有之礼让，不待外求而得者也。诚能和以处众，卑以自牧。在家庭而父子兄弟，底于肃雍。在乡党而长幼老弱，归于亲睦。毋犯嚣凌之戒，毋蹈纵恣之愆。毋肆一念之贪遂成攘夺，毋逞一时之忿致启纷争。毋因贫富异形有蔑视之意，毋见强弱异势起迫胁之心。各戒浇漓，共归长厚。则循于礼者无悖行，敦于让者无竞心。蔼然有恩，秩然有义。党庠术序，相率为俊良。农工商贾，不失为醇朴。即韬钤介胄之士亦被服乎礼义诗书，以潜消其剽悍桀骜。岂非太和之气，大顺之征乎？书曰：谦受益，满招损。古语又曰：终身让路，不枉百步。终身让畔，不失一假。可知礼让之有得而无失也如此。朕愿尔兵民等，聆圣祖之训，而返求之于一身。尔能和其心以待人，则不和者自化。尔能平其情以接物，则不平者亦乎。一人倡之，众人从之。一家行之，一里效之。由近以及于远，由勉以至于安。渐仁摩义，俗厚风淳，庶不负谆谆诰诫之意哉。

第十条，务本业以安民志

朕惟上天生民，必各付一业，使为立身之本。故人之生，虽智愚不同，强弱异等，莫不择一业以自处。居此业者，皆有本分当为之事，借以有利于身，借以有用于世。幼而习焉，长而安焉，不见异物而迁焉。此孟子之所谓恒产，即圣祖仁皇帝之所谓本业也。维兹本业，实为先务。凡为士农、为工商、以及军伍，业虽不同，而务所当务，则同也。夫身之所习为业，心之所向为志。所习既专，则所向自定。书曰：功崇惟志，业广惟勤。盖业与志本相须而成也。但恐日久而生厌，舍旧而图新。或为浮言所动，或因际遇未通。一念游移，半途而废。作非分之营求，生意外之妄想。究之朝夕营营，不恒其德。资生寡策，历久无成。而志遂以荒，而业遂以废矣。夫业每荒于嬉，而必精于勤。志贵奋于始，而尤励于终。朕乐观尔之成，不忍见尔之废也。为士者，谨身修行，矻矻穷年[1]，服习诗书，敦崇礼让。退为有本之学，进为有用之才。为农者，春耕秋敛不失其时，撙节爱养不愆于度。先事以备水旱，如期而输税粮。使地无余利，人无余力。工则审四时，饬六材，日省而月试，居肆而事成。商则通有无，权贵贱，交易而退，各得其所。务体公平，勿蹈欺诈。若夫身列行阵，行阵即其业也。弓马骑射，操练之必精。步伐止齐，演习之必熟。屯田则事垦辟，守汛则严刁斗。备边则险要之宜知，防海则风涛之宜悉。庶几无负本业矣。夫天下无易成之业，而亦无不可成之业。各守乃业，则业无不成。各安其志，则志无旁骛。毋相侵扰，毋敢怠荒。宁习于勤劬，勿贪夫逸乐。宁安于朴守，勿事乎纷华。熙熙然士食旧德，农服先畴，工利器用，商通货财，兵资捍卫。各尽乃职，各世其业。上以继祖宗之传，下以绵子孙之绪。富庶丰亨，游于光天化日之下。仰答圣祖诰诫之殷怀，以克副朕休养之至意，顾不共享其福欤?!

第十一条，训子弟以禁非为

从来教万民训子弟，党正、族师月吉读法，岁时校比，师田行役，则合卒伍而简兵器，朝夕告诫，人知自爱，不敢偶蹈于非。休哉，何风之隆欤。我圣祖仁皇帝临御六十一年，宏保赤之仁，广教家之治。深恩厚泽，休养生息，以至于今。朕缵承大统，仰体圣祖子惠元元之心。无日不以尔百姓为念，尤无日不以尔百姓之子弟为念也。人生十年曰幼学，

---

① 矻矻，读作哭，勤苦的样子。

二十曰弱冠，血气未定，知识渐开，训导惩戒之方莫切于此。大凡子弟之率不谨，皆由父兄之教不先。所恃为父兄者，启其德性，遏其邪心，广其器识，谨其嗜好。至于爱亲敬长之念，人所固有，尔父兄诚能明示其训。俾知父子有亲，君臣有义，夫妇有别，长幼有序，朋友有信，以端其本。则大伦明，而干纪犯分之咎自鲜矣。夫士农工商，各有传业。军士之家，世习技勇，其人之淑慝邪正，必自为子弟之日始。语云：少成若天性，习惯成自然。民间非为之事，渐渍成风。或游手好闲，博弈饮酒。或结纳匪类，放辟邪侈。往往陷溺而不悟，甚者罹法网，犯刑章。尔为父兄者，独能晏然而已乎？与其追悔于事后，孰若严训于平时。盖行莫重于孝弟力田，心必存于礼义廉耻。可模可范，以身教之。耳提面命，以言教之。使子弟见闻日熟，循蹈规矩之中。久之，心地淳良，行止端重。可以寡过而保家，即可以进德而成才也。且庭训素娴，子弟克肖，则国家宾兴令典，自致显扬。既光大尔门闾，又垂裕尔后昆，父兄俱与有荣焉。即使愚鲁不敏，而服教安化，刑辱不及于厥躬，乡党咸称为良愿。一家之休祥，孰大于是。况今日之子弟，又为将来之父兄。积善相承，诲迪不倦，将见户兴礼让，人敦孝义。自通都大邑以至穷乡僻壤，太平之象与国俱长，庶不虚朕殷殷期勖之至意矣。夫好善，则闾阎子弟可致尊荣。苟不善，则公卿子弟流为卑贱。义方之教，切磋之功，可不豫严于蒙稚之年乎?! 尔兵民其敬德之，毋忽。

第十二条，息诬告以全善良

国家之立法，所以惩不善而儆无良。岂反为奸民开讦告之路，而令善良受倾陷之害哉。夫人心必有切肤之冤，非可以理遣情恕者，于是鸣于官以求申理，此告之所由来也。乃有奸宄不法之徒，好事舞文，阴谋肆毒。或捏虚以成实，或借径以生波，或设计以报宿嫌，或移祸以卸己罪。颠倒是非，混淆曲直。往往饰沉冤负痛之词，逞射影捕风之术。更有教唆词讼者，以刀笔为生涯，视狱讼为儿戏。深文以冀其巧中，构衅以重其重酬。乡里畏之，名曰讼师。因而朋比协谋，党恶互证。有司或一时受蔽，致使善良之辈，不胜自白。桁杨在前，棰楚在后。锻炼之下，何求不得。纵至事明冤雪，而拖累困苦，小则废时失业，大则荡产破家。

善良之被诬可悯，而凶顽之诬善良，尤可痛恨也。圣祖仁皇帝矜恤下民，重惩其弊，颁示训喻，有曰：息诬告以全善良。夫诬告有反坐之条，令申煌煌，乃敢作奸犯科而不畏者。利欲熏心，诡薄成性。方且恣其含沙之毒，侥幸于法网之宽。殊不知无情之辞一经审察，莫可逃避。造衅以倾人，究之布井以自陷，亦何利之有。尝闻古人或认牛而不辨，或夺禾而不争。卒开愧悔之诚，翻成礼让之美。若斯之风，诚可嘉尚。尔兵民所当景效焉。且寻绎圣谕，不曰禁，而曰息。谓与其治之以法，不如感之使自化也。盖官吏之见闻或疏，疏则犹烦揣测。乡邻之耳目最近，近则素所稔知。为之抉其根株，穷其党类，出于无心者缓语以晓之，成于有意者危言以诫之。彼善良之家，素行足以质之里闬而无愧。而诬告之人，言辞既非情实，迫于公论，则不敢诬。揆诸本心，亦不忍诬。凡前此之阴谋秘计，一旦悚然改悔，如冰消雾释。兵不诬兵，而兵之善良者全。民不诬民，而民之善良者全。兵民不相为诬，而兵民举全。不至赴官终讼，两造俱伤。庶几从风慕义，胥天下而归于无讼，岂不休哉。尚其咸喻而凛遵焉。

第十三条，诫匿逃以免株连（略）

第十四条，完钱粮以省催科

自昔画野分州，任土作贡，而赋税以兴。凡国之五礼百度，输用出入皆赖焉。此君所必需于民，下所宜供于上。古今通义，未之或改。且以制官禄，所以治我民。以给兵饷，所以卫我民。以备荒歉，所以养我民。取诸天下，还为天下用之。人主之仓廪府库，岂厉民而以自养耶。我朝自定鼎以来，赋额悉准经制，且横征私派，一切革除，未尝丝毫多取于民。溯圣祖仁皇帝深仁厚泽，豢养斯民六十余年，所以闾阎丰裕为念。所蠲免钱粮，何止百千万亿。遐迩之沾被，固以沦肌浃髓矣。夫缓征薄敛，加惠元元，君之德也。以下奉上，先公后私，民之职也。属在兵民，宜喻此意。勿惰而嬉，荒其本业。勿奢而费，耗其赀财。勿逡巡观望，冀邀赐复之殊恩。勿转委输将，致被豪猾之中饱。依限而纳，毋待追呼。然后以其所余，养父兄，毕婚嫁，给朝夕，供伏腊。县庭有卧治之官，村巷无夜呼之吏。俯仰无累，妻孥晏然。其为安乐，莫逾于此。倘不知国课之当重，国法之难宽，或有意抗违，或任情迟缓。有司迫奏销之限，不得不严追比。胥役受鞭挞之苦，不得不肆诛求。剥啄叩门，多方需索。无名之费，或反浮于应纳之数。而究竟所未完者，仍不能为尔宽贷，不知何乐而为此。夫供胥役之侵渔，曷若输朝廷之正供。为抗粮之顽户，曷若为守法之良民。人虽至愚，亦必知之。况乎上好仁而下好义，情属一体。尔试思庙堂之上，所日夜忧劳者在于民事。水溢则堤防，旱魃则为虔祷①，蝗蝻则为扑灭。幸不成灾，则尔享其利。不幸成灾，则又为之蠲租，为之赈济。如此，而为民者尚忍逋赋以误国需。问之于心，亦何以自安。譬人子于父母，分产授业以后，必服劳奉养，庶尽厥职。乃父母恩勤顾复，不遗余力。而为子者，自私其财，缺甘旨而违色养，尚得谓之人子乎?! 朕用是谆谆告诫，但愿尔兵民上念军国，下念身家，外有效忠之名，内受安享之实。官不烦而吏不扰，何乐如之。尔兵民清夜自思，其咸体朕意。

第十五条，联保甲以弭盗贼

从来安民在于弭盗。摘发守御之法，必当先事而为之备。故缉捕有赏，疏纵有罚。讳盗有禁，违限有条。而最善者，莫如保甲。十家为甲，十甲为保。甲有长，保有正。设立簿册，交察互警。此即井田守望之遗制。所以圣祖仁皇帝上谕曰：联保甲以弭盗贼。诚欲使四海九州闾阎安堵，澄本清源，圣虑实为周切矣。第恐遵行既久，遂至因循。吏则徒稽户籍，民则仅置门牌。而于联比纠察之法，未见实心奉行。以至勾引窝藏之弊，种种而生。邻舍失事，竟有如秦越之相视。富家被劫，反指为悖出之当然。甚且假公济私，借盘诘之虚名，滋无厌之苛求。汛防因而骚扰，胥吏缘以生奸。有保甲之名，无保甲之实。有保甲之累，无保甲之益。此盗贼之所以难弭也。夫良法之有利于民，在奉行之必求其实。嗣后城市乡村严行保甲，每处各自分保，每保各统一甲。城以坊分，乡

① 魃，读作拔，传说中造成干旱的鬼怪。

以图别，排邻比户，互相防闲。一甲之中，巨室大户童佃多至数百，此内良否，本户自有责任。若一庐一舍之散布村落者，有业无业，或良或否，里正、保正得以微窥于平素。一出一入，得以隐察其行踪。遇有不务恒业，群饮聚博，斗鸡走狗，夜集晓散，以及履历不明踪迹可疑者，皆立为纠举，不许暂容甲内。其荒原古庙，阛肆丛祠，尤易藏奸，更宜加紧防察。至汛地兵丁，务必昼夜巡逻，一体查诘。毋借端生事，毋挟仇陷害，毋受贿赂而徇纵，毋惜情面而姑容。协力同心，轮流分派，则盗贼无容身之地，军民享安静之乐矣。查昔人御盗之法，村置一楼，楼设一鼓。一家有失，击鼓为号，群起而守其要害，盗贼将安所逃?！所谓寓兵法于保甲中也。若夫江海出没之区，有未可以保甲行者。舟楫往来，络号联踪，彼此互相稽查，匪类亦难藏匿。皆在实心奉行，先事而为之备。若视为具文，怠忽从事，至于被盗者失财，连坐者受累。不惟负朕息盗安民之至意，亦甚非尔等保身家之良策也。

第十六条，解仇忿以重身命（略）

第13.《申饬乡约保甲示》和《社仓条约十六条》，（清）张伯行

1.《申饬乡约保甲示》

为申饬乡约保甲之常规，以正风俗以靖地方事，照得自古治道，必使风俗醇和，地方宁谧，无不以乡约保甲为急务者。一主于劝善，以化导为先；一主于惩恶，以禁诘为重。名虽分，而实则同也。约束一乡以有物，有则保护各甲以无灾无害。总欲尔民迁善违罪，趋吉避凶，岂二道哉。有子谓：为人孝弟，则无犯上作乱。孟子谓：逸居无教，近于禽兽。又囊括于周礼比闾族党之意，谓：出入相友，守望相助。此可见乡约保甲之教民，原互相为益，所以重人道，而不坠于禽兽也。孝弟忠信节义廉耻，人道之纲维，忤逆斗狠奸盗诈伪禽兽之举动。人谁肯限于禽兽，而不为人乎。……讲乡约，可以跻仁寿而咏太平矣。乃认真勤讲者，能有几人。或仍视乡约为具文，未尝识官民之共赖。抑且视保甲为故套，未尝揆经纬之相兼。逢朔望，一讲乡约，宣三两条，而即回衙矣。见上司一严保甲，紧两三次，而似结案矣。如此而欲反薄归厚弭盗息民，又安可得乎。

夫乡约讲之而勿闲，保甲严之而勿怠。民自然孝弟忠信，礼义廉耻，同声而相应，众志而成城，决无忤逆斗狠奸盗诈伪诸恶。若犹有之，是乡约不曾实讲，保甲不曾严行之咎也。有司不实讲乡约，不严行保甲，非惟误民，并以误己。盖民犯法者多，则民不安，官亦不安。虽摧科可纪，听讼可观，全无拔本澄源之术。何以腼居人上，独不思保民五事，专责成于教养。乡约保甲乃教养大端，而顾以等闲视之乎。上谕条条是

乡约化民，条条是保甲安民。人但知联保甲，诫窝逃，禁非为，就中有保甲三项，孰知自家庭宗族以及乡党，自礼让勤俭以及弭讼急公，皆化民以乡约，而即安民以保甲也。倘有一条之或背，甲何以保，乡何以约？闾阎多戾，教养有乖，殊负圣天子是训是行之意。服官者，咎由将谁诿？能不悚惶。

本都院猥以凉德，叨抚是邦。惟与总督部院夙夜在公，兢以风俗浇漓、地方安危为念。今将所撰十六条演义歌诗刊行颁发，合行出示晓谕。为此示仰阖属官吏军民人等知悉，嗣后务必实讲乡约，严行保甲。所有条规，酌定一一开列于后。

一，清查烟户，始可以布乡约之规矩，立保甲之根基，且可以预备荒年之散赈，此欲修教养者之先务也。若烟户不清，则盈虚难辨，多寡难凭，善恶难察。每见各处乡风，惟恐官方知丁口之实数，全以虚应故事，何谓清查。今后该府州县，本都院文到之日，即行知城内城外及各乡都，务必据实造册。册内每户下，注明多少人，多少年纪，各人业某件。年过六十以上者，注老字。年十五以内者，注幼字。孤寡病废者，注孤寡病废字。如系文武衙门服役者，即注明某衙役字。如系无无生业者，即注明无生业。如系出外，即注明是往某处做某项生活。内有久久出门不知好歹小落者，亦要注明。如有驾船生理，要载明是驾某样船，或是受人雇撑，或是自己有船。俱要一一分明。其城内府以府衙门为中央，州县以州县衙门为中央，分为东西南北，造册四大本外，每都造册一大本。近者限三日交册，远者限五日交册。册到，印官同典史按册亲点，先从衙门前东西南西而北，然后出城近郊处所，亦以东南西北为次第，按册点过。决不可惮劳厌烦，须十分精明，恐衙役与地方串同欺隐，点前衙而遗后面之居民，点大街而遗小巷之人户，以至有名无实。

各都分东乡多少都，西乡多少都，南乡多少都，北乡多少都。印官不暇遍及，姑委佐贰杂职廉能之员，或教官之朴实清健而晓事者，分乡而往。各持原册，逐户质对，必要十分清楚，毋令遗漏。立刻传其十家内之有在家者见面，看其略老成持重九家共推者，点一人为甲长。如此则一以杜旁人报充之害，一以绝本人贿免之费，共睹无私矣。但又有四种人难与以保甲之任，一衙役无论大小各有伺候职掌，不能重役。一富翁锱铢守己，怕人呼唤，不可点充。一童生要读书教读，一医生要治病救人，俱无闲暇。除此之外，略老成持重之人，斯可为之。

如乡下有零星小村，或七八家或三五家，只得牵合于其稍近处，编为一甲。不能成一甲者，有邻甲不愿其附编，则急须询问其故。如邻甲应答吞吐，光景跷蹊，则即以红笔注明此数家可疑云云，即勒令写联名花押，互结一张结内，称为遵法互结事。某等住居某处，孤村寂寞，邻佑见疑，情愿互相提醒，日夜谨慎，断不敢窝盗窝赌及一切非为。如有违犯，听地方保甲擒解究治云云。有如此互结存案，则可以附编甲后，名曰互结零户矣。

又凡所到各村坊，要查有几个蒙馆、经馆，此地方盛衰贤愚之所关。所谓师道立，则善人多。其师系何处人，或系某学生员，或系考童生，或系惯训塾得善士，皆为可敬。须另开载详细，以便托其讲约于乡也。又要查村坊中有才力能干而心事忠厚者几人，有从未办事公门守分在家年高德劭耳聪目明通句读者几人，俱一一登记。

该员须单骑减从，丝毫勿取民间。眼明心正，气静语详，毋得昏庸颠倒，躁急简略，图小利而误功名。本都院即以清查烟户之尽职验该员器，使之可嘉勉之，勉之。

一，乡约长专以奉行乡约、化导乡邻。无拘贫富，但取年高德劭耳目聪目明通句读而从未办事公门守分在家者，方可当之。即以为木铎老人也。每州县城内东西南北四坊点四人，城外东西南北点四人，每乡每都点二人。此乃时常讲约之人。在城郭则各随官员讲处，摇木铎以为倡率。在乡都，则二约长各轮于所近之村，朔望自讲乡约。择庙观寺院或众家大厅之类，上设圣谕牌，乡约长率众礼拜毕，自己振铎开讲。恐无精神，仍邀切近馆师之高明者为讲师，以代其劳，率子弟歌诗。此时乡约长见有司，行长揖礼，有司优待，以起乡邻之敬。一切迎送、干办、拘提、奔走，概不相涉，当明述此意于委牌，以崇其礼，以安其心。

至于保长统甲长，以奉以保甲者也，全然有地方之责，必才力能干然后可以办公事，必心地忠厚然后可以免害人。大率十甲为一保，今恐人才能得，若用非其人，徒多民害，务须精选得当。如城内四坊每坊姑点二人，县城内四坊每坊点一人，城外四坊大率以三五里为止，宜另点一二人以管其一坊。至于各乡都，则以村坊大小论。大村有数十甲者，则就大族中点一人，或其村不止一大族，难相上下，则各点一人，其余中村兼小村毗近，可闻锣铳之声者，每数十甲点一人或二人。盖甲长必须十家为一甲，不可增减，为其易于稽查耳。若保长乃统理各甲之人，故以一人而统十余甲可也。以一人而统数十甲，亦无不可，惟以村烟相近，不致远隔者为定准。所有城郭诸保长，一经点定，要算明每人分统多少甲数，该管下系某甲长某人，一一确载委牌，毋分得不妥，载得不确。庶几奉行者有据。须谕令速递，承管必以委牌传示，该管各甲长取其各花押于承管之中。盖甲长人多，不须另递。承管之在该保长开列纸上，取有花押即是矣。如是日甲长他出，可令其家代为花押，毋耽搁。保长承管之期，既有承管存案，则此保长之所统，不涉于彼。如各处分派明白，既五推卸之弊，亦省波累之繁矣。该州县仍优礼而严谕之，不须经承需索使费。则乡约保甲皆有奉行之人，如臂之使指矣。

一，府州县讲乡约，仍用朔望。但常例只讲一处，如初一东门，十五南门，再一月然讲轮到西北门。即使认真去讲犹觉疏阔，而况仅存故套乎。今后朔望宜四门分讲，每府则府厅与附郭令分四门。或缺员则预先幕职，教职中择能者分任之。如州县则印官讲一方，其三方择读书佐贰及教职之精明者分任之。大率在城内者东西南北各官分讲，在城外者东西南北令乡约分讲，慎勿惮烦。若人烟寂寞之城内外，屈指皆稀，则讲所多寡，随地变通，但以聚集处为主。

凡届讲期，俱于辰时临讲所，拜牌，礼毕，如仪开讲，午后方散。毋得吃烟谈笑，视若戏场。毋得潦草慌忙，厌其拘束。乃见臣子奉君父之恭，乃见父母教子孙之切尔。百姓听讲的，亦须早来。许环绕相近，易于听闻，不许说话喧哗，违者拿责。此讲约化民，正是与民相亲，非如坐堂之必整肃也。若听者寥寥，是保甲长不预先知会，分别记过一次。有司总要把乡约做第一件事，讲成尽美尽善，而保甲亦自然严矣。

一，讲约向来多用庵堂寺观内，恐深僻无人来听。今后城内城外俱要捡相近人家之祠宇略宽展处，搭一阔台。台上用两张桌子，一张安奉圣谕牌，一张留中间。讲约东边，讲师一人、歌童一人西边。讲师一人、歌童一人，各放衍义一本，便于逐条轮讲，免力倦而声不扬也。讲师、歌童与木铎老人，俱准坐。将登台时候，著一役于台下连敲大锣几声。登台礼毕，该役击讲鼓三通。乡约长站住，摇木铎，用官语郎呼一句，“大家肃静，听讲乡约!”

每条开讲，即摇木铎，讲的用官语着力念一句。如讲首条，即照依原本念，第一条是云云。每讲完一条，讲的用官语大呼，“童子歌诗!”歌完，老人摇木铎，讲的又用官语着力念一句。如将第二条，即找依原本念第二条是云云。其余凡讲各条，歌各条，俱如此式样。所讲所歌，只用土音，以便众人通晓也。要咋真字眼，高声从容。莫丢一句，莫混一字。

官员另带一本在手细玩，察其有无遗漏。但闽地土音难识，须各于讲所就近，请二三贤绅缙陪坐，乃可识之。若识出彼之懒惰遗漏者，押令改过，决不可默默完事也。讲毕十六条，官员要叮咛乡约长及讲师、歌童，归去将此衍义本子，大家抄送，融洽于心，使地方无犯法之人，无兴讼之端，乃见化导。并要严饬保长甲长，懔遵保甲规条，毋疏毋怠。又或讲时，看听讲诸人中另有一二庞眉皓发气象淳朴者，即遣役，问其何处。如系附近良民，不聋耳者，即传近前问话。将彼地大事，采其是非之公，亦是一法。此则官员临讲，确尽一日之长，非复如从前之匆匆点缀矣。

一，乡约长、保长、甲长虽非官职，亦要重其约束之权。如九家必听甲长，甲长言公而甲内不听，则投明临甲以公论责之。不听，则投明保长。再不听，许保长转禀拘究。如甲长必听保长，保长言公而甲长不听，则投明乡约长以公论责之。不听，许乡约长据实转禀拘究。决不容开此挠抗之渐，以致保甲有掣肘之患也。

至于乡约长齿德俱尊，保长与甲长当率后生恭敬。敢有侮慢，查出重惩。尔等约长、保长，既受选择，委任自己越要十分，琢磨着实做好人，行好事，不可恃权自便。念念至公，事事至正，莫图利贪杯，莫尚气偏袒私亲，莫记詈旧隙。

凡印官词状有批，发乡长、保长处息者，务须造门婉说，然后于公所毅然剖晰。劝其不是者认些不是，负荆请过。又劝其有理者包涵些，莫十分较量。次日，保长具呈回复存案。又或乡中有大小事绪结构犹未经官者，闻知即竭力劝息，俾使其言归于好，免致成讼。是化有事为无事，一大阴德。总之，能为他人脱苦海，即是自己种福田也。甲长要与甲内如一家，保长尤要与各保如一体，与约长如一脉，还要把别保别都情谊相联，才是和乡党之头目，才是联保甲之领袖。

如该管地方，一年无有违乡约保甲规条者，该印官将乡约长、保长登名纪善簿。二年无违者，登名旌善厅。三年无违犯者，足征化导维持之功，印官给扁旌奖。万一多违条犯法之辈，讼词踵至，命盗频闻，该印官将保长注纪恶簿，俟另有后效，准销纪恶。如保长见事风声，勾役科敛，保甲废弛，纳垢藏污，应分别重轻枷责。究拟另选贤能以代之。至于乡约长或始勤终怠，同流合污，不讲约以化人，不秉公而劝善，仍注纪恶簿摈斥，重则罚银四两备赈。是自损其年高有德之名，伊可叹矣。本都院与人为善，愿闻鹰化为鸠，不愿闻橘化为枳也。（中略）

一，恤穷民。凡十家内必有穷苦民人不能度日者，是不可以不恤也。除年力精强懒惰自弃，理应厉言教导，俾其习艺佣工，自食其力，不当在周济之例。此外，有真正老病及孤儿寡妇稚若啼饥者，保长将所管甲内查确，另具一呈，报明印官，即量给钱米养赡。毋使坐而待毙，竟填沟壑，德莫大焉。有司肯节减寻常之浪费，移彼就此，亦何难于化裁施济乎。且如此行之，绅缙富民或闻风感动，必有踵事而增华者矣。（中略）

一，禁鱼肉富翁。富是一方元气，惟贪囊所积与夫公门所赚，未必尽皆仁义之财。此外富民，无论大小，原皆经营劳苦之所致。乡约保甲中，巴不得多有几个这样人。即使彼不慷慨，到底急事可以求他借，公事可以化他帮，善事可以劝他助。若个个皆穷，从何说起。自来财出涩家，吝啬本其常道。人苦苦赚富，怨吝，独不设身处地想一想，若无故松手轻财，安得有丰足之日。贫者，士之常，固不可厌。但素封子弟不能治生而逾闲荡检，以致家业毁败零落无籍者，视彼艰难创造，恒产顿兴。其不有贤愚良贱之殊乎?！嗣后，有司不许因事苛索，地方不许生端陷害。若彼果自犯法，则有应得之告，应得之罪，夫复何辞。然乡约长、保甲长诸人，还要为彼调停，责其不是而止其告者，毋使入于罪罟。这才是保全富翁。敢有以他人事牵告者，地方官须秉公开释，罪及原告讼师。

有等恶俗，凡买卖田宅，阴地契价清白，事后生心，局骗买主。不曰挟谋鲸吞，即曰债利滚算。告者欲肆其诈骗，准者亦恣其贪渔。又有两种奸恶，一则负称贷，而取讨生嗔，告富翁以私开当铺。一则妒多藏，而倡骤获首富翁一私开古窖。此皆绝灭天理，贤有司所当严惩，乡约保甲长所以预过也。本都院一尘不染，而热肠保全富翁。汝等有身家者，越要着实做好人，孝亲敬长。不比寻常睦族和乡独敦情谊，尽自己力量，能为处有十分资斧，便要把三四分行些好事，除写僧道缘簿，绝无功德。凡助婚嫁、助丧葬、施茶药、修桥路、赈饥荒、恤孤寡，或随分独任，或会有力亲朋结一积善会，岁岁行之，久而勿倦。既可以答天地富己之恩，又可以增延福寿，培子孙无限余庆。即赞襄乡约保甲略肯捐资也，是益于自己有利有名，倘或所行相反，如养亲菲薄，伦理乖离，与夫用假银，用私钱，斗称大进小出，放债不依每两三分之月息而八借九借，月息重至四五分，利上起利，磊算坑贫，是为富不仁，鬼神降祸，官府加刑。明系汝不自保全，而甘坠于罪罟矣。

一，严禁赌博。赌博乃不肖之所为。光棍引诱良家子弟堕落，其中如吃迷魂丹，赢者喜，输者亦喜。以致富者易穷，穷者为诈伪盗贼，无所不至，皆赌博之所致也。打马吊，打纸牌，俱是一流人物废时失事，伤财败俗，所当与赌博同禁者。今后地方官不时查缉痛惩。乡约长、保甲长仍常常提撕儆觉，不许如前赌博等项，自陷于匪类，亡身败家而不知也。至于街市跌钱，乃赌博之渐，保甲长务须禁缉，违者禀捕官责治外，如著棋，打双陆，亦懒惰之一端也。老成人要教后生，一味做正事，乐业，切勿惯成闲趣。（中略）

一，禁溺女。溺女人不知其恶，习以为常耳。女与男一样，古来有多少孝敬贤节光显前人的。有福气更复出其余力，可以维持母家兄弟子侄得。乃出世不欲生，全是何意见。一则父母图生子，怕她吃乳耽搁。一则穷人多浅见，怕难衣食经营。岂止杀女者，自逆天和，当有绝嗣之报。留女者，分匀饥饱，未必有饿殍之时。富翁或有女而厌多，又或虑他日奁资。岂知自然之生育多寡，何堪喜怒。及时而遣嫁，荆布可以于归。奈何昧父母爱子之心，伤天地好生之德，才离母腹，遂尔毙命乎。嗣后，贫富生女一概要养。敢有溺者，许左右邻与甲长保长等出首，治以故杀子孙之律。富者罚谷二十石，以存本地备赈。邻甲不许徇纵。万一赤贫，不能养活，通知保长，禀印官报送育婴堂可也。你们要想，女可溺，则盗贼亦可做，盗贼只是忍心害理，此惨毒岂有异乎。毋谓与保甲乡约不相干涉。

一，禁僭逾奢侈之积习。此二者相因。僭逾则必奢侈，奢侈则必僭逾。有资而能挥洒者既纷纷做样于前，无资而好驰骋者亦勉强效颦于后。当辗转可图，每举行而快畅。迨撑持不住，渐坐困以艰难。及身有债负之追，而赋役又偏逋欠，子孙有饥寒之患，而恒产先未贻谋。奈何不俭以养廉，留有余不尽于将来乎。嗣后，士民庆贺生辰，只可设食。宴会非乡宦及年高有德者，毋得制锦屏演戏。丧礼追荐虚无，断然勿用亲朋。送殡尽情，原是相恤，毋得滥犒多舆。题主既请亲朋，毋得请见任官员，伤财无益。婚嫁例有定数，女家不得过费妆奁，摆迎炫耀。在女婿未尝有实惠之沾，在乡居或反有引贼之苦果。肯以财与女，何妨给银，俾得成家立业不当以外象艳之。男家算计延宾，毋得饕餮酒馔闹新房而混男女。屋厅只可粉漆，毋得雕镂榱桷，擅用金朱。平常旌奖匾额，毋得擅用金字。凶吉酒席，只以五簋、八簋为率，毋得滥至十六簋、二十簋。服饰只用光素布帛及纱缎绸花的，毋得谬效官绅，穿戴银灰鼠貂帽狐裘莽，团龙纱缎之类。违者以僭制论。此则律有明条，慎无习而不察也。如囊中实厚，何不养亲教子，多费数金睦族和邻，广行万善，以自求多福。岂肯于没著落处，糜有限金钱，而犯奢侈僭逾之咎哉。

乡约长宜间常开导，尤望秉礼缙绅以节俭为士民之倡，庶几积习可移。（中略）

一，古来州县门东西有旌善申明亭，设二老人以佐理政事。后虽未用其人，而二亭犹复修造，与尔俸尔禄之石碑，亘古今而不磨也。此亭一以彰善。有善必书，使见者知所欣慕，知所趋向。一以瘅恶。有恶必书，使见者知所羞惭，知所戒惧。奈有司沿习簿书，罕兴德教。即间有善政，不为长久提撕之道。而所谓彰瘅者杳然矣。

惟冀贤有司仰体圣训化民成俗，应将二亭俱照旧悬挂空白横阔粉扁一面。凡民间有新善行，开载在纪善簿，及别经访闻如孝弟、救急难、助婚丧、解纠纷、息讼、化盗、为良、赈饥、施药、修桥路、施棺木、葬无主之骸、拾遗金而不取，真实无虚者，题名旌善亭扁上。凡民间有新恶行开载在纪恶簿，及曾经审实惩创，如不孝不弟、殴骂尊长、乱伦兽行及一切奸盗诈伪、赌博、宰牛、做状唆讼、歃结凶拳者，列名申明亭扁上。每名下俱各注明，一目了然。亭门仍各做栅栏，使过往者可望而不可入。所以防小人擦去丑名也。

旌善亭门刻一联：

思光前裕后由于少而积于多永垂懿范
怕有始无终出乎此而入乎彼辜负嘉名

申明亭门刻一联：

试看真恶人留此现毕生之丑
能行大善事准他洗前日之愆

亦聊以补谕民歌之所不及耳。两亭各印簿一本，付承发房一一登记，以备上司调查，照式缮就。惟恶人自列后改行，确有征验，必父兄叔伯交口称其如何孝弟，地方交口称其如何去邪归正，返朴还淳。至三年满，当于扁名下注改行。至六年无犯，始除去其名。如三年内，有一二善事可据者，则三年即除去恶名，将功赎罪，还不能就登旌善亭。如有一二件非常大善，可当数善可盖前恶者，三年之内易申明而登旌善矣。惟乱伦兽行之犯人，虽后有非常之大善，止许除申明亭名字，不得登旌善之扁。恐善人耻于为伍也。如所记善者忽有恶行，小恶免入申明，为其有善在前也。大恶则难免申明，仍不销去旌善名字。所谓善善长，而恶恶短也。然世俗喜扬恶，而少扬善。善人受旌，必有小人忌而谤之者，不可遽信其有恶。而恶人之受申明，又必央情求释，宜亟拒之。盖免责犹可，免申明则不可也。只此彰善瘅恶之微权，欲以风动黎庶，而肯不澈底力行圆融中止乎。敢有把持，致碍风教，许申详严究。二亭彰瘅，固与乡约相维持，万不可缺。但有司须以修己端身教之源，然后论定者，可信。

一，城乡讲约，俱各有讲师、歌童，必要素行无恶，居址近于约所者为之。其讲师用老成童生，见在居馆，善于讲书，故称为讲师，以美其名。歌童用二十以内之童子，文理大通声音嘹亮者。先期常将衍义歌诗一一看得滚熟，庶几临讲约之场，讲者易讲，歌者易歌耳。礼房存记名字，每届岁科州府县考试，准录名以表酬劳之意。每所只有讲师二人，歌童二人。此外尚有大小坊村书馆之师未赴约会者，当各领一部，遇闲暇日勤讲。凡书馆，四邻听者咸集，何止开导学生，实能提醒多人，阴德大矣。如系应考童生，一体准该县录名。如系训塾平民肯竭力讲约，该印官岁终另给岁炭资三百文示奖。不论在会与不在会，总与凡讲师歌童各载纪善簿首卷。惟不会者，略间开一页，以便考查。此皆为善者之倡率，不可遗也。

一，簿册俱要整肃，毋得参差互异，潦草不精。如烟户册是其根也。城乡具各已点青，保甲长、乡约长俱已设定，即令经承检述。城内城外及都散册，各册先开乡约长某某系某处某甲人，此乡约长专主讲约化导，不分保数。是为一方总设者，即写在一坊之前。是为一都总设者，即写在一都之前。次开第一个保长某某系某处某甲人，今管多少甲。即将彼所管之一甲写起，每甲以甲长向前，然后开出九家、十家，平列各名字。底下俱要空得多，细细注各等人年貌生业，平日去向及伊一家老少名字生业，并妇眷某氏。甲甲俱照如此写。总写完这一个保长管下的，又起手写第二个保长某某系某处某甲人，今管多少甲，即将彼所管之一甲写起，每甲以甲长向前，然后开出九家，悉照前式。凡约长保长自己所居之家，亦要开列其名，方不虚此一家，底下注今为约长，今为保长，仍注年貌老少等项，勿遗。

城外东西南北四坊，城内东西南北四坊，俱每坊编造一卷，四乡每都编造一卷。每卷俱先开乡约长，次开保长，然后开各甲如前所云云。凡各保长所管各甲，开完或有僧道居址，即接连矮写一派。云外有某庵堂寺观庙宇，有几人住，系某处分来住此，姓某名某某师某徒，某今附保长某人所管。如此开出，庶无疏漏。各卷尾总一数目，写上实共多少烟户。又略离数行，将未编入保甲绅缙亦载一笔备览。写今将乡绅举贡监生员住家坊都内者，各烟户开列于后，每家要开列有同居老少几人，业某项，家仆几人名姓，佣工几人名姓。各卷共装订一大本存案。另报院司道府总捕厅各一本，限每年十月报缴一次。此则上下有烟户册，易查矣。

各保长家，要照式自造存册，送官钤印，以为长久底本。其册专写明自己所管及或带管僧道所居的，以便知所责成，彼此不混。如所管人户有分析者，有移往某处者，有死亡倒灶者，又有别处新移来者，年貌生业籍贯，甲长俱报知保长，注明原甲销虚补实。每岁十月中，各造册一本，报明印官验讫。著经承查各册所载者，注入存案册内，以便照造申报。此则官民有烟户册，易对矣。（中略）

又设纪善、纪恶、纪和、纪改四样簿，应著城内东西南北四坊乡约长，城外东西南北四坊乡约长及各乡每都两乡约长，每人自买坚固厚好格册四本，请印常时于分讲之处，在稠人广众中，问有能孝弟及轻财重义、助婚嫁、救急难、施棺木、修桥路、赈饥、施药、解纷、息讼、化盗为良、收路旁之字纸、葬无主之枯骸、拾遗金而不取。这样好事，要登记纪善簿。问有不孝不弟、殴骂尊长、乱伦兽行及一切奸盗诈伪、赌博、宰牛、做状唆讼、结盟打拳、造言讲坏、闺门私粘、匿名谤帖。这样歪事，要登纪恶簿。又问往日或有那些，今日能改，要登纪改簿。这总是官府要人迁善远罪，大家从直说来，好歹俱要公言。如有言者，讲师代笔，用常纸写一草簿。讲完之时，乡约长带归。每讲俱如此，积十月半。乡约长同各保长总会，将草簿订妥，然后写入印簿报缴。

至于纪和簿，或是奉批处释的，或是未告当为调剂的，自岁首以至岁尾，遇有忿激便当劝和。矢天矢日，不可徇私取利，曲直了然，二比相欢无怨。计一岁所当和者几件，明叙其节略于簿上此则所谓纪和也。各簿尾俱写本约长，次写保长，各各花押。此则民间善恶之大小，和事之公私，印官得以按簿而知其概矣。

各簿十月缴到，随即印换。而旧簿存房，以备吊阅。并须严饬经承，不许借造册印簿名色需索使费。违者，访拿重究。

一，乡约保长每月朔望讲会，悉依各条叮咛儆戒。今添设大会二次，一取正月初十，一取十一月初十，皆闲暇易于欢聚也。是日城内外乡约保长合为一大会，各都拣其近界，呼吸易通或两三都或三四都，择一适中之公所。先期知会每人，自备饮食，较议乡约保甲事宜，订以各自清楚，互相接应。万一有事，传知临界，毋分彼此。或各人奉行，有刚柔疏密之不齐，全要过失相规。又或本保甲内，自己有失察之歹人，而邻保知之者，若知攻出则酿祸又深。无妨公众促膝直吐姓名，方见相助为理之妙，切勿怕事逡巡。上有官法，下有众志，彼歹人安能肆害言公的。况会上议到隐微处，原是寂寂深谈，不许会外听闻。会中传播，才是情同唇齿。本保长回去该甲内，邀集那十家申饬，只泛言时日大会有说你甲内有歹人者。人言可畏，官法如雷。保长与甲长责任所关，不得不预先说破。要十分防闲，要十分改变。万一不然，岂止本人要细解受刑，即邻佑八家与保长甲长刑也。难当保长。如此提醒，或亦可敛戢化盗为良。倘言之不悛，事发擒解矣。

至于边邑乡村，有与江浙广紧连处，仿佛同里。我这边乡约保甲，当以条规兴。彼处贤豪及有地方之责者共览，相订稽查如法。庶无邻壑贻讥。该印官仍以此意，移会彼州县。官守虽异，而圣谕本同。地界虽分，而民情若合。试思联保甲的联字，原要远近联络，一心遵化，庶几道不拾遗，民皆乐善，长为太平有道之风矣。

以上各条，皆平常切近，非有矜奇骛远之略。本都院揆情度理，酌古准今，一片苦心热肠，欲贤愚洞悉高下，稔知或有未尽之言。又先布于衍义之内，该府厅州县反覆细看，有当逐条分别晓谕者，有当移营共为兴除者。务必言言体认，字字遵依，处处精明，时时振刷。勿始勤而终怠，勿假公而济私，勿阳奉而阴违，勿进锐而退速，勿此密而彼疏。庶几乡约保甲纲举目张，仁渐义摩，复有物有则之常，致无灾无害之喜。

2.《社仓条约十六条》

一，立社仓之法，每乡各立一仓。乡之小者不能独立，或二乡或三乡共立一仓。又于各社正、社副中，举德行优异、公正明廉者总统之。

一，社仓捐输之法，论地土之多寡，家道之贫富，量为捐输。若地土多而家道富者为上户，地土中等家道平常者次之，地土少家道甚平常者又次之。分上中下以为捐输之多少，则事得其平而人心自服矣。

一，一社之中，捐输无论多寡，总分东西两仓，各贮存其半。今年当春天青黄不接之时，将东仓之粮借与本乡之贫乏者。若遇十分收成，则三分之息。遇八九分收成，则收二分息。遇六七分收成，则取一分之息。遇四五分收成，则只取其本。若收成之年而借粮之人不能偿还，令保人补足之，只收其本可也。则东仓俱系新粮矣。第二年又将西仓之粮借出，秋收还仓。第三年又放东仓。第四年又放西仓。两仓递为出纳，则仓中只存一年之粮。既不至有红朽之患，且得生息之利，于百姓大有裨益矣。

一，社仓令乡人自为之，不掌于官，恐一经衙蠹之手则百弊俱生，惠不及民矣。或虑人心不齐，事难速集。则令教官督催之。若教官仍不能催齐，则禀明知县，令乡长、地方跟随教官督催，事无不济矣。

一，社仓之中有武断乡曲游手好闲不事生业者，公同摈斥，不许入会。如有改恶从善者，同社之人能保其自新，亦令入会，以励将来。则于积贮之中，寓善俗之道矣。

一，同社之人，有衣粮仅足自给者，或并不足自给者，秋收之时既然经捐输若干，来春不能度日，仍许将所捐之粮取出。或再不足者，亦许借本乡之粮。

一，一社之中，或遇婚丧之事，自己力量不能备办者，许将本人原捐之粮借出暂用，俟有时偿还，不必加息。仍或不足，同社之中有财者助其财，有力者助其力。或代为经营，或效其奔走。亦如古人乡田同井，百姓亲睦之义矣。

一，借粮加息，就丰收之岁言之。如遇灾荒，许本人将原捐之粮倾出自用。如再不足，则将仓中之粮，酌量借给，偿还时不必加息。其或真正乏食，不能偿还者，社正副验明，销册，不必索取。此亦赈济之一道也。

一，捐输之日，社正副、社长、社佐公同收贮。借放之日，亦令公同监收，不许会中之人私自收放。

一，家道殷实素有德行者一人为社正，处事公平人所信服者一人为社副，忠厚老实承命奔走者一人为社长，颇晓文书精通算法者一人为社佐。社正副、社长、社佐，遇各项差使，俱宜优免。如有事见官，官宜加之礼貌，以示优异。

一，社正等实心效力，一年之内仓粮完足，无亏空侵蚀等弊者，知县给扁旌奖。二年无亏空侵蚀者，知府给扁旌奖。三年五亏空侵蚀者，司道给扁旌奖。以示鼓励。

一，米粮出入，听社正等公同酌议，有司不得干预其事，亦不得因端借用。如有此事，许社中人公鸣之上司，以因公那（挪）用参处。

一，秋收捐输，无论豆米听从民便，不必拘定一格，恐措办之难也。

一，减价平粜或牙行贩出贵卖，或富户囤积以待高价，于穷民仍无所益。不如遇青黄不接之时，即令各社中社正、社副、社长、社佐等，将各社真正穷民计有若干，每日需米若干，各造一册。或半月或十日，令社正等带领赴县买米，则牙行不能贩去，富户不能囤积，于真正穷民实有裨益。设遇荒歉待赈之年，就各社中买平粜米之人，再加确查。则穷民不至遗漏，而富户不得冒领矣。

一，社中有仓可盛者，则公同收贮。如无仓可盛，或粮尚少无需乎仓者，择殷实之家二人，一收东仓，一收西仓。或当店、盐店，分贮东西二仓亦可。若有收放，社正、社副、社长、社佐，公同验看。

一，社中或有设法借去，拖欠不还，以致亏空者，许同社之人禀之于官，按法究治。以一罚十，以警将来。

新增二款：

一，每月朔望日一会，每会二三十家或四五十家。在村镇者，以土地神（庙）为主。在城市者，以城隍（庙）为主。至期，社正、社副、社长、社佐，率一会之人，诣神前上香，并奉上谕十六条于上，序长幼立于神前，行三跪九叩头礼。社正又向神前宣读圣谕十六条。读毕，再向神前申明之曰："凡我同社之人，能遵圣谕者，天必降之福。有违圣谕者，神必降之祸。尔其慎哉，尔其勉哉。"礼毕，撤神位。序坐。社正副将前半月行过好事者一人，举其事，而称奖其善。众人共一揖，以赞赏之。再将行过不好事者一人，亦举其事，论说其不善。众人亦一揖，而劝解之。如无可举，即收米入仓。或酌量收钱入社。一茶而散。此于社仓中寓乡约，以厚风俗者也。

一，凡同会之人，务要各相保爱。遇水火盗贼，同心救护。遇婚姻丧葬，则协力赞助。其间或有争斗不和者，社正副集同会之人，评其曲直，而劝谕之。会中之人或有出外远行者，并自远回来者，必知会两邻。或有外方之人远来住宿者，或回去者，亦应知会两邻。庶同会之人，便于稽查。此于社仓之中寓保甲之法，以弭盗贼者也。

补遗：

立社仓之法，每乡设东西各一仓，公举德行优异公正廉明者为社正副，使总统之。又于乡之中分十家为一牌，公举一殷实老成者为之长。凡有余不足，出纳多寡，皆使董理其事，与社正等相为可否。凡捐输之法，以上中下三等为，则一乡之中有富家望族好德施恩有力足以济众者，为上户。此仁人长者，不拘常格而乐输者也。次等有地有家，在十家之中颇称殷实，则酌其地土之多寡，约以百亩为一户输粟几斗，二百亩为二户输粟例推，是为中等。又有无地可捐之民，及十亩数亩之家，虽欲捐而实不能者，亦有乡田同井通力合作之义，令每月捐工一日。即于十家内赁出息，一岁之中可得十二日之偿。人仅资其力，彼不费己财，不失相友相助之意。若真正鳏寡孤独者，不在此论。其有读书人无地又无力者，一无可捐，令每月朔望，同社正等讲习行礼，又相助为善，大有益于众也。若城市居人，除有地有家乐输如例外，又有专事贸易无地可捐输者，酌量令每月输钱三十文与十家牌长，岁纪之。如此，则多寡适均，法无偏党，有无可以共济，恩义得以两全矣。

第14.《福惠全书》节选，（清）黄六鸿

讲读上谕

谨按周礼正月之吉，州长各属其民而读法，以考其德行道艺而劝之，以纠其过恶而戒之。党正及四时之孟月吉日，则属民而读邦法以纠戒之，族师月吉则属民而读邦法，闾胥聚众庶，既比则读法。夫古之闾胥犹今之村长、地方也，古之族师犹今之里社族长也，古之党正犹今之乡约耆老也。至于州长亦犹今之州县有司也。夫闾胥族长党正皆掌政治教令，则其人必皆品行素优，非如今之约、地、乡、耆市井庸鄙以充也。则今之上谕，又与成周之法令，同一教化大典，岂可令市井庸鄙充讲读之任乎？则约讲乡耆之不可不选也。

夫州长之读法，以正月及正岁，是一岁而再读。党正之读法，以四时之孟月，是一岁而四读。族师则每月一举行，是一岁而十二读。至于岁时祭祀读法，亦如之。盖以就近者则读多，相远者则读少，亦期于便民，而不致于烦扰也。是则今之上谕，城厢及村长族尊宜每月一读，乡耆宜四孟四读。但州县有司仿正月之吉及正岁一再读之制，似觉太简，亦宜四孟四读。则城之于乡，乡之于村，又不可不分为讲读也。至于讲读之际，俨乎如至尊之在上，凛乎若圣训之在耳。苟乡愚老幼拥挤喧哗，何以聆天语而肃观瞻乎，则仪注之不可不定也。所谓考其德行道艺而劝之，以纠其过恶而戒之，则读法之顷，不又有劝惩行其间乎。周书毕命有曰，旌别淑慝，表厥宅里，彰善瘅恶，树之风声，抑亦劝德纠过之旨欤。由是讲读上谕之后，兼行纠劝之法，使民闻圣主之言，感道德之教，而咸化于善。使民知朝廷之意，明善恶之辨，而总归于仁，庶几良法美

意兼举之而无遗矣。

近见州县卓异，具开本官每月朔望讲宣上谕十六条云云，则又不独如古之读法。有一岁再读，四读，十二读之别矣。然愚以为典以敬为主，不宜太数，数则反渎而易于怠矣。仍宜如古之读法，易以州县长四孟四读，似为酌古今之制。今卓异所云朔望，或亦就官民讲读大概而言之耳。然卓异既举以为例，司教化者，又不可不知云。

择乡约

讲读上谕，即谓之讲乡约。讲乡约，必择年高有德，为众所服者为之约讲。约讲有正副，谓之讲正、讲副。讲正副所以董讲读之政。而宣读者又必择少年读书子弟声音洪亮者二人为之。少年则宣讲有力，读书则字眼不错，句读分明。声音宏亮则闻之于远听者，方能领略。是在约讲于本乡自择之也。然此就一乡四时讲读而言。至于一村一族，每月吉讲读，一村自有村长，一族自有族尊，即村长族尊为之约讲，而自举其副焉。其宣讲者，亦听自择。若夫城中，亦必择年高有德为众所服者为之约讲，其正副宣讲亦如各乡之制。但城乡所举约讲正副，以及村长族尊，俱须按城乡开报花名，送州县。州县点验，果堪膺选，方任以讲约之事。但讲约正副等，专司讲政，宜待以优礼。或有关地方教化风俗事件，听州县所委。其余琐屑，则别有料理。地方之乡约在，非彼宜与也。

城乡分讲

州县官有钱谷刑名之责，不能远赴四乡，而四乡之民亦有农桑商贾之务，不能远赴治城。故每乡宜设一讲约所，或合乡共购，或就宽大寺院庵观亦可。如每村每族俱宜专设，或就村之寺，族之祠堂，但须洁净可奉龙牌，宽敞可容听众。至于在治城讲所，长官宜自捐俸，或乐输者听。但不可出单派敛，以资口实。须于通衢建立，榜题讲约所。庶于有司恪奉明纶，遵行讲读，似为得体矣。

讲读仪注

讲期前一日，司讲者至讲所扫除洁净。上用高案奉安龙亭，或精设御幄更见恭敬。前用长桌安置香炉、花瓶、烛台全副。堂外门之右建鼓一面，庋以高架。门之左设云板一面，悬以横□。次日辰刻，讲正副率领执事人等，各司其事，听讲缙绅齐集仪门内，百姓齐集大门内外，候印官率儒学营官僚属于大门外稍远，下轿马。近所之处不得传呼鸣锣，以龙亭所在也。官属由左角门入，绅矜立堂左阶下迎，一拱而升，不敢揖，以未龙亭前行礼也。执事人于龙亭前焚点香烛齐备，官属率绅矜至甬道下，分东西两班，行三跪九叩头礼。讲正副于阶下随行礼，百姓俱令跪于门外，俟官绅礼毕，乃起立。若令一同行礼，恐衣冠不整，俯仰参差，反致亵越也。礼生赞礼，乐人奏乐。礼毕乐止，现任文武绅矜入堂，左右序立，讲正副抬讲案于堂门左，恭置上谕直解于案上。约讲率司讲者近案，另班立，命听讲百姓俱入至阶下两边站立肃听，不得拥挤喧哗。约讲高声唱，鸣讲鼓。司鼓者鼓三严。司讲者对案拱，立，朗声宣讲。讲一条毕，用压纸将书压定，防风卷乱，鞠躬而退。司点者，击云板一声。司讲者第二人近案，讲第二条，讲毕照前退。司点者击云板一声，先讲者一人，在进讲第三条。如此十六条俱讲毕，约讲高声唱，上谕讲毕。谕听讲百姓俱出大门外。现任率绅矜下，于甬道东西分班行礼，礼生赞礼，乐人奏乐如前。礼毕乐止，礼生唱，礼毕。约讲高声唱，请。龙亭抬夫，皆黄团花衣，开后屏门，约讲率领升龙亭至后堂居中奉安，仍用黄龙袱覆好。约讲出，官属与绅矜及约讲行礼毕，步出仪门。绅矜送官属升轿马讫，然后各散。此州县官亲行讲读仪注也。

凡城乡及各乡村族行礼讲仪，俱照式，但州县官不至，即以绅矜序爵位年齿为领班可也。如印官查某乡有仪注不合式者，或一亲诣较定讲解，更见留心大典。

置善恶簿

凡城乡村族讲约所，须置劝善纠恶二簿。劝善簿红面页，纠恶簿黑面页。每讲读毕，约讲与在事人及首领绅矜长老，各举某人行某孝行，作某善事，拯救某人患难，周恤某人贫苦。或妇人女子为某节为某烈，俱要实迹公同开载劝善簿内。小善则约讲等亲诣其家而奖劝之，大善则于四季月终具呈，仍开造事实册结，投报州县。如某人行某忤逆不孝，某人行某悖乱不悌，作某恶事，欺凌某人，强占某人财物，及奸宄不法事，俱要实迹公同开载纠恶簿内。小过则约讲等传其父兄至所而戒饬之，大恶则于四季月终具呈，仍开造事实册结，投报州县。如有恃强隐庇，不许约讲填报，及约讲填报不公者，本州县访查出或经首告，定以违法申惩拿究。本州县官四孟在城定某吉讲读先期传集四乡约讲村长族尊代约讲者，于讲读日黎明，俱于城中讲所伺候。其所举报善恶之人，恶者于开报之时，立行差拘究惩，务于本处不众。如须对众惩处者，或寄监仓，俟讲读毕，对众发落，使观者知警。仍书其所为，榜于其门，俟有改过自新实迹去之。果更有善，犹当表之其善者。亦先期传知，于讲读毕，对众奖励，或花红酒果鼓乐道送，或给匾旌表其门。如妇女节烈，仍令绅矜族长里耆公举，照例申请题旌。有应奖而不合例者，本州县榜异之。

其各所善恶二簿，俱置送州县，印发填完再置送。印于季终举报善恶册结，仍将印簿并缴，查与开报册是否相同，仍发还。其在城厢，有善恶亦令约所置簿，公填开报，与乡村同。

第15. 江苏乡约局制度选，（清）

1.《江苏常州府江阴县乡约局规》（咸丰五年四月）

一，圣谕广训直解及训俗遗规、养正遗规等书，多印备用。

一，城局向设邑庙，于咸丰八年孟夏公议专设寺巷恤孤。东塾、前埭、正厅三楹，为官绅汇集之所，后埭、西书房为局中帐房，门墙额“乡约总局”四字。

一，城董十人，务各集思广益，办事认真。一经传请，必须到局。平时到局与否，听便。

一，城乡先行给示谕，保访举孝悌忠信好善乐施、急公慕义之人及贞孝节烈妇女，由保甲及公正之人录送事迹，造册到局，以备查访的实，申详给奖，概不取费。

一，城董接谕帖后须到局，议举讲生二人，酌送修资。分朔望，宣讲忠孝节义古今事实、善恶因果等话。其行礼宣读圣谕，仍归礼生照旧奉行。

一，乡董每镇酌举二人，由官长延请到局，共同选举老成持重堪胜讲生之任者二人，保送到局。俟局察访，然后呈县谕知。

一，四城分讲，东则乘愿庵，西则长乐庵，北则天后宫，南则十方庵，中则广福寺、城隍庙。其六处周而复始，依期讲读，毋愆期并举。

一，三十六镇，每月朔三镇董事同讲生到城局一叙，每月望亦如之。六月一周，每年轮值二次，所费无多。到局可听城中讲法，而乡间讲生如有心得，城中讲生亦资切磋。如遇乡间讲生未能畅达之处，可请城中讲生到乡导讲。其一切仪节，前期通知务令整齐严肃，庶可行之久远。

一，各乡宣讲，乘其农隙，分期挨路，各定村坊配搭均匀。周而复始，不数不疏。一切小费，在乡酌劝起捐，切忌苛派。一年期满，造册报销，汇齐总局申送详报。

一，城中总局各费，初行借垫。俟局立法行，舆情踊跃，再议接济。每月朔望，三镇到局盘川归乡董支值，供应一日归城局承值。

一，各乡每年轮挨到局二次，外尚须于周年后各镇汇齐到局，将各乡一年后人心风俗转移事实，造册申送，互相观摩惩创。此即太师史成风之意，方不视为具文。到局供应一日，亦归城局承值。

一，城局惟司帐一人、应接一人、值局一人，每日一荤一素开支饭食。在庙祝处寄饭给费，每人每日七十文，按日计算。至承行贴写等费，随时酌贴。其出入款目，一年后开报昭告。城隍尊神外遍贴通衢，以昭诚信。

附：江阴县正堂陈示（咸丰五年五月）

宣解圣谕，化导民风，绅耆士庶，一体遵从，下消沴气，上格苍穹，能知礼义，自靖兵戎，里仁俗美，人寿年丰，穷乡僻壤，地殊情同，更望师长，训教儿童，现开讲局，先设城中，选董举行，日久奖功，为此示谕，各宜省躬。

2.《常熟、昭文县乡约规条式》（咸丰五年三月）

一，现于致和观共同善堂设立总局，适居城中，往来甚便。每逢朔望，本二县及绅董等到局齐赴乡约所龙牌前，行三跪九叩礼，宣讲圣谕广训，席地听讲。士民毋得拥挤喧哗，违者有罚。

一，查常、昭两邑，旧有乡约所六十四处，备载邑志。按八卦以定八方，每所各颁铎书悬额，编列某所某号。法至善也，亟宜照例一体复兴。本二县政务殷繁，先就在城者会同儒学，按期亲赴听讲，其余各乡先将告示发贴，俾众情踊跃，共襄盛举。

一，城中总局邀请公正绅士经理，并设司讲二人。随同本二县，于朔望就在城乡约各所按期宣讲外，司讲等随时分赴各乡镇，谆劝公举司董约长约副，举行乡约。总期素行端洁、乡评推重者，方充其选。庶不至有名无实，法出弊生。各乡镇举行后，亦须将司董何人，约长约副何人，详报总局，以便汇报。其一切仪注，均照城局办理。总局司讲，仍分赴各处，随时会同宣讲，随带总册，随时登记。

一，推广宣讲之法，如训俗遗规、养正遗规以及古今忠孝节义、善恶果报、足资劝惩、有关风化者，均可随时讲解化导。以期其挽颓风，渐归醇朴。至各种善书，本二县现已捐廉，印办数千本，谆嘱绅董等携往各乡镇，确交塾师，随时训迪，以正童蒙。惟善书流传，多多益善。尚望互劝捐赀，刊印传布，是为切要。

一，凡城乡各图，孝子、悌弟、贞女、节妇，无论存殁，责成司讲采访事实，造册报局登记，以便汇详题旌，以维风化。又地方善举，如养老、敬节、保婴、惜孤、惜字、放生、掩埋、助葬、备荒、救火等诸善事，随时随地实力举行。倘图中有花鼓、滩簧及宰牛、赌场、窝匪等事，不必拘定朔望两期，乡约长等会同城局绅董，随时禀明，听候究办。其余讼事，概不与闻。

一，各乡镇如有兴利除弊等事，约长等邀同公正绅耆，赴总局公同酌议，以便举行。其一切经费，各就本图集捐，量力酌办，不得勉强苛派，致滋扰累至。一年后各乡镇如行有成效，风俗潜移，讼狱衰息，该乡镇董事约长等劝导有方，本二县定必优加奖励。

一，城中总局，须另设司事一人，赞理局务。出入银钱帐目，局董随时查核。司事薪俸饭食，自应支销。司讲二人酌送修仪。司讲等赴乡开支盘费，局使局差，酌给辛力。其余各乡约正约副，按朔望定期就本处宣讲，所费工夫无几，总局概不送修，支费在约正副各积口头功德。谅有心为善者，必乐于从事也。如各乡绅董慷慨好义，愿捐赀酌送者，听从其便。

一，立局必资经费。此局一成，可以消戾气而召天和。如果实力奉行，所谓无形之保卫，足与有形之保卫相表里也。务望互相劝勉，随力捐助，以期经费充盈，可垂永久。

一，城局另立总册，注明某日在某处宣讲，以便稽核。每逢望日，诣昭邑境乡约所宣讲。总局绅董先日开单，请示本二县，当即会同酌定。由总局通知阖邑绅士，并饬传该处地方，承值伺候，毋得违误。至向常司讲诸生，不归现设总局办理。

一，各乡镇如邑志所载乡约所六十四处，照例一体兴复。乡董暨约正约副随时报明，总局绅董禀候。本二县暨学师不时亲到巡行宣导，以昭严肃，而期观感。本二县有厚望焉。

以上规条十则，各宜遵照举行。其中因地制宜，不妨随时参酌，总期协力奉行，功归实际，庶不负我。

3.《江南苏州府常熟县、昭文县乡约局规》（咸丰八年二月）

一，城厢宣讲八处周而复始，仍归致和观、同善局各董办理，一切章程最为妥善。

一，邑志载，各乡镇乡约所计共四十六处。前年开局，未经查报的确，如有可振兴者，宜复设。已坍毁者，宜另设。该乡董及地保筹议妥善，赴局禀报。

一，是局为四乡总董随同本二县，暨儒学巡行挨讲。即选廉明老成练达者，举为董事，给予谕帖。再举品学素优、声音洪亮者，作为讲生，给予谕帖。

一，开局赴乡船只供应经费，有不居名之善人先为措用。嗣后四乡感应惩劝，得宜自当设法筹备。总以节省为主，方能永久。

一，本局延司事一人，常用在局。如有乡董来城，商办一切，以便接应。

一，经理银钱，出入帐目，须逐月抄录。开支款项，一贴街衢，一贴局中一焚化炉内。以昭神人共信。

一，局中立劝善惩恶二簿，如孝子、悌弟、节妇等迹略及滩簧、私宰、赌窝等事。乡董开送城局，总董查访。应劝应惩，秉公呈县办理。

一，本局局董，每逢朔望五十期，午后到局。汇议查核乡情外，各效前明忠宪高公会讲法，摘讲四书一章，须将劝勉人意，用克己功夫，阐发一番，贴局旁。依期以自约。

4.《江阴青阳乡约局规条》（咸丰七年八月）

一，经费宜节省也。宣讲一端，久未举行，乡愚不识，反指为迂。是以经费难筹，即有好善者勉力捐资，而谕单告示听事传牌，不无油朱辛力之费。初次开讲，公请学师弹压，绅士环集，不无舟车饮食之需。即依期接讲，会集同俦，岂能枵腹。若非法孔子之疏食，苏公之寡肴，经费奢靡势将支绌。当首以撙节为永久第一章程。

一，讲生宜选习也。登台宣导，全赖讲生。须平日无指摘者，方可保举。若不遴选，致有以言取人之失，悔无及矣。即遴得其人，平时无一片至诚之心，临讲何能有恳切之语。必择文行兼优，再多集格言语录，时时参订，然后登台，庶不绌于宣讲。

一，宣讲宜持久也。化导一事，本无近功。若或作或辍，一暴十寒，岂能有效。鲁论云学如不及，犹恐失之。在董事讲生善体此意，讲之勤而持之久，方能化洽。三年有成，其斯之谓。倘徒惊名斗胜，一时闹聚，阳博化导之名，阴启勾结之渐，于事无补转滋流弊。必实心实力，守正奉行，方堪持久。

一，劝善宜勤为也。善举多端，不可殚述。因地制宜，因时制宜，有益于人皆谓之善。扩而充之，若火始然，泉始达。司劝导者，运苦心，竭苦口，勤勤恳恳。自然，善者心益坚，不善者亦日迁矣。斯为尽善。

一，经理宜竭力也。银钱出入，必有专司。一切仪文轮讲，挨期宜昭公允。理斯务者，必访求有德，恪守常经，不可错乱。即有非笑阻挠等事，亦必平心息气，周旋其间。一片至诚，自然动物。切勿畏难苟安，渐致废弛。

一，平日宜讲学也。登台宣讲，虽为下等人指迷，然必正己而后正人。城局规条内有董事讲生逢五十期，赴局会讲，摘解四书一章切磋问难。乡局董事讲生平日亦当用克己功夫，先自修治，互相劝勉，以期躬行实践。平日功修既优，临讲机宜亦活。

一，助捐宜报销也。集资既难，用度虽节旁人犹或疑议，须逐月抄开清细帐书，贴讲所，造册送交城局。城局汇总报销呈县，以昭征信。年终造册，邀同捐户，于本乡里社神前焚报，以名公正无欺。

一，讼事宜疏绝也。乡间争执，致滋讼端。好事者借乡约为名，勾连城董，倚援声势，以希平反，最为恶习。倘有来局控诉，理直者自有地方官厅听断，无容代伸束之可耳。如理屈者，借为线索以冀回护，此大不可，必须杜绝。

一，课赋宜早完也。乡约之讲，本遵国制，应完条漕务宜早纳。若不遵完，为讲生者无以劝人，为董事者无以率物。务祈依时完掣，勿希短交。致令胥吏借词，开浮加之弊。各宜自爱，以期官民一德焉。

一，采访宜确实也。孝子节妇，地方矜式。为乡董者造门亲访事实，开送城局。城局汇总，挨镇摘查。如果属实，先行呈县给额，汇册详情旌表。平日董事衣冠拜谒，仿古式闾式庐之制，鼓励一乡。

一，善举宜酌行也。地方善事，如义学、恤孤、增财、积谷、施药、育婴、恤嫠、防水火之类，或因之或创之，随地制宜，因势利导。毋硬派，毋徇情，和衷共济，斟酌行之。尽美尽善可久可大。

一，邻镇宜掖讲也。乡约已行之镇，倡率开导，仿照办理。其未行之镇，必待城局赴乡，既耗经费，恐多间阻。必由已行之镇循循诱掖，渐次推广，风俗自化。邻里修德，势乃不孤。

一，念佛宜勿提也。广训十六条皆诚正修齐化民成俗之要言，专心宣讲犹难领会，乌可参以别说。今有一等讲生，专以课佛劝人，是违广训黜异端一条。夫佛教虽有惠民生，而不列于圣经贤传，只可任方外人说法。乡约为风俗人心起见，宜将忠孝节义、大中至正之道以化之。倘参以别说，使愚鲁者误入清净寂灭之途，是教以修持而适导以歧趋矣。吾侪服儒服，读儒书，应言儒，以崇我朝正学。宣讲时，宜置勿提。

一，矜奇宜勿效也。时人趋向，每因择交不慎，连累声名。盖异地人材不一，每多奇行异艺，惑人心志。方今外患未息，慎思明辨犹恐受愚，岂可以素昧平生者即通声气。夫子云，视其所以，观其所由，察其所安。以此衡人，庶不滥交。吾侪既司宣讲，宜循良崇正，以树风声。勿炫异矜奇，误入匪僻。

附：《同善会式》，（明）高攀龙

一，会名同善。每季主会，不论有爵无爵，但素行端洁，料理精明者，即可共同推举，轮流任事。

一，会期定四仲月之望，倘有事，须易主会，于旬日前揭于会所。

一，会日俱以巳刻，俟诸友毕集，揖班茶毕，鼓钟聚众。司讲者用通俗言语，不烦文采，务使人人易晓，感动善心。倘虑听者未谙，每会更大书讲语一纸，粘贴会所壁上。

一，会赀自九分至九钱止，俱自书尊号、银数，临期持付司籍者登记。不赴会而愿助者听，于先期送主会处收贮。后期而愿入会者听，补送。此会乃前人立下方便之法，每季一举，中人之家不过每日省钱一文，稍盈之家不过每日省银一分，即可扶穷救苦。富户捐田，或每年量助银若干两均听。

一，会赀随所至多寡，约为三分，以二助贫，以一给棺。助贫以劝善为主，先于孝子节妇之穷而无告者，次及贫老病苦之人，公不收养济、私不肯为乞丐者，要在会中也。若存银给价、袖中来往，诸弊丛生，所宜深念。

一，收散会赀完日，主会即将助银姓号并给过人户数目，用公费刻会籍，传送会友。

第 16.《复乡职议》，(清) 冯桂芬

*选自《校邠庐抗议》，文海出版社，1971 年，33—38 页。

治天下者，宜合治，亦宜分治。不合治，则不能齐亿万以统于一，而天下争。不分治，则不能推一以及乎亿万，而天下乱。柳宗元《封建论》云：有里胥，而后有县大夫；有县大夫，而后有诸侯；有诸侯，而后有方伯连帅；有方伯连帅，而后有天子；此合之说也。封建之合，不如郡县之合尤固。故封建不可久，而郡县可久。反而言之，天子不能独治天下，任之大吏；大吏不能独治一省，任之郡守；郡守不能独治一郡，任之县令；县令不能独治一县，任之令以下各官；此分之说也。顾氏炎武曰：大官多者，其世衰；小官多者，其世盛。盖大官所以治，治民之官。小官所以治民，分而又分，其数不能不多，其位不能不小。今世治民之官颇少矣。县令藐然七尺耳，控一二百里之广，驭千百万户之众，其能家至户到而周知其循莠勤惰饱饥甘苦哉?！至令以下各官，非赀选即吏员，流品既杂，志趣多庸。加以间关跋涉千里万里而来，身家妻子惟一官是食，犬马于富民，鱼肉乎贫民，视令以上尤甚。蠹民而已，何有乎治民。然则今之小官，如顾氏之说更多其数，患不滋甚耶？不知顾氏之意固欲复古乡亭之职也。

考周制，乡大夫之下有州长、党正、族师、闾胥、比长，遂大夫之下有县正、鄙师、酂长、里宰、邻长，以乡人为之，皆官也。以今十万户之州县计之，当有乡、遂大夫十，州长、县正五十，闾胥、里宰五千，比长、邻长二万五千。汉制十里一亭，亭有亭长；十亭一乡，乡有三老、啬夫、游徼。三老长教化，啬夫职听讼、收赋税，游徼循禁盗贼，亦以乡人为之，亦皆官也。以今方二百里之州县计之，当有三老、啬夫、游徼各四十，亭长四百，视周已大减，然犹之多也。隋文始一切罢之，盖

亦一时矫枉过正之举，乃遂为万世定制。（唐六典，汉氏县尉多以木郡人丞之，三辅县则兼用他郡。及为隋氏革选，尽用他郡之人。）

今州县设佐四五人，拨二三人分治各乡，至都图则有地保、地总司民事，其流品在平民之下。论者亦知其不足为治也，于是有保甲之法。十家一甲长，百家一保正，一乡一保长，然率视为具文。诏书宪檄络绎旁午而卒不行，间行之而亦无效。军兴以来，各省团练民勇有图董，有总董，大同小异。顾行之转视保甲为有效，然则其故可思也。地保等贱役也，甲长等犹之贱役也，皆非官也。团董绅士也，非官而近于官者也。惟官能治民，不官，何以能治民？保甲之法，去其官而存其五四递进之法，不亦买椟而还珠乎？吾甚不解。论保甲者，谓得周官遗意，则何不径师周公，乃必以隋文为主而周公为辅也？

兹为之酌古斟今，折衷周汉之法。县留一丞或簿为副，驻城各图，满百家公举一副董，满千家公举一正董。里中人各以片椟书姓名，保举一人，交公所汇核，择其得举最多者用之。皆以诸生以下为限，不为官，不立署，不设仪杖。以本地土神祠为公所。民有争讼，副董会里中耆老，于神前环而听其辞。副董折衷公论而断焉。理曲者，责之，罚之。不服，则送正董，会同两造族正公听如前。又不服，送巡检，罪至五刑送县。其不由董而达巡检或县者，皆谓之越诉。（今州县门或署越诉，笞五十，盖指越里老而诉州，非谓越州县而诉府。详见《日知录》。然则里老听断小事，固旧制矣。）不与理。缉捕关，正副董指引而不与责成。征收，由正副董劝导，而不与涉手。满五千家（地广人稀之县量减），设一巡检，全乎为官。如今制，惟以邻郡二三百里内无山川间阻之地，诸生幕职荐举者为之，丞簿由巡检升除。丞簿月给养廉三五十金，巡检半之，正董薪水月十金，副董半之。正副董皆三年一易。其有异绩殊誉功德在闾里者，许人荐举。有过者，随时黜之。见令丞簿尉用绅士礼，文用照会。有罪，即与凡民同。如是，则真能亲民，真能治民。大小相维，远近相联。无事而行保甲，必有循名责实之功。有事而行团练，更得偕作同仇之力。风俗有不日新月，教化有不日上哉?!

第17. 翟城村村治制度及村规民约，（清末民初）翟城村

1.《翟城村村治组织大纲》

第一条，本村村治，由全村人民组织之。

第二条，全村人民公举村长一人，村佐二人。

第三条，本村划为八自治区，各区公举区长一人。

第四条，本村组织村公所，办理本村一切事务。

第五条，本村事务分两股（一）庶务股（二）财务股。

第六条，前条各股事务，由各股股员分任。

第七条，本村村公所组织村会，公议本村重要事务。本村村会开会时，以村长为议长，以村佐、各股股员及各区区长为会员。

第八条，本村关于教育、慈善、卫生、实业、交通及因利协社等自治事项，均另立会约，公同遵守。

第九条，凡本村一切自治之基本经费，由本村人民担负。

第十条，本村自治经费之预算、决算，由村会议决，呈县备案核查。

第十一条，本村组织大纲，公布后呈县备案。

按：吕氏乡约事德治主义，又是由下而上运行政治之本位。宋儒吕和叔家于蓝田，所订《吕氏乡约》，为古今行村治者有成文约规之鼻祖。惜当时宋儒既无自下而上之政治运动，而朝廷党祸之横加，亦是阻碍村治发达之一种大压力。非然者，以一吕氏之蓝田乡约，且足以转移关中风俗，称治一时。况能合濂洛关闽各派徒党，群起而效之，有不全国风化大行，造成良好政府者哉?！今以翟城村之组织大纲及全部各项组织，

例蓝田乡约。据表面观之，翟城村规划严密，巨细毕举，蓝田乡约只属于翟城村中之德业实践会与改良风俗会之一二事。然实而按之，蓝田乡约对于德治主义，确具有充满包涵之精神。虽于先富后教之旨微有不符，然已为季世所难能者矣。凡研究德治主义以创办村治者，不可不手置一篇。庶不致徒营情于生产事务之发达，而忘怀于义利之辨也。因附刊于后。世之言村治约规者，庶乎其免数典忘卒之诮乎。

附蓝田吕氏乡约（原文略。选用的是朱熹《增损吕氏乡约》原来的四条，不包括朱熹增加的月旦集会读约之礼。）

2.《共同保卫章程》

第一条，本村为谋公共治安起见，特仿照古保甲法，编全村为五组，实行保卫。

第二条，各组公推组长一人，商承村长管理本组一切事宜。

第三条，除团体保卫外，并雇用更夫二名，由组长轮流督查，分街巡夜，以备不虞。

第四条，组内如有警报，由组长会同村公所，鸣锣集众共同捕治。

第五条，如遇村中有紧急事故，因防卫致死伤者，由村公所开临时会予以相当的赙奠或养伤费。但事主不在此例。

第六条，保卫经费，由村人民负担。

米迪刚君原按云，保卫方法，施之于一村而图治安，固属轻而易举。若推行全国，尤其是推行于今日土匪遍地之全国，非标本兼治，虽有良法美意，恐亦莫由布也。《（论）语》云，“有恒产则有恒心。”又云，“衣食足而后礼义兴”。可见富而后教，早成弗克变动之定例。虽然，业经含有败坏分子，如今日之社会者，亦不能不急谋除而去之之道，治标尚矣。譬之病者，大病已成，即不能不特别注意医药云。此事就本村已经收有成效之事实言之，固在禁赌。盖乡村习俗，实有不能与通都大邑同日语者。通都大邑，淫风奢习，指不胜屈。而乡村则惟有赌博之一途。赌博禁绝，其以赌博为媒介，因而酿成之奸淫邪盗诸恶风，将不期禁而自禁矣。至此事由本村推而行之于一县，亦得有成效者。其要点虽仍在禁赌，而赌之所以能禁者，则尤在酌采保甲连坐诸成法，借以扶持各村之正气。正气胜，邪气自然消灭于无形。所有一切赌棍盗匪之徒，非改邪归正，即远走他乡矣。由此观之，将来各省举办村治时，对于吾国古代，曾经见诸实行之保甲连坐诸成法，不能不酌量采取，以图治标而清乱源也，明矣。

3.《义仓》

义仓制具有井田时代三年耕必有一年之食，九年耕必有三年之食之遗意。亦即历代遗传之御荒善策也。但自清季维新以来，百废待举，挹注经费，时有蚀夺，良法废弛，大可虑也。兹将翟城村之筹办义仓事略，录之如次，以为各地劝。

筹办义仓之议定

遇有荒年，应共筹救荒之策。村有贫民，尤宜谋济贫之方。本村议筹办义仓，已有数年惟以粮艰摊派，迄未成立。至民国三年十一月，村公所开第四次村会议时，村长复提前议，谋实行设立义仓，以为济贫救荒之备。当经群相赞成，乃议定办法，除五十亩以下者酌免外，余则分为上中下三等捐助谷粮。旋将总理与干事举妥，积极进行，由十一月十五日办起，阅十日共集谷二十石。并议定每年秋收后，即依法劝集一次，俟所积之石数，按贫户计算，偶遇凶岁，不致饥饿为止。即平康之年，当青黄不接之时，凡村中贫户购置食物甚艰者，若有妥实担保，亦可由义仓借给，俟秋收照章偿还。以广积蓄，所有仓款，不准挪作他用。兹将筹办简章列左。

筹办义仓办法

第一条，本村为预防天灾奇变，特设义仓，以为自维之计。

第二条，每年于秋获后，按户收集粮食，以次设法储藏之。

第三条，储集之法，分为上户中户下户，上户每亩七合，中户每亩五合，下户每亩三合。其生计艰难之户，得酌免之。

第四条，每户于每年出粮食若干，均以簿记详载，其有特别加捐者，亦特别记载。

第五条，竭力赞助义举。善行特著者，为村人所共认者，得呈请县长褒奖之。

第六条，公举总经理一人，管理义仓事务。干事五人，受总经理之指挥，分掌一切事宜。

第七条，本村主户，得以抵押品，向义仓借贷粮食。至秋收后以借九还十之法归还之。

第八条，总经理得商之村长，将积粮酌量出售，用所得值生息，以资积蓄。

第九条，遇有饥岁，将所积资，预为购办米粮，并存粮一同施放于村户之穷困者，以资周济。

第十条，饥岁受惠之户，日后须设法偿还，以广积蓄。其实力不及者，得酌免之。

4.《教育费贷用储金会第一期》

翟城村教育事业，最称美善，就中尤以教育费贷用储金会之办法最为绝美，成绩尤显著，诚举全国一时无两之兴学良规也。此会创自清末，计截至民国四年，以蕞尔之一村，竟已有在中学校者十余人，在专门大学者四人，在各学毕业而充学校教职员者八人，入政界者三人，入军界者一人。洎夫近年以来，而中学以上者学生，尤为菁菁不可以数计。论者谓合直省各县较之，学生升学人数之多，除天津一地外，当推定县首屈一指，此翟城村贷用储金效力之彰明较著者也。查此会在第一期间，定名为学校贷用储金法。兹照“自治规约”详揭于后。

学生贷费法之缘起

人非下愚不移，固皆可有所成就。然有其才矣，又或因家计贫寒，微论其无志向学，即意欲亟图进步，而力有不足，亦往往浅尝辄止，究难遂其所愿，此实人生之不幸而大可衿悯者也。清光绪二十四年，村立之初等小学，甲班期满毕业生中，实系清贫而无力升学者共七人，当由米逢吉君以怜才之心，而筹一佽助之法。遂商诸村正副米徐二君，共拟订贷借章程，由本村学校经常费羡余项下，每人每年贷与银十八元，使升入高等小学。俟将来力能自立，除偿还贷借之数，并须照章程纳利以为公家之酬报。至民国元年，此七人由城内高小毕业，均已升入中学。

适本村小学校初等乙班，亦相继毕业。共同协商，佥以为再行贷费，实不若添设高等，较为便利。故筹措款资，建筑房舍，于民国二年春添招高等生一班。至此，贫家子弟既易于由初等升学，而学款又骤为增多，贷费一节，遂暂行停止矣。兹将当日所议之章程列左。

学生贷费章程

宗旨：以成全在本村学校毕业，材堪造就，家计贫寒之学生为宗旨。

数目：贷费数目，临时由本村董事者，酌量情形定之。

（甲）宣统元年升入城内小学堂学生十一人，系在本村初小学堂甲班毕业者，除村正副学生及米化南五人不贷外，其余六人，每年每人贷之以制钱二十串，或二十五串不等，作为学生学费。

（乙）此后或在本村学堂毕业，或在城内学堂毕业，转入他学者，贷之以费与否，及所贷数目之多寡，临时再行酌定。

年限：

一、贷款年限，临时按学生所入何学，及毕业年限酌定之。

一、宣统元年所送之学生，既系城内高小学堂，故贷费亦即以高小学堂毕业之年限为限。

偿还：

一、此款既贷于各学生作为学费，故还款时，亦须待各学生学成后，自行归还。

一、贷费既系村中公款，则学生有半途废学，不能自行归还者，无论毕业与否，概由其父兄如数归还，以重公款。死亡病故者，不在此例。

一、如各学生既在高小学毕业，又转入他学，再毕一业或两次者，所贷之学费，概由各学生自行归还。

一、所送之学生，能自行营业者，还款时以一年还清为上等，二年或三年者次之，至多不得过四年。

一、各学生学成后，自其自能营业之年起，从其所应得之薪金中，按十分之一抽扣，作为公家报酬金。以五年为限，每年每人之薪金百金者抽十金，得千者抽百金，依此类推。

一、如有未从村中贷款之各学生，至学成后，亦愿捐助者，无论多寡，概作为名誉报酬金。临时由村中董事者，酌量情形，呈请县长设法旌奖。

一、报酬金及名誉金，每年应收若干，由村中公议，贷与后来学生之材堪造就家计贫寒者。不足时，则由村中公款项下酌筹。有余则归入村中公款，作为此项贷费基本金。

一、以上皆系临时章程，有不妥处，随时修正，并呈请县公署备案核定。

5.《查禁赌博》

光绪三十年起，村正副乡绅等商定查禁赌博，办理未逾三年即成效显著。凡查出赌博，罚款充公。举报赌博，则从罚款中奖励举报人。这个办法不仅禁绝了该村的赌风，也被传到定县，以及山西全省。

查禁赌博一节，本为中下流人说法。然以孔子博弈犹贤之说揆之，则误解误犯之人，实不仅限于中下。久而相习成风，为祸始显。翟城村之禁赌，为其村治法轫之第一成绩。今山西亦全省无赌，并牙牌亦无之，其效仿之密可谓至矣。然微孙莼齐介绍之功不及此。兹按照“自治规约”录之如次。

查禁赌博规约之议行

人生于世，当各安其业。一入赌博场中，非直荒弃其业务，并易丧失其志趋，锢己损人，事所必至。本村赌风，畴昔虽不甚盛，然至东深春入，人多闲暇，无知者流，亦往往相聚小赌。自光绪三十年起，村正副米、徐二君，恐其愈演愈甚也，因与米绅春明，及公直、乡地等，商定办法，严行查禁。一经查获，轻者酌罚，重则送究。他时固均注意，而每至年节，村正副巡查尤力，即儿童之游戏有近乎赌博性质者，亦一律严禁。以其查之甚严，而能防患未然也。办理未逾三年，罚送者只有数人。自光绪三十二年以后，凡前之相习于赌者，亦尽改正业，即无以犯赌之人。相沿迄今，对于赌博一途，老者胥引以为耻，而在十数岁之幼童，几不知为何事矣。此举系纯尽义务，不动公款。兹将当日所议之规约列左。

查禁赌博规约

一、赌博为害，人所尽知。自此实行查禁以后，无论亲疏远近，一经犯赌，必酌量轻重，分别罚送，以示公允。

一、巡查为村正副、乡地等应尽之义务，所得之罚款系尽归公有。若遇有必须送案者，公直等应全数列名，以照慎重。

一、凡经村人报之，而始被获者，所罚之款，则归告赌局者一半。如因其情重，而必行送案究办者，即先由公款内提制钱一串，作为奖赏，以示鼓励。

6.《看守禾稼》

古农村有“守望相助”一义，所赅甚广。人存政举，是在组成村治者之一反手间耳。兹照“自治规约”录之如次。

看守禾稼之议定

四民之业，惟农最苦。既尽人力，又虑天灾。至五谷将熟，若复被人盗取，以勤劳应得之利，而反受意外之累，likewise祸及农家实为不浅。自清光绪三十年起，本村自村正副米徐二君，商同米绅春明，议定看守禾稼规约。每至秋初，经村正副雇用八人，将合村所有之禾稼，划为东西南北四段，分段看守，以专责成。倘雇役中有看守不力，于其经营之段内，被人偷窃，而未捉获者，村正副即与公直等，酌量情形，令其赔偿。凡经雇役或地主在地巡获者，即共同商量其轻重，分别处罚。行之即久，而村俗亦渐次改良矣。后至民国二年即减用四人，只在本村边界轮流巡视。而禾嫁亦毫无损伤，较之曩时各管各地，匪直格外多劳，且复屡被窃取者，其利益实大。所有各雇役之工资，系按贫富之亩数，照章集醵。每年所收之数，前虽雇八人，亦有盈余，复雇二人保管树木。今既减为四人，而看树木者，且已裁撤，其余款遂存置义仓，以备救荒之用矣。兹将规约列左。

看守禾稼规约

第一条，以村之东西南北分四段看守，雇役中如有看管不力者，一有损失，由村正副、公直等，酌议赔偿。

第二条，无论何人，一经雇役或地主在地捉获，即量其偷窃之多寡，分别处罚。

第三条，雇役之工资，议定按亩分摊。逾百亩者为上户，每亩须出粮七合。逾五十亩者为中户，每亩须出粮五合。逾二十亩者为下户，每亩须出粮三合。除工资外，如有盈余，即存作别用。

7.《保护森林》

山西省颁有人民植树令，每年人植若干株，视为天职。山东全省，自重农主义盛行以来，统计每年有二千余万株之增益，亦地方团体督催种树之功也。翟城村之保护森林法，尤为劝植之根本要图。兹照“自治规约”录之如次。（注：“山东全省”可能应为“山西全省”，原文可能有误。）

保护森林之议定

农田为生民之本，树蓄尤国政所先。盖以树木之为物，可以蔽暴风，可以吸炭气，可以化燥而引雨，可以获利而便用，所费无几，而收效无穷。若夫广植林木，究未克日见畅茂者，即以斫伐无时，不善为保护所致耳。本村地多沙质，由来已久。所有沙深二尺而内系沃土者，论其表面，似不堪耕种之地，在畴昔无贫无富，率皆弃之而不顾。故赤地荒田，举目多有。即有劝栽植树木，尚可获利者，亦以其不易看护，恐被盗伐而不为。当清光绪三十一年时，米绅春明，念及于此，心焉惜之。用于村正副米徐二君议定保护规约，提倡栽树。所有按亩摊派之秋粮，除雇人看守禾稼外，即提盈余，雇用二人专任看管树木之责。如遇有盗斫被获者，即共同照章罚办。村人以保护之法甚严也。于是种树之家，日多一日。向所荒废之地，后则森林密布矣。迨至民国元年，见对于所有树木，人人尽知保护，而窃伐之事，久不一见，乃将雇役裁撤。迄今又逾三载，幸以互助劝戒之力，究未闻有一树被损者。故四野所植之树，现尤大增矣。兹将当时所议之规约列左。

保护森林规约

第一条，偷窃树木，为害颇巨。欲除其害，非设法保护不可。故议定雇用二人，专任看护之责，以图实利。

第二条，按诸国法，偷窃虽罪有应得，然若概行送究，又恐其借滋事端。故已商妥，如有窃伐树木，经雇役或本主查获者，即由村正副、公直等，量其轻重，分别处罚。多则制钱五串，少则五百，以示惩戒。

第三条，所有罚款，固应尽归公有。惟有时经人报知而破获者，其罚款即归报信者一半，以酬其劳。

第四条，雇役有看守不力，有时被人偷窃而未捉获，即由村正副等酌议赔偿。

第五条，因看守禾稼所筹之款，其盈余即作此项工资，即不另行摊派，以期易举。

8.《翟城村之平治道路》

修治桥梁，固为便于来往，平垫道路，尤属利于交通。特患人公德薄弱，往往置之不顾耳。本村东南两面，临村各有一水濠，地势低下，村内之雨水，悉行流入。至夏季遇暴雨，东南两街之大道，必被冲刷，且深至尺，泥泞坎险，行人甚以为苦。故于客岁三月间，由现村长力为提倡，与村人共议办法。先由公款内提二百元，将各濠水口，用石修治。求其高下相宜，俾水势流行不猛，而道路不被冲损，再按户出工，分段补垫平坦，月余告竣。并议定简章数条，以便遵行，而期永久。兹将简章列左。

平治道路简章

第一条，本村既分八区，各区之道路有无损坏，由区长任稽查之责。

第二条，无论何区，其道路微有损坏，即由区长劝令区内各户，随时修治。

第三条，道路中如有重大破坏，不易修理时，由区长商同村公所酌办。

第四条，道路两旁，不准堆积粪土、柴草及其他污秽物，而有碍交通。

第18. 山西村政制度选，（民国17年）山西省村政处

1.《改进村制条例》（民国16年公布）

第一条，各县所属乡村，按照本条例编制组织，以立全民政治之基础。

第二条，乡村编制及村长副闾邻长选任，均适用前定各办法。其简章另修订之。

第三条，编村内按事务之性质，设左（下）列各部。一村民会议，二村公所，三息讼会，四村监察委员会。

第四条，村民会议，规定全村一年中一切重要事务，及选举办理村务各项人员。其简章另订之。

第五条，村公所办理全村执行事务。其简章另订之。

第六条，息讼会，调理村民争讼事件。其简章照原条文另修改之。

第七条，监察委员会，专司监察事务。其简章另订之。

第八条，本条例自公布日施行。

2.《修订乡村编制简章》（民国16年）

第一条，本简章根据改进村制条例第二条规定之。

第二条，各村区域均以本村原有境界为准。遇境界不明时，有连界村长副协商划分。如有争执应呈由区县决定。

第三条，凡满百户之村庄，或联合数村在百户以上者为一编村。应

设村长一人，村副一人。其户数较多者，得增设村副，但至多不得过四人。

第四条，依前条第一项之规定，如系联合数村为一编村者，应以户数最多之村为主村。

第五条，村内居民二十五家为闾，设闾长一人。五家为邻，设邻长一人。闾邻应各按次序冠以数目字样。如第一闾第二闾第一邻第二邻之类。

第六条，依前条规定，如因居住团结或不便分配在二十五家以上五十家以下，或不满二十五家者亦得设闾长一人。在五家以上十家以下者，可设邻长一人。

第七条，本简章之规定，城关街编制亦适用之。

第八条，本简章自公布日施行。

3.《修订村闾邻长选任简章》（民国16年）

第一条，本简章根据改进村制条例第二条规定之。

第二条，村民年在二十五岁以上，现未充当教员及在外别有职业备具左列资格者，得选为村长副。一参与村民会议者，一朴实公正，粗通文义者。

第三条，村长副应由村民会议加倍选出，有区报县择委。委定后呈报总司令部备案。村长副选举时，区长或助理员得到场监视。

第四条，村长副任期一年，每年于春节后一月内改选，但得连选连任。

第五条，村长副改选后，旧村长副须于新村长副奉委之三日内，将所管一切移交接管，由新村长副将交接日期报区转县备查，连任者亦须将连任日期报查。

第六条，闾长于每年新村长接事后十日内，由本闾居民推选，选定后送由村长报区转县给证。

第七条，邻长于每年闾长改选时，由本邻居民推选之。

第八条，本简章之规定，街长副亦适用之。

第九条，本简章自公布日施行。

4.《村民会议简章》（民国16年）

第一条，本简章根据改进村制条例第四条规定之。

第二条，村内居民年在二十岁以上者，均得参与村民会议，如村中习惯以每户出一人亦可，但有左列各款之一者，不得参与会议。

（一）品行不端营私舞弊确有实据者，

（二）贩吸鸦片金丹及含有吗啡等毒质者，

（三）窝赌及赌博者，

（四）窝盗及窃盗者，

（五）有精神病者，

（六）曾受刑事处分尚未复权者，

（七）因故被村民会议议决不准参与会议者。

第三条，村民会议议办事项如左（下）。

（一）选举村长副及村监察委员息讼会公断员，

（二）省县法令规定应议事项，

（三）行政官厅交议事项，

（四）村监察委员会提交事项，

（五）议定及修改村禁约及一切村规事项，

（六）村长副请议事项，

（七）本村兴利除弊事项，

（八）村民二十人以上提议事项。

第四条，会议分通常临时二种，由村长招集之。通常会议，每年举行一次。临时会议，遇有特别事件，随时招集。

第五条，开会时须有应当到会之村民过半数之到场，始得开议。

第六条，会议细则，各村自定之。

第七条，本简章自公布日施行。

5.《村公所简章》（民国16年）

第一条，本简章根据改进村制条例第五条规定之。

第二条，各编村须于主村设立编村村公所。

第三条，村公所为执行村务机关，其执行人员，以村长副闾长组织之。如村长副闾长不足七人时，有村民选补之。如过十三人时，闾长分班任事，其分班法由执行人员会议定之。

第四条，村公所应办事务如左（下）。

（一）行政官厅委办事项，

（二）村民会议议决事项，

（三）其他一切应行执行之村务，

（四）报告职务内办理情形，及特别发生事件。

第五条，村公所处理事务，应以合议制多数决行之。

第六条，每年于春节后一月内，由村长副招集闾邻长互选数人，受村长副之指挥，分司村款、积谷、保卫团、学务各项事务。前项分司各项事务人员，如各村习惯上有由村民公举者，仍从习惯。

第七条，遇有特别重要村务，须提交村民会议议决后执行之。

第八条，村公所应置记录簿，将处理重要事务之到场人数及所办事项登记之。

第九条，各附村得设立本村村公所，其职员由本村村副闾邻长组织之。执行村务，准照前列各条办理。

第十条，村公所办公费，由村民会议定之。

第十一条，本简章自公布日施行。

6.《村禁约之规定及执行简章》（民国14年）

第一条，村禁约由村民会议议定，按照第四条之规定委托执行。

第二条，村禁约之范围如左（下）。

一妨害公众安宁者，

一妨害公众秩序者，

一妨害公共事务者，

一妨害公众财产及身体者，

一妨害一村风俗者，

一妨害公共交通者，

一妨害公共卫生者。

前项范围，须由官厅人员逐一解释明白，使村民会议按村情将应禁之事，一一提出共同表决。如上年议定禁约，下年会议认定应增应删之事，亦得提出公决。

第三条，违反禁约议处之种类。

一交纳村费十五元以下一角以上，

一习惯上之处罚，如就公庙罚跪或跪香。凡沿用习惯足资儆戒不涉凌虐行为者，不妨酌用。但从前纠首社首相沿之吊打恶习，绝对严禁。

第四条，遇有违犯禁约，每年有闾长七人以上者，须由村闾长合议处理。其愿加入邻长者更好。闾长不足七人者，必须加入邻长。共同商酌。如村中向有习惯办法合乎村民公意者，得仍旧施行。违犯禁约之人，于村闾邻长有牵涉应回避者，必须回避。

第五条，凡情节重大非禁约所能禁止者，送请官厅重惩。若依禁约处办有不服者，即报区送县核办。

第六条，本简章自公布日施行。

7.《修订息讼会简章》（民国16年）

第一条，本简章根据改进村制条例第六条修定之。

第二条，每编村设立息讼会一处，由村民会议于村民中选举公断员五人或七人组织之。

第三条，息讼会设会长一人，由公断员互推之。推定后连同公断员姓名报区转县备案。

第四条，息讼会调解讼事，命案外，凡两造争执事件请求调处者，均得公断之。

第五条，公断时以公断员多数取决可否，同数时由会长决定之。

第六条，公断后如有不服者，听其自由起诉。

第七条，公断事件有涉及会长或公断员之本身及同居亲属者，均应回避。前项回避人员，如系会长时，由公断员推举临时会长，代行职务。

第八条，会长及公断员之任期一年，但得连举连任。

第九条，两编村人民有争讼时，由两村公断员合组临时公断会处理之。

第十条，各附村有距主村较远，或户口较多者，得设立息讼分会，其办法准照前列各条办理。

第十一条，本简章自公布日施行。

8.《村监察委员会简章》（民国16年）

第一条，本简章根据改进村制条例第六条修定之。

第二条，监察委员会由村民会议于村民中选举五人或七人组织之。

第三条，监察委员会职务如左（下）。

（一）清查村财政，

（二）举发执行村务人员之弊端。

第四条，监察委员会如查有前条第二款情事，应报区转县核办。

第五条，监察员任期一年，但得连举连任。

第六条，本简章自公布日施行。

9.《清查村款条例》（民国16年）

第一条，各村村款，由村监察委员会监察员清查之。

第二条，村长副于每年春节后二十日内，将上年村款收支一切帐簿送交监察员详细查算。

第三条，监察员对村款有疑意时，得随时通知村长副明白答覆。

第四条，村长副如不遵照前二条规定，依限送交帐簿及帐目不清，故意蒙混，或不向监察员说明疑意时，由监察员报告区长，迅予纠正。如系查有重大弊端，应报区转县处办。

第五条，监察员清查帐簿，以二十日为限。清查后如无弊端，应即会同村长副开列清单，连名公布之。

第六条，监察员清查村款，如有徇隐或作弊情事，得由村民告发之。

第七条，自本办法实行之日起，前定清查村款办法废止之。

10.《修正禁赌条例》（民国 8 年）

第一条，禁赌以左（下）列之规定行之。

第二条，犯左（下）列各项者，按刑律各本条处办。

一赌博财物者，

一以赌博为常业者，

一聚众开设赌场营利者。

第三条，制造及贩卖或收藏赌具者，严行罚办。

第四条，街村长副于该区域内，查有赌博情事，应即据实呈报，以凭拿办。

第五条，买空卖空者，以赌博财物论。

第六条，指控赌犯证明确实者，酌给赏金。挟嫌诬告者，照律治罪。

第七条，本条例自公布日施行。

附《长治县村民会议办法》（民国 11 年）

一，各村村民会议，于春冬二季，开大会二次。日期由村中酌定，呈明县署，届时各段主任前往莅会。先用关切之言词，说明村人自动办事之好处与村闾邻长之职责及村禁约之效力，然后由村长主席议定以下二事。

甲，公议禁约。先由主任说明村中有坏人，则好人不能安生。且好人家子弟，亦不免要学坏。但是要教坏人不做坏事，仅凭官厅禁止，实在不如好人结合团体抵制，较为严密公道。抵制之法，全恃禁约。村中既有禁约，共同遵守，则坏人不敢做坏事，好人自可安生矣。然后由村人将应禁之事，一一提出，村长主席对众表决。如已议定禁约，由村长将原有禁约，逐条宣读，令村人将应增应删之事提出，公同表决。

乙，兴利。主任先择该村最易办到之兴利事项，为之说明利益，并应自动举办，不可全靠官厅。然后村长主席，村人提出研究。如不能解决时，主任代为说出办法，村人公决。

一，由主任询问村中最难办理之事，并公署规定通办事项，有无不合该村村情之事实。

一，村中应置一纪录簿，将年中兴革之事，何得何失，及处罚要案，全行登入，以备下次开会继续研究。

一，此纪录簿为主任照抄一份，由县署汇集。俟开行政会议时，以定应兴应革应注意之标准。

11.《各县义仓积谷简章》（民国10年）

第一条，本简章以推广各县义仓积谷用被荒歉为宗旨。

第二条，本简章所规定义仓，分类如左（下）：

一，由全县绅商所捐积者，为县义仓。

一，由全区绅商所捐积者，为区义仓。

一，由全村或数村绅民所捐积者，为村义仓。

一，由一姓一家或数家所捐积者，为私立义仓。

前项各义仓，每仓积谷数目，多多益善，不拘定额。

第三条，劝办员绅，由县知事遴选本县素具热心公正绅耆充任，并由县知事率同各区行政长，负督劝之责。

第四条，办理此项积谷，应由劝办人，邀集本县殷实民户及素著热心公益之人，劝令认捐。

第五条，积谷期间，凡产麦较多县份，应分两次劝积。其余各县，于秋收后，一次劝办。分两次者，第一次每年自夏至日起，第二次每年自霜降日起。各以三十天为劝办积谷期间。一次劝办县份，其期间与上列第二次所规定者同。

第六条，劝积此项义仓，应无论麦谷及杂粮并钱洋等项，均由各户任便缴纳。前项所收麦及杂粮，如系部耐久存，得由劝办或经理人酌量变价。与所积钱洋，一并易谷存仓。

第七条，此项积谷，劝积完竣时，应由县知事督同劝办各员绅，统计所积数目，分别筹定存储处所。并共同推定常年经理人员经管，一面妥议保管方法，及推陈出新，各项规约，共资信守。

第八条，造报期间，应于每次积谷期满一月内，由县将办理情形，连同劝积各仓义谷总数清册，呈报省道公署查核。并一面将各捐户纳谷细数，榜示周知。

第九条，劝积此项积谷，如因本年度收成歉薄，积谷无多，得由县知事呈请，展至下年补积。

第十条，如岁遇灾歉，县义仓得由全县士绅、区义仓得由全区士绅、私积仓得由捐积人，各就应需谷数，呈请县署核准借放，并报明省公署备案。

第十一条，劝办及捐助义仓人员，奖励办法，规定如左（下）：

一，捐助义谷在千石以上者或劝积谷三千石以上者，得依修正褒扬条例第一条第三项规定，由县转请咨部，呈请大总统褒扬之。

一，捐助义谷五百石以上者或劝积谷一千五百石以上者，由县转呈省公署给奖。

一，捐助义谷一百石以上或劝积谷三百石以上者，由县呈道署给奖。

一，捐助义谷十石以上或劝积谷三十石以上者，由县给奖。

第十二条，劝办及经理义仓人员，如有骚扰侵蚀舞弊情事，查实应由县知事从重惩罚。

第十三条，各县凡旧有各项义仓积谷者，应于此项积谷之前，由县督同各区行政长清查确实作为旧谷，与新积之谷一并存仓，妥为保管。并由县先行汇报，省公署备查。

第十四条，本简章自公布日实行。

12.《各县村社仓积谷简章》（民国10年）

第一条，本简章以各村普及为积谷宗旨。

第二条，此项积谷，专备本村救济灾歉之需，不得移作他用。

第三条，每一编村，均设社仓一处。前项社仓，如各联合村有愿在该本村分积者，均须按照本简章所规定各办法办理。

第四条，各村社仓积谷数目，户口在百户以上者，应积谷一百石。户口多者，每增至百户，须加积一百石。再多者，按数递加。前项积谷，按丰年粮贱时行之。

第五条，各村社仓，应以积谷为本位。但产麦及其他杂粮较多县份，得各就地方收获情形，变通办理。

第六条，捐积方法，应由各村长副闾长协同绅耆斟酌地方情形，各于丰年粮贱时，由本村民户或按地亩或按粮银或按户口及其他方法，公平起集。如系穷乏之户，得酌量减免。如村有公共存款及裁节迎神赛会等费，亦得提作积谷之用。

第七条，各村长副于办理积谷完竣后，应造具集谷人姓名及谷数清册二本，盖用名章。一存本村，一送本区公所。并将集谷人姓名谷数，榜示周知。前项清册送到各区后，应由该管各区行政长，于半月内分赴各村验明属实，汇造全区总册送县。由县知事汇列总表，限十二月以前，呈报省公署备案。

第八条，储谷地点，应就各主村或联合村公共寺庙舍宇存储之。

第九条，保管此项积谷，无论存于主村或联合村，均由各村长副闾长及经理耆绅公同负责。遇有新旧交替时，依照各县选任村长副闾长暂行规则第十二项规定日期，由接管人出具接收无亏甘结，送区备案。

第十条，此项社仓保管规约，应于区务会议时公同酌定，在县立案，以资信守。

第十一条，如遇灾歉，由本村村长副闾长公同议决借放。但必须呈明县知事核准。

第十二条，此项积谷，每年青黄不接时，由各村长副报明区长，定期以积谷三分之一，散放各民户。新谷登场，按一分加息，本利一并归仓。其每届出入谷数，由区长汇报县署备案。

第十三条，关于积谷一切应需费用，暂由各本村民户核实公摊。如入有息谷，则由息谷项下拨用，不再摊派。仍将各支用数目，均由村长副列款宣示周知。

第十四条，各村长副于积谷时，倘或办理失当，准人民报区纠正。如民户中，有于应出积谷抗不缴纳者，由各村长副报明区所县署，酌量处罚。

第十五条，各村长副闾长，办理积谷出力，得由区长呈县知事给奖，以昭激励。

第十六条，各村长副闾长积谷，如有骚扰侵蚀舞弊情事，由知事分别惩罚。

第十七条，各村凡旧有社仓存谷者，应于此项积谷之前，由县督同各区行政长，清查确实。作为旧谷于新谷一并存仓，妥为保管，并由县先行汇报省公署备案。

第十八条，本简章自公布之日实行。

第19. 合寨村村规民约，（1980年）果作村村民委员会

1.《村规民约》

1. 必须提高思想觉悟，认真体会安定团结的重要意义。

2. 严禁赌博，不准在私宅、村里开设赌场，违者罚款10元。

3. 为了保苗夺丰收，严禁放猪，违者罚款5角，并给赔偿损失处理。

4. 维护正常的娱乐活动，不准在村内、村附近对唱野山歌，违者每人罚款10元。

5. 不准在路边、田边挖鸭虫，受损失的罚工修补。

6. 不准盗窃，违者按件加倍赔偿并罚款5元，情节严重者，呈报上级处理。

7. 遗失东西，拿回交给村委会，归还原主。

8. 不准在泉边、河边大便，不准在上游洗衣、洗头梳发，晾晒蚊帐、床单等污染东西。

9. 讲卫生光荣，不讲卫生可耻，自觉到码头经常冲洗，保护清洁。

2.《封山公约》

一、严禁毁林开荒，违者每平方尺罚款5角。

二、不准在封山内砍柴、挖树根、割草皮、打石头，违者每百斤罚款10元。

三、村里风景树不准折枝乱砍，违者罚款15元。

四、不准盗窃林木，违者每百斤罚款15元。

五、实行护林有功者奖，毁林者罚的办法，对维护林木有功者奖5%的资金。

六、不准在育林区放牛，每头罚款1元，外村罚款2元。

第20.《后埔村村民自治章程村规民约》节选，（1997年）福建省厦门市湖里区禾山镇后埔村村民委员会

集体经济管理规定

一、本村集体经济包括村集体企业、集体种养殖业、第三产业等经济实体和集体资产，属全体村民集体所有，由村委会进行行政管理，任何组织和个人不得侵占。

二、集体经济实行多种形式的经营责任制，其承包形式、经营方式、经营人员选聘方式、税后利润的分配使用以及企业的分立、合并、停止、终止等事项，由村“两委会”提出意见，村民代表会议通过，由经济管理委员会实施。

三、村集体经济管理委员会为村集体经济管理的日常机构，具体组织实施经村民代表会议通过后的方案和意见等（负责集体资产经营情况的汇总，并报送有关经济部门）。

四、被决定实行承包或承租经营的集体企业，村委会应当采取公开投标的方式确定经营承包者，投标过程和投标结果向村民公开。承包或承租合同及承包情况应记录备案，由村委会统一保管并监督执行，年终公布合同执行情况，接受村民监督。

五、集体企业实行承包租赁时，由村委会与承包或承租人签订合同，企业实行自主经营、独立核算。集体企业实行承包、租赁后，企业财产的所有权不变，村委会对企业的重大生产经营活动可以进行指导帮助和检查监督，发现问题应及时解决。

六、经济合同管理要规范化，合同的管理由专人负责，并做好合同的借阅登记，建立经济合同管理档案。

七、村集体经济收入包括村办企业等集体经济实体收入和各种承包款、管理费、罚没款收入，应纳入村委会财务收入，主要用于本村公益事业，企业再生产以及村委会日常工作开支，收支情况应于跨年的第一季度内向村民公布。

财务管理规定

一、本村财务工作由村委会统一管理，接受镇经管站的指导和监督，接受村民代表会议的审议。

二、加强货币资金管理，严格执行国家《现金管理条例》，由出纳员负责办理库存现金的收支和保管工作，建立岗位责任制，非出纳人员一律不得管理现金。

村委会收支款项要手续完备，使用统一收款收据及合法的原始凭证，并要及时填写记帐凭证入帐，不得以白条抵库，不准坐支，不准挪用公款，不准公款私用。

村委会财务部门必须及时、准确地核算现金的收支和结存，做到日清月结，帐款相符。加强存款管理，支票、存折和印鉴分别妥善保管，每月和银行对帐单核对帐目，调整金额，做到帐帐相符。同时要加强对各种有价证券的管理，除了会计核算反映外，还要由出纳专人管理，对购买的有价证券要逐笔登记，定期核对。

三、严格控制管理费用的开支。管理费用主要用于村干部报酬和管理方面的支出，不准将其他方面的开支列入管理费。

四、建立健全财务开支审批制度。必须坚持村主任“一支笔”的审批原则，加强原始凭证的审核和管理，严禁便条作帐，各种报销凭证必须三人或三人以上签字。不合法的原始凭证不准给予报销。对不合理的开支，财务人（员）有权拒绝付款并向上级主管部门反映。不足一万元的非生产性和不足二万元的生产性开支，由村主任审批，其余应由村“两委会”研究批准。数额较大的土建工程，必须有工程的预算、审核、验收、鉴审和决算等审批程序。

严格控制各种借支公款，任何人不得利用职权私自借款，特殊情况的个人借款须经村“两委会”研究决定。

五、加强集体资产管理，凡使用年限在一年以上，单价在100元以上的生产资料为固定资产。固定资产的计价、计提折旧参照新的财务制度执行，制定出具体的折旧办法，报主管部门备案。固定资产的出租、出售、变卖和报废处理须报村委会研究决定，并报镇经管站备案。村主任兼管固定资产的管理工作，财务人员要建立“固定资产”总帐及按类登记明细帐，做好登记、保管、维修、盘点清查工作，使帐帐相符，帐实相符。

六、村委会要加强公积金、公益金、上级拨入农业基础设施建设的补助款及“以丰补歉”基金等专项基金的管理，坚持“先提后用，专款专用，计划安排，不得超支”的原则，每年定期公布专项基金的使用情况，接受村民监督。

七、村委会的财务管理工作必须坚持民主理财的原则，年终进行全面的财务检查和清理，纠正不合理开支。

八、建立村财务审计制度。村委会换届、村主要干部和村财务人员调动或离职前，应对村财务进行审计，对村委会财务工作作出总结，向村民代表会议报告。

九、财务机构的人员配备必须包括会计、出纳员和保管员，职责分明，不能相互兼职，以构成完整的财务管理体系。出纳员不得兼管往来帐及财务档案。

财会人员要选用政治素质好，敢于坚持原则，热爱本职工作，有一定业务能力，并经上级主管部门培训获得证书。财务人员要保持相对稳定，使财务管理和会计核算保持连续性。财务人员任免经村委会讨论通过，镇主管部门考核批准。财务人员调动或离职时必须按规定办理交接手续，编制交接清单，移交人、接交人、监证人要签字盖章，镇主管部门印验档案，在未办理交接手续前，财务人员不得离开岗位。

十、财务档案资料的管理必须严格按照有关法规执行。财务档案包括有关财务制度文件、凭证、会计帐册、票据、经济合同等，要分别登记造册，整理有序，妥善保管，防止腐蚀和虫蛀，做好财会档案资料管理工作。

土地征用和补偿分配规定

一、坚决贯彻土地集体所有制的原则，服从国家、集体建设，依法征地。凡是国家、集体征地，有关土地方面的补偿（除了用于生产的地上物及果树和执行土地责任制以后新开的水井、水池、粪池以外），按法律规定一概属于集体所有。

二、对村民承包土地的补偿以土地为准，一次性补偿（包括青苗），每亩最高限为伍仟元，凡未经村民小组同意，私自出租承包地，使国家补偿比常规减少，其减少部分从出租者所得补偿中扣除（但最多扣除肆仟元）。

三、进行村民分配：取消以土地为准，一律以户口簿户口为准（户口申报截止时间于分配之日起一个月内），但下列情况分别处理：

1. 农嫁给非农户因户口政策不能迁出（不包括原系本村农业户口被找工、征地、参军转业提干，上大、中专，转为非农业户）的有分到土地户口仍在本组的人参加100%分配，其有分到土地的子女按50%分配。

2. 1975年1月1日以后嫁出村民组户口未迁出有分到土地及有分到土地的子女按50%分配。

3. 已经死亡、外寄户口、未申报户口，被列为外孙无分到土地的对象不参加分配。

4. 村外、组外嫁入不得享受重复分配，包括劳力安置费，只能与村民对等享受。

5. 服现役的义务兵，大、中专在校生按100%分配（提干后、结业后不参加分配）。

6. 退休由其子女补员代替，对调户口不得参加分配。

7. 违反村规民约（如违反计划生育）按规定处理。

四、劳力安置费的发给对象，指农业户口转非农户口，已经无土地可耕，以公安局核发农转非的人口为准（如果农转非户籍事项不能及时办理难于核定，可以大面积征地补偿清单结算日期或以征地协议签订为截止日期）。一次性按9600元发给。参军、二劳人员其劳力安置费由集体代为保存，回乡后发给（参军提干者转业后安置费取消）。

土地管理使用规定

为了贯彻执行《中华人民共和国土地管理法》，切实保护集体耕地，贯彻“十分珍惜和合理利用土地”的方针，进一步深化土地使用制度改革，结合本村实际，特制定本规定。

一、本村辖区内所有的土地（含林地、荒地），属村民组织集体所有，由村委会统一管理，土地承包者和依法使用者只有使用权，无所有权。

二、建立健全集体土地管理档案，将集体土地四至、面积、使用情况、附属物及使用权变更情况详细记载，长期存档。村民如需借出与土地使用有关的合同及其他资料，由档案管理员复制借出，以防原件损坏丢失。

三、大力保护耕地，所有农业用地，未经村委会同意，不能随意改变用途。农地承包须公开招标，签订合同，明确用途，如欲改变农地用途，必须按要求逐级报批，否则，其承包行为及签订的合同无效。

四、村民申请建房执行公开张榜评定办法，经村委会审批，报镇、区、市有关部门核准并办理有关手续后方可施工，否则将依照有关法律、法规处罚。

五、村民小组对村民建房用地，应严格控制掌握在每户村民人均拥有建筑面积平均达30平方米以内，超过30平方米就不准再申请。严格审批制度，依法管理，严禁未批先建、少批多建、违法占地等规定。

六、村民住房或临时性营业及生产性用地，须按规定手续报批，并按土地有偿使用的收费标准交费。

七、村民小组配合村委会负责本组集体土地使用费收取工作，于每年12月底前一次性收清。

村民生活补贴待遇暂行规定

一、基于我村土地逐步被征用完毕，村民生活结构起了很大变化，为提高村民生活水准，对村民实行生活费补贴制度，特制定规定如下：

1. 补贴标准暂定每人每月人民币100元。

2. 发放时间：每月25日左右。

3. 发放对象：以在册户口为准的本村村民（空寄户口，不属农转非的非农户口，出嫁外村农户不迁的户口，1980年1月1日以后生的第三胎孩子，1993年1月1日以后违反计划生育政策生育的父母和孩子一律不得享受），征地农转非所生育子女也属发放对象。

二、申报办理独生子女的（以独生子女证为准）仍按计划生育奖惩有关规定，本村户口的双农户加奖壹份，半农半非加奖半份，参军、在校大、中专生仍与本村村民同等待遇。

三、出生应及时申报户口，申报日是本月24日前的享受本月待遇，死亡或户口迁出从之日起不再享受本规定待遇，是本月15日前死亡或迁出的就停止本月待遇。

四、被拘留、收审关押、逮捕、执行劳动教育、劳动改造、负罪潜逃、违反村规民约的应受处理的，上述在执行期间内的均停止享受本规定待遇。

社会治安管理规定

为了促进稳定本村的社会生产、生活秩序，保卫村民自治组织的合法权利和利益，教育村民自觉遵守法律和维护社会公共秩序，依据《中华人民共和国村民委员会组织法》等法规，制定本规定：

一、全体村民应自觉遵守国家的法律、法规，大胆地同违法犯罪行为作斗争。对敢于同违法犯罪行为作斗争的（如抓获或协助抓获犯罪分子，或为破案提供重要线索的）给予奖励。

二、全体村民应共同做好防火、防盗、防爆、防自然灾害的“四防”工作，建立良好的邻里关系和安全防范网络，村民应互相团结，发生纠纷应依法申请调解解决。

三、加强外来人口的管理，共同维护社会治安秩序。

1. 在本村辖区的外来人员，必须在租住的三天内，持居民身份证或其他证件到外来人口暂住申报处或指定办理点进行申报登记和办理暂住证。

2. 房屋出租后房主必须办理出租许可证（未经申请办理出租许可证的不准出租），房主要做到人来申报，离去注销，对暂住人员的违法犯罪活动或不良行为应及时报告。

3. 凡违反暂住人口管理的行为，除接受村治保会的教育外，并根据《中华人民共和国治安管理处罚条例》等规定给予处罚。

四、在本村辖区内的企事业单位应有责任和义务协助本村搞好治安保卫工作，应教育职工人员遵守本村村规民约，搞好与村民的关系。

五、治保、调解委员会及根据需要成立的临时治安组织属村委会下设治安组织。

六、村治安组织在村党总支部、村委会直接领导下，公安司法机关直接的指导下独立开展工作。

七、治安组织任务：配合政法机关打击、防范犯罪，开展法律宣传、教育工作，调解民间纠纷，维护村辖区的安全保卫工作。

八、治安组织按照《中华人民共和国村民委员会组织法》规定设立，与村委会任届同期。

九、治安组织人员任用：治保主任、调解会主任及组织人数由村委会直接任命和下达，委员由治保会、调解会提请村委会审核批准，报公安派出所、镇司法办备案。

十、治安组织人员的条件：

（1）自愿参加组织；（2）热爱治安工作；（3）有一定文化素质；（4）自觉遵纪守法，自觉学习有关法律、政策知识；（5）有一定的组织观念；（6）有一定的身体素质和工作时间。

十一、责任：

1. 治保会、调解会必须制定明确工作规章制度、学习制度、档案管理制度、经费管理制度、工作报告制度。

2. 治安组织人员：

（1）依法文明开展工作；（2）不得假公济私；（3）要有强的组织观念，服从领导，听从指挥；（4）坚持原则，敢于同违法违纪人员行为作斗争；（5）工作中一律佩戴治安组织统一的工作标志。

十二、奖罚：

1. 奖励：对治安工作有突出贡献者给予奖励表彰，因公受伤等参照服兵役等优抚办法经村委会批准给予优抚。

2. 下列情况应予处罚：

（1）工作中不佩戴统一工作标志的；（2）无组织纪律性，不服从统一领导的；（3）假公济私的；（4）勾结犯罪分子或给犯罪分子通风报信泄露公安机关行动情况的；（5）违法、违纪的。

3. 处罚分别为：

（1）教育警告；（2）开除；（3）依法追究民事责任；（4）由政法机关依法追究刑事责任。

计划生育工作管理规定

为促进我村计划生育工作走上自觉执行计划生育政策轨道，按照《福建省计划生育条例》和《禾山镇计划生育若干规定（草案）》（厦禾政〔1996〕013 号）文件的精神，结合我村的实际情况，特做出以下规定。

一、坚决按照《禾山镇计划生育若干规定（草案）》（厦禾政〔1996〕013 号）文件的精神执行。

二、凡符合公证间隔，申请生育了二女，生育后在规定时间内进行结扎，给予奖励 800 元，并对育妇办理养老保险；生育一女一男符合间隔，生育后在规定时间内进行结扎，给予奖励 600 元。本条规定不适用于农转非后。

三、凡能按通知书规定参加妇检的育妇，每次发给误工补贴 10 元。

四、计划外怀孕者，能主动落实人流引产措施者，人流每例补贴 200 元，引产每例补贴 300 元的营养费。

五、婚嫁外村要村委会出具婚姻状况证明书时，应交付 500 元户口管理费押金，户口关系须于 2 个月内迁移，方能退付押金，否则押金列入村计划生育经费。

六、夫妇双方均为本村农业户口，申报独生子女，在分配时其独生子女凭独生子女证，可享受 200% 分配；在发放劳力安置费时可享受二份劳力安置费，其中一份由村代存至母亲 49 岁，无生育时发给领取本息。

农嫁非申请独生子女，其独生子女可凭独生子女证参加 50% 分配，在发放劳力安置费时享受1.5份劳力安置费，其中0.5份由村代存至母亲49岁无生育时发给领取本息。

农娶非，申报独生子女：男方可凭独生子女证，在发放劳力安置费时领取3000元独生子女费。

七、第一胎生育为女孩，办理生育公证，在公证时间内遇发放劳力安置费，为其保留壹份劳力安置费，待经批准生育第二胎结扎以后发给。

八、在劳力安置费发放完毕后，申办独生子女证，只享受分配奖励待遇，无劳力安置费奖励待遇。

教育工作管理规定

为贯彻《中华人民共和国义务教育法》和《中国教育改革和发展纲要》发展教育事业，结合本村实际，制定本规定。

一、教育是立国之本，兴学是强国之道。村委会要加强指导，广泛动员广大村民关心和支持教育事业，开展尊师重教活动，保证九年义务教育法在本村的顺利实施。

二、逐步增加教育投入，管理和使用好教育基金，不断改善教育设施和教学环境，提高教师待遇。

三、村委会及村民小组应教育全体村民，保证自己的适龄子女完成九年义务教育的任务。对没有完成“接受规定年限的义务教育”的家庭要承担法律责任，不得享受困难补贴和村委会及村民小组的各项分配款、福利待遇、申请建房，不能评为五好家庭。

四、实行奖学助学制度。凡本村学生考上大学、大专和中专全日制的，仍享受村民分配待遇，对家庭经济确实困难的本村学生在其就学过程中给予适当资助。

五、加强幼儿园与幼师管理。

1. 幼儿园工作人员应热爱幼教事业，爱幼儿，有一定的业务知识与技能技巧，具有一定的组织能力和幼教基本知识，并能贯彻执行国家的有关法律、法规、党的路线、方针、政策和上级主管部门的指示。

2. 结合多种形式对幼儿进行卫生保健教育，培养良好的卫生习惯，每个幼儿要有一巾一杯制，每个幼儿班要有一个流动水箱。

3. 收费标准：本村村民小孩每学期学费 100 元，学前班每学期学费 120 元（根据教学环境及教委规定适时调整）。

4. 幼师待遇：学前班每月 400 元，各村民组幼儿园 350 元/月（今后随教师待遇提高再另行作适当调整）。

5. 工作时间：夏天上午 7：30—10：30、下午 2：00—5：30；冬天上午 8：00—11：00、下午 1：30—4：30。

6. 要建立幼儿花名册制度，对缺课的幼儿，应及时查明原因，进行家访。幼师如有特殊情况需要停课，应提前向村主管请假。

六、大力发展文化教育事业，积极开展文化技术培训工作，不断提高村民文化技术素质，发展业余文化教育，丰富农村业余文化生活。

救灾救济工作规定

为做好救灾救济工作，帮助生活困难户、五保户解决生活困难问题，特制定救灾救济规定。

一、及时做好灾后的查灾、计灾和报灾工作，村委会应及时上报灾民人数、受灾程度，做好灾后的安置工作，同时发动群众开展生产自救。配合区、镇两级政府做好救灾和救济物资的发放工作，并将救灾救济情况张榜公布。

二、实行村民最低生活保障线制度，逐月落实补助资金。

三、实行农村特困户补助制度，按照最新标准每年进行一次普查，村年人均收入 500 元以下的特困户给予每人 70—100 元/季的补助，补助对象和金额要造册归档并及时公布于众。

四、贯彻执行《农村五保户供养工作条例》，做好五保户的普查、落实工作，对镇集中供养的五保户，村委会每年按 2300 元/人交镇政府，对散居的五保户，由五保户对象委托的抚养人和村委会三方签订《五保户供养协议书》，壹式叁份，各保管一份，保障供养标准的落实。

五、凡弄虚作假，隐瞒真实情况的，取消补助资格一年，并收回其因此而获得的救济、救灾资金或实物。

农村社会养老保险实施办法

为了稳定社会秩序，巩固发展社会主义制度，保证老年人生活，根据有关规定，特制定本办法。

一、凡于1993年3月31日年满20周岁，农村户口的村民都参加农村社会养老保险，投保年龄20周岁至60周岁，满60周岁停止缴纳。

二、投保标准：1993年3月31日截止日期的年龄投保交费标准：

20—25周岁每月10元，26—30周岁每月12元，31—35周岁每月14元，36—40周岁，每月16元，41—45周岁每月18元，46—51周岁每月20元。

年龄	月投保额	个人交纳额	集体补贴额	满60周岁下一个月起领取	
				保险领取	集体补贴
52岁	20元	13.4元	6.6元	23.9元	5元
53岁	20元	13.4元	6.6元	20元	7元
54岁	20元	13.4元	6.6元	16.4元	9元
55岁	20元	13.4元	6.6元	13元	11元
56岁	20元	13.4元	6.6元	10元	13元
57岁	20元	13.4元	6.6元	7.2元	15元
备注				至少10年	至死亡或户口迁出

未满20周岁对象，凡满20周岁后，一律参加20—25周岁档次投保，1993年3月31日止超过60周岁的对象不参加投保，由村、组每月发给20元生活补贴，于每年12月20日前一年一次性发给，发至死亡或户口迁出为止。

三、投保金交纳办法：一年交纳二次。每年2月25—28日交上半年1—6月份，7月25—28日交下半年7—12月份，直接到村委会向代办员交纳。

四、凡参加投保，村、小组集体共同承担补贴：

1. 不参加投保者；

2. 外寄户口人员；

3. 未申报户口；

4. 领取退休金；

5. 违反村规民约，按村规民约处理。

五、投保期内户口迁出的可退保或转迁保险关系；户口新迁入者，要按本村规定参加保险。

六、投保者在投保期内遇到各种灾害无力交纳保费时，本人可提出申请，经村、镇、区管理部门批准，在规定期限内可以停交。规定期满后，要补交停交期内的保费与利息。

七、服刑者暂停交费，刑满后可恢复保险关系，并补交保费与利息（集体不予补助）。

八、投保人年满60周岁后的下个月开始领取养老金，标准按本人投保额及年限而定，保证支付10年固定年金。

九、投保人在70周岁前身亡，10年固定金额领不完者，所余养老金由其合法继承人或指定受益人一次性领取。如70周岁后仍健在，可按原标准继续领取，直至死亡为止。

十、投保人在60周岁前身亡，其个人所交保费按本息全部返给投保人的法定继承人或指定受益人。

十一、投保人未经批准无故停交保费，应视为终止保险关系，只还本不付息（集体补贴部分不退）。

十二、二女结扎养老保险，参军服役保险，作为附加保险，仍继续进行。

十三、被征地农转非，仍继续享受本规定农村社会养老保险。

十四、村设立代办员负责按期收缴养老保险费和发放养老金，并协助区、镇社会养老保险管理部门开展工作。

环境卫生管理办法

为强化后埔村环境卫生管理，建设、美化、整洁后埔村村容村貌，提高全村卫生综合水平，根据政府有关规定，结合本村实际情况，制定本管理办法。

一、所有本村（居）民及本村辖区内的企事业单位、外来暂住人口应自觉参与改善和提高环境卫生质量，消除危害健康因素，创造良好生活环境活动，承担维护本村环境卫生整洁和管理义务，自觉遵守政府有关法律、规章和本管理办法。

1. 村（居）民、企事业单位、营业店面实行门前三包，保持周围干净整洁，住房、店面应自行在门口设置垃圾桶，不得乱倒垃圾、废弃物，不对室外乱排放废污水，搞好室内卫生。

2. 企事业单位的垃圾、废弃物应自行组织运往垃圾场或委托卫生清洁队运出（但应集中指定地点），不得在本村辖区内乱倒垃圾、废弃物，废污水应处理好市政管道衔接排放。

3. 村（居）民新建、翻建房屋、临时建筑不得乱侵占、损坏排水沟和道路及环境设施，在基建前必须与村环境卫生管委会签订协议规定：基建时间和保护环境措施、土头、废弃物清理责任。

4. 在村庄饲养家禽和加工商品应处理好粪便、污水排放。在村庄内和有碍村容村貌的地点不得设置废品收购店，不得设置无加盖的粪池。

5. 凡影响环境卫生行为均一律属于本管理办法管理范围。

二、管理机构和职责

1. 村委会设立环境卫生管委会，设主任、副主任、委员、监察员若干人，主要职责：（1）宣传、贯彻爱国卫生工作法规、规章和政策，组织参加爱国卫生活动。（2）负责执行《后埔村环境卫生管理办法》，完成政府和村委会交办的有关爱国卫生工作任务。（3）按照本办法和政府规定组织检查、评比活动。

2. 环境卫生监察员职责：按照本办法进行监察工作，纠正和处罚影响环境卫生行为，暂扣在本村辖区内乱倒土头、垃圾、废弃物的车辆和工具，收缴企事业单位委托卫生运输服务费和有关收费，报告环境卫生情况，呈报处罚对象，对影响环境卫生行为处予200元以下罚款有权当场处罚。

3. 每个村民组设一名环境卫生协管员，职责：负责收缴本村民组辖区内卫生管理费，协助环境卫生工作的监管。

4. 每个组设若干名清洁员，责任：负责对责任范围内卫生的清扫保洁工作，基本保证垃圾、废弃物日清日运，水沟畅通。责任范围：收费到哪里负责到哪里。

三、卫生管理收费：维护环境卫生整洁，人人有责，收费旨在于取之于民，用之于民。

1. 按本办法规定，所收环境卫生管理费，执行专款专用。

2. 收费范围以各村民组为辖区范围（谁的地块谁为主），由各组协管员进行收缴，归入各组帐户，由村委会审批使用。浦园道口以东至金尚路口、村委会至薛岭村口、村委会至“西佛国”的道路两旁店面及本村辖区内企业由监察员负责收缴，村企业小区范围由物业管理。

3. 收费时间：每月收缴一次，主动申报。每月1—15日前缴清，暂住人员15日以后进住的随时补交。

4. 收费标准：

（1）村民每人1元/月，一年12元一次性从生活补贴费中扣取。

（2）外来户在本村村庄申请建房、购房者每幢10元/月。

（3）暂住在民房的外来暂住人员每人5元/月（票据随身携带以备检查）。

（4）饮食店及较大型商店每间30—40元/月（外来人员每人加收5元/月）。

（5）加工型小作坊40—50元/月（外来人员每人加收5元/月）。

（6）其余店面每间20元/月（外来人员每人加收5元/月）。

（7）工厂企业根据其垃圾量每家垃圾委托运输服务费200—300元。

（8）建筑按建筑面积每月0.5元/平方米。

四、处罚办法：

1. 监察员、协管员上岗无佩戴工作证，收费罚款无开具村统一印制的收据，任何人、任何单位有权拒绝监察和交费。并有权向村委会检举，村委会经查实，视情节分别给予教育、警告、开除。收费、罚款无开具村统一印制的收据一年累计500元以下，按10倍罚款，500元以上按贪污论处。

2. 下列情况由环境卫生管委会报村委会给予处罚：

（1）凡由监察员发出警告通知书在规定时间内不纠正的扣掉该户当月全户的生活补贴至更改为止；属出租户的处罚房东（业主），属于店面的处罚店面投资者，属于外来人口投建的给予停水、停电或强制拆除，水电管理员不执行的处罚水电管理员。

（2）外来申请建房、购房户不执行纠察或拒交卫生管理费，给予停水、停电，并处200元/月罚款直至纠正为止。

（3）拒交或漏交卫生管理费按应交款数额的10倍，从业主或出租户全户生活补贴费中扣罚。

（4）建筑房屋（包括临时建筑）不按规定签订协议的从动工之日起停发全户生活补贴费至纠正止，在规定时间内，不清理土头、废弃物、修复水泥道路的扣发其全户生活补贴费2—3个月。

（5）乱倒土头、垃圾废弃物的手扶拖拉机每车罚款500元，农用车以上车辆每车罚款1000—3000元。

（6）妨碍工作人员正常开展工作的，除经济处罚外，触犯《中华人民共和国治安管理处罚条例》的由公安机关依法处罚。

五、治安组织在清查外来暂住人员时，应将有否交纳卫生费列为一项主要内容，一经发现按漏交及时报村委会给予处罚。

水电安全管理规定

为了加强我村水电的安全使用和水电设施的安全管理，特制定本规定。

一、村委会设立用电、用水管理小组，协调各村民小组的管理。各村民小组应配备用电、用水专管员，负责本村民小组的管理、收费、维修。

二、凡属本村的村民、各用水、用电单位和个人都应共同维护水、电设施，发现水、电设施有情况时应及时向村电工或供电部门报告，对保护水电设施有成绩者，村委会给予表彰和奖励。

三、任何用水、用电单位和个人都不得私自装拆和移动水电设施，不得私自接管接线或改管改线，严禁任何形式的偷水、偷电行为，一经发现，视情节轻重处以500元以下罚款，造成严重后果的由有关主管部门依法进行处罚。

四、不得在水电线路、电杆周围（包括高压、低压）植树种竹、搭架、攀附农作物及柴草间、猪舍、围墙等一切可能危害和影响线路正常运行的其他建筑物。类似的各种障碍物应及时去除。上述情况，水电管理人员有权提出纠正，或责令其限期改正，出现故障产生后果的由供水供电部门和司法机关依法追究，并赔偿一切损失。

五、确保用电安全，严禁在照明线路上使用电焊机、木工刨床或其他大功率用电器；临时性的用电必须与电工联系，家用热水器应避开高峰用电期；对危害照明线路正常运行的，在其用电区域内的线路和用户的用电器造成损失，当事人应负全责，并赔偿一切经济损失；情节严重的按《电力设施保护条例》进行处罚。

六、水电收费标准：水费按自来水厂的价格加20%收取；出租户及工商户用水收费标准，可按自来水厂的价格加50%收取；电费按用电管理部门公布核定的电价加5%进行收取；水电的公共损耗部分由全体用户按用水量的多少进行摊派。

七、按时缴交水电费和各项有关用水、用电贴费，逾期交费者，按水电部门有关规定，每月加收3%滞纳金，修更换的应在三天内在管水管电人员监督下维修、更换，否则按盗水、盗电处理。

八、水电管理人员职责：

1. 遵守国家水电部门制定的各项用水、用电规定，接受供水、供电部门的监督检查，遵纪守法，全心全意为群众服务。

2. 负责本责任区的水电设备，配水、配电线路和用水用电设备的安全运行及保养、维护等工作，必须认真负责，保证责任区内的生产、生活用水用电正常运行。

3. 经常性开展用水用电安全常识的宣传，避免责任区内的水电伤亡事故发生。

4. 负责本责任区内的抄表、收费工作，认真做好抄、收报表，做到帐卡相符，并负责建立统一后抄表卡片，并应妥善保管，不得遗失。

5. 收费必须统一使用水费、电费依据，按村规定收费标准进行收取，不得随意更改。

家庭文明公约

一、男女平等，婚姻自由，夫妻恩爱，相敬如宾。
二、尊老爱幼，家庭和睦，计划生育，优生优育。
三、热爱劳动，敬业守信，照章纳税，勤劳致富。
四、尊师重教，教子有方，德智体美，全面发展。
五、遵纪守法，根除陋习，见义勇为，维护安定。
六、崇尚科学，破除迷信，喜事新办，丧事从简。
七、拥军优属，扶贫帮困，邻里互助，团结友爱。
八、讲究卫生，清除四害，绿化环境，美化村容。
九、文明交往，礼貌待人，热情待客，宾至如归。
十、争创文明，持之以恒，繁荣后埔，奉献特区。

第21. 庙上村村规民约与红白理事会章程

1. 庙上村村规民约

为了维护社会秩序，依法搞好村民自治，规范村民道德行为，推进两个文明建设，迈步走向小康社会。结合本村实际，特制定村规民约如下：

一、拥护中国共产党的领导，认真执行党的各项路线、方针、政策。

二、遵纪守法，敢于同坏人坏事作斗争，维护社会治安。

三、积极交纳各种税费，自觉履行各项应尽义务。

四、邻里之间和睦相处，尊老爱幼，互相帮扶，勤劳致富。

五、孝敬父母、公婆，争创“五好家庭户”。

六、不得打架斗殴、酗酒、赌博，做文明村民。

七、不准从事封建迷信活动，不准建祠修庙，不信旁门左道。

八、艰苦朴素，勤俭节约，红白之事不准大操大办，要从简操办，反对铺张浪费、比阔夸富。

九、自觉遵守计划生育有关政策。

十、搞好林业生产，执行林业政策，对乱砍滥伐者，按林业政策给予从严处理。

十一、不准违法乱占耕地。

庙上村村民委员会
一九九六年三月

2. 庙上村红白理事会章程

近几年来，由于党的富民政策好，群众在各级政府的扶持下，经济收入稳步上升，生活水平逐年提高。但是，各种歪风邪气上升，封建迷信活动抬头，无论娶媳妇、嫁闺女、孩子满月、建房搬家、丧葬、周年等一应事情，都大操大办，请客送礼成风，还有的家族过“牌位会”、“坟扇会”、“堂会”，大肆铺张浪费，耽误农时，影响生产。为促进我村两个文明建设，树立农村新风，特制定以下章程，望广大村民遵守。

第一条：过红白事都要讲文明，树新风。

第二条：村民办红白喜事打算待几桌客，过多大规模，要提前7天向村红白理事会申报，取得同意。

第三条：办喜庆事，待客不准超过30桌，过白事待客不准超出20桌。每超1桌，罚款20元。

第四条：过红白之事，待客只备饭菜，菜可适当增添，但一律不准带白酒。不听劝告者，理事会有权制止。

第五条：禁止搞鬼鬼神神等封建迷信活动。

第六条：反对过红白事大操大办，兴师动众，影响生产，铺张浪费。

第七条：牌位会、堂会、坟扇会等家族式不健康的聚会，一律不准举办。

第八条：违犯本章程的家庭，不得享受扶贫救济优惠政策。

第九条：违犯本章程的家庭，取消年底评选“双文明户”、“遵纪守法户”、“十星级村民”资格。

第十条：提倡大事小办，小事简办，移风易俗，促进双文明建设。

庙上村红白理事会
一九九七年三月

第22. 翟城村翟城合作社章程

第一章　总则

第一条，为规范本社的活动行为，根据国家有关法律、法规和政策，制定本章程。

第二条，本社以从事农业生产经营的农户为主体，按照自愿自主、互利原则成立。本社定名为翟城合作社。

第三条，本社以家庭承包经营为基础，以提高社员组织化程度和增加社员收入为目的，为社员提供产前、产中、产后服务，依法维护社员的合法权益。

第四条，本社按照“民办、民管、民受益”原则和“一人一票制”方式，实行自主经营、自我服务、民主管理。社员享受平等权利，利益共享，风险共担，入社自愿，退社自由。

第五条，本社依法开展生产经营，在经济和其他活动中承担民事责任，并接受确认和登记部门的指导和监督。

第六条，本社的主要任务：

（一）建设标准化示范基地，开发、引进、试验和推广新品种、新技术、新设备、新成果；

（二）组织开展社员生产经营中的技术指导、咨询、培训和交流等活动，向社员编发生产技术和经营信息等资料；

（三）组织采购、供应社员需要的种子种苗、生产原料和农用物资；

（四）制定产品生产质量标准，注册商标，设立销售窗口，筹建交易市场；

（五）组织收购、销售社员的产品；

（六）开展社员需要的运输、储藏、加工、包装等服务；

（七）开展社员需要的法律、保险、担保等服务和文化、福利等其他事业。

第七条，本社自2004年5月4日成立，办公地址设在定州市东亭镇翟城村晏阳初乡村建设学院。

第二章　社员

第八条，凡从事与本社相同产业、承认并遵守本章程，有民事行为能力的农民、组织和其他人员，提交入社申请表，经理事会审查批准，核发社员证，即可成为本社社员。

第九条，社员的权利：

（一）有权参加本社社员（代表）大会，并有表决权、选举权和被选举权；

（二）享有本社提供的各项服务；

（三）享有本社股金分红和按产品交售额返还的利润；

（四）有权对本社的工作提出质询、批评和建议；

（五）有权建议本社召开社员（代表）大会；

（六）有权拒绝本社不合法的负担；

（七）有权提出申请退出本社。

第十条，社员的义务：

（一）遵守本社章程及其他各项规章制度，执行社员（代表）大会和理事会的决定；

（二）维护本社利益，保护本社的共有财产，爱护本社的设施；

（三）积极参加本社活动，支持理事会、监事会履行职责；

（四）严格履行与本社签订的承包、服务、供货等合同；

（五）发扬互助合作精神，积极向本社反映情况，提供有关信息；

（六）按规定交纳股金；

（七）与本社利益共享、风险共担，结成利益共同体。

第十一条，社员退社须以书面形式提出，由理事会及时办理退社手续。退社后，其入社股金于该年度年终决算后两个月内退还；本社经营盈余，应分给其应得红利；本社经营亏损，应扣除其应承担的亏损份额。退社后，不得分配本社共有财产。

第十二条，有下列情况之一，经理事会批评教育无效，由理事会表决予以除名，并办理退社手续：

（一）不遵守本社章程；

（二）不履行社员义务；

（三）6个月以上不参加本社组织的活动；

（四）其行为给本社名誉和利益带来严重危害。

第十三条，社员死亡的，可由其法定继承人（含1人以上）办理入社手续，继续承担权利和义务。

第三章　机构

第十四条，本社设立社员（代表）大会、理事会、监事会等内设机构。

第十五条，社员大会是本社的最高权力机构。社员大会由全体社员组成。经授权，社员代表大会，可以履行社员大会职权。代表由社员直接选举产生，任期3年，可连选连任。

第十六条，社员（代表）大会的职权：

（一）审议通过本社章程，决定本社的解散或与其他组织合并、联合等重大事项；

（二）选举或罢免理事会、监事会成员；

（三）审议通过本社理事会、监事会的年度工作报告和财务决算报告；

（四）审议批准本社生产经营方针、发展规划和年度生产经营计划、财务预算方案；

（五）审议决定社员缴纳的股金总额、每股金额、每个社员认购股金的最大份额，或会费标准；

（六）审议决定扩大股本金及认购相关事宜；

（七）讨论决定其他重大事项。

第十七条，社员（代表）大会每年召开1—2次。遇有下列情形之一时，可以临时召开社员（代表）大会：

（一）理事会提议；

（二）监事会建议；

（三）五分之一以上社员或三分之一以上代表提出。

第十八条，社员（代表）大会应当有三分之二以上的全体社员（代表）出席方可召开。表决实行一人一票制。社员（代表）因故不能到会，可书面委托其他社员（代表）代理，一个社员（代表）最多只能代理2名社员（代表）。各项决议须有出席会议的三分之二以上社员（代表）同意，方可生效。

第十九条，召开社员（代表）大会前，理事会须提前5天向社员（代表）报告会议内容，否则社员（代表）有权拒绝参加。

第二十条，理事会是本社的执行机构，负责日常工作，对社员（代表）大会负责。理事会由理事9人组成，理事由社员（代表）大会选举产生，任期3年，可连选连任。理事会选举产生理事长1人。理事长为本社的法定代表人。

第二十一条，理事会的职权：

（一）组织召开社员（代表）大会，执行社员（代表）大会决议；

（二）向社员（代表）大会提交需讨论审议的章程等有关事项；

（三）讨论决定本社内部业务机构的设置；

（四）讨论决定本社社员的入社、退社、除名、继承等事项；

（五）讨论决定对本社社员与职员的奖励和处分；

（六）代表本社对外签订合同；

（七）组织本社社员参加培训和各种协作活动；

（八）聘用或解雇本社职员；

（九）管理本社的资产和财务；

（十）履行社员（代表）大会授予的其他职责，办理章程规定的有关事项。

第二十二条，理事会负责经营本社业务，保障本社的财产安全。如有渎职失职、营私舞弊等造成损失的，应追究当事人的经济责任。构成犯罪的，由司法机关依法追究刑事责任。

第二十三条，理事会议每年至少召开2次，每次会议须有三分之二以上理事出席方能召开，参加理事会议的三分之二以上理事同意方可形成决定。召开理事会议由理事长主持，应邀请监事代表列席，必要时可邀请社员代表列席。列席者无表决权。理事个人对某项决议有不同意见时，须将其意见记入会议记录。

第二十四条，监事会是本社的监察机构，代表全体社员监督和检查理事会的工作。监事会由监事6人、独立监事1人组成，监事由社员（代表）大会选举产生，任期3年，可连选连任。监事会选举产生监事长1人。

第二十五条，监事会的职权：

（一）监督理事会对社员（代表）大会决议和本社章程的执行情况；

（二）监督检查本社的经营业务和财务收支情况；

（三）监督理事和本社职员的服务情况；

（四）向社员（代表）大会提出监察工作报告；

（五）派代表列席理事会议，向理事会提出改进工作的建议；

（六）提出临时召开社员（代表）大会的建议；

（七）履行社员（代表）大会授予的其他职责。

第二十六条，监事会由监事长主持，会议决议应以书面形式通知理事会。理事会应在接到通知10日内作出响应，否则为理事会失职。

第二十七条，监事会议须有三分之二以上的成员出席方能召开。出席会议的三分之二以上的成员通过，方能作出决议。监事个人对某项决议有不同意见时，须将其意见记入会议记录。

第二十八条，理事会与监事会的成员不得相互兼职。现任及退职不满一年的理事、理事的近亲不得担任监事。

第四章　财务

第二十九条，本社应根据有关财经纪律，制定、执行财务会计和统计制度。

第三十条，本社资金来源包括：

（一）社员股金（或会费）；

（二）政府扶持的资金；

（三）银行贷款；

（四）本社每年从结余中提留的公积金、公益金；

（五）未分配利润；

（六）接受的捐赠；

（七）其他资金。

第三十一条，本社股金每股金额为300元。每个社员最多只能认购10股。

第三十二条，本社接纳外部无偿资助，均按接收时的现值入账，作为本社的自有资产。经社员（代表）大会讨论决定，本社可以按决定的数额和方式参加社会公益捐赠。任何单位与个人无权平调本社资产。

第三十三条，理事会须在每一季度终了时将上期财务收支情况向社员公布。理事会须于每年1月31日前向社员（代表）大会提供上年经监事会审核的资产负债表、损益表、财务状况变动表，同时提出下年度的财务收支计划，交社员（代表）大会讨论，经社员（代表）大会审查批准后执行。

第三十四条，扣除当年服务成本，年终盈余按下列顺序和项目分配：

（一）公积金，按税后利润10%提取，用于扩大服务能力或弥补亏损；

（二）公益金，按税后利润5%提取，用于文化、福利事业；

（三）股金红利，按税后利润15%提取；

（四）两次返利，按税后利润分配情况和社员产品交售额返利60%；

（五）风险基金，按税后利润分配情况提取5%；

（六）其他5%。

上述分配项目和分配数额，由理事会提出方案，经社员（代表）大会讨论决定后实施。

第三十五条，本社需列支的社员股息、聘用职员工资、社员和职员的物质奖励，计入成本。

第三十六条，本社独资或与外单位联合兴办的企业，实行独立核算。本社作为产权单位行使监督权，享有收益权。

第三十七条，本社如有亏损，经社员（代表）大会讨论通过，可用公积金弥补。公积金不足以弥补上一年度亏损的，可用以后年度税前利润弥补；因弥补亏损所减少的资金，社员（代表）大会应酌情规定补充的办法和期限。

第五章　终止和清算

第三十八条，本社遇下列情况之一时，经社员（代表）大会决定，报原确认机关确认后予以解散，并及时向登记机关办理注销手续：

（一）社员少于 5 人无法开展活动；

（二）与其他组织合并；

（三）股金连同储备金亏损四分之三以上，不能继续生产经营；

（四）本社生产经营活动消亡；

（五）本社三分之二以上成员要求解散或重组。

第三十九条，在确认解散或重组后，理事会应在 30 天内向社员和社会公告。

第四十条，本社决定解散时，应由社员（代表）大会选出 7 人组成清查小组，对本社的资产和债权、债务进行清理，并制订清偿方案报社员（代表）大会批准。本社共有资产按下列顺序清偿：（1）支付清算费用；（2 ）支付所欠职员劳动工资；（3）缴纳本社所欠税款；（4）抵偿债务；（5）将剩余财产在本社社员间进行分配。

第六章　附则

第四十一条，本章程如有未尽事宜，由理事会负责补充或修订，经社员（代表）大会讨论通过实施。

第四十二条，本章程由成立大会表决通过，并报确认部门备案。

第四十三条，本章程由本社理事会负责解释。

河北省定州市东亭镇翟城村翟城合作社（2004）

第三部分：附录

附录 1. 乡约及村治制度简图

吕氏乡约

（组织）
约正 1 人
值月 1 人轮流

（活动）	（奖罚、设置）	（日常事项范围）
每月一聚	记录	德业相劝
每季一会	罚款	过失相规
	出约	礼俗相交
		患难相恤

图 1　吕氏乡约简图

增损吕氏乡约

（组织）
约正 1 人
约副 2 人
值月 1 人轮流

（活动）	（奖罚、设置）	（日常事项范围）
每月集会	入约登记簿	德业相劝
	记善簿	过失相规
	记过簿	礼俗相交
		患难相恤

图 2　增损吕氏乡约简图

南赣乡约

（组织）
约长 1 人
约副 2 人
约正 4 人
约史 4 人
知约 4 人
约赞 2 人

（活动）
每月一会

（奖罚、设置）
姓名和日常行为登记簿
彰善簿

（日常事项范围）
救危解难
劝令纳粮当差
劝令宽舍贫民
息讼
劝令及时婚嫁
劝令丧葬节俭

图 3　南赣乡约简图

泰泉乡礼中的乡约

（组织）
约正 1 人
约副 2 人
值月 1 人轮流

（活动）
每月集会

（奖罚、设置）
入约登记簿
记善簿
记过簿

（日常事项范围）
德业相劝
过失相规
礼俗相交
患难相恤
遵行乡礼

图 4　泰泉乡礼中乡约简图

乡甲约的会规

（组织）

（城里）
公正2人

（四乡）
约正1人
约副1人
约史1人
约讲1人

保正
保副
教士
甲长

（活动）
每月两次

（奖罚、设置）
旌善亭
格叶
竖牌
记善簿
记恶簿
记和簿
记改簿

（日常事项范围）
登记乡甲人户情况
督促缴纳钱粮
督促人户生产
督促人户生活
挨查乡甲出入
救护失盗
举报为盗窝盗
组织习武

图5 乡甲约中会规简图

乡约总叙中的乡约

（组织）
约正 1 人
约副 2 人

（活动）
定期聚会

（奖罚）
圣谕牌
记德行簿
记过失簿

（日常事项范围）
孝顺父母：常礼、养疾、谏过、丧礼、葬礼
尊敬长上：处常、（略）
和睦乡里：礼让、守望、疾病、孤贫
教训子孙：教养、隆师、冠礼、婚礼
各安生理：民生、士习、男务、女工
毋作非为：毋窝盗贼
毋酗博讪讼
毋拖欠税粮
毋图赖人命
毋尚气轻生
毋斗夺
毋伪造
毋违例取债
毋侵占产业
毋强主山林
毋纵牲食践
毋傲惰奢侈
毋纵下欺上
毋崇尚刑
毋屠宰耕牛

图 6　乡约总叙中乡约简图

乡约事宜中的乡约

（组织）

乡长
保长
甲长

约长 1 人
约副 1 人
总甲 1 人
木铎老人 1 人
夜巡 4 人

（活动）
每月初一、十五

（奖罚）
劝惩册
罚款

（日常事项范围）
约训：明太祖六谕
禁条：
赌
盗
私娼
溺女
斗殴
行使假银
约法：孝
敬睦
训
安生理
约礼：春秋社礼节俭
私宴节俭
约备：积谷
健丁
准备武器器械
设置边界栅门

图 7　乡约事宜中乡约简图

乡约

（组织）

约正1人

耆老3—4人

（教约）

教长

联首

社师

（恤约）

恤长

（保约）

保长

户口登记

教化良民

息讼

周贫乏

恤死丧

常平仓积谷

防御水火盗贼

修筑土木水利

组织役民工作

图8　治乡三约中的乡约简图

申饬乡约保甲示中的乡约

（组织）

府州县印官

- 乡约长（即木铎老人）
  ……
  - 县城 4 坊共 4 人
  - 城外 4 坊共 4 人
  - 每乡 2 人
  - 每都 2 人
    - 讲师
    - 歌童
    - 力役
- 保长
  - 城内 4 坊每坊 2 人
  - 县城 4 坊每坊 1 人
  - 城外 4 坊每坊 1—2 人
  - 每乡按村坊大小 1—2 人
  - 每都按村坊大小 1—2 人
    - 甲长

（活动）

府州县城郭每月两次

乡都每月两次

（奖罚、设置）

圣谕牌

衍义一本

记善簿

记恶簿

记善亭

申明亭

记善亭扁

申明亭扁

记善亭簿

申明亭簿

记善亭对联

申明亭对联

保甲户口簿册

（日常事项范围）

宣讲乡约

访查善行恶行

保甲户口登记

甲内相安相顾

禁盗贼

禁僭越奢侈

禁结党联盟

严海防

严禁赌博

禁溺女

恤穷民

等等

图 9　申饬乡约保甲示中乡约简图

社仓条约简图

- （组织）
  - 社正
  - 社副
  - 社长
  - 社佐
- （活动）
  - 每月两次
- （奖罚、设置）
  - 当众表扬好事
  - 当众指出坏事
- （日常事项范围）
  - 捐输积谷各事
  - 收放积谷各事
  - 积谷有无共济
  - 举善劝恶
  - 救护水火盗贼
  - 协助婚姻丧葬
  - 劝谕争斗不和
  - 了解邻居去向

图10　申饬乡约保甲示中乡约简图

福惠全书中的乡约

- （组织）
  - 讲正
  - 讲副
  - 少年宣读者2人
  - 村长
  - 族尊
- （活动）
  - 一年两次到每月一次
- （奖罚、设置）
  - 讲约所
  - 劝善簿
  - 纠恶簿
- （日常事项范围）
  - 讲读上谕
  - 奖劝孝行善行
  - 揭发惩处恶行过失
  - 大善大恶报官

图11　福惠全书中乡约简图

乡约局

（组织）
总局
司帐 1 人
应接 1 人
值局 1 人

（四城）
城董 10 人
讲生 2 人

（36 镇每镇）
乡董 2 人
讲生 2 人

（活动）
城乡宣讲每月两次
绅董和讲生定期轮训学习

（奖罚）
采访登记表彰善行
向官府报告恶行

（日常事项范围）
举行诸善事：
养老
敬节
保婴
惜孤
惜字
放生
掩埋
助葬
备荒
救火

图 12　乡约局简图（＊组织参考江阴县，日常事项范围参考常熟、昭文县）

翟城村村治

- （村公所、村会）
  - 村长 1 人
  - 村佐 2 人
  - 区长 8 人
  - 庶务股股员
  - 财务股股员
- （自治会社）
  - 教育费贷用储金会
  - 教育会
  - 德业实践会
  - 改良风俗会
  - 勤俭储蓄会
  - 辑睦会
  - 爱国会
- （自治事项范围）
  - 教育
  - 慈善
  - 卫生
  - 实业
  - 交通
  - 因利协社
  - 保卫
  - 善俗
  - 义仓

图 13　翟城村村治简图

山西村政

（组织）

- 村民会议
  - 25 岁以上村民
- 村公所
  - 村长 1 人
  - 村副 1 人
  - 闾长
  - 邻长
- 息讼会
  - 会长 1 人
  - 公断员 5 人
- 村监察委员会
  - 村民5—7人

（办理事项）

- 选举村组织人员
  - 省县法令规定应议事项
  - 行政官厅交议事项
  - 村监察委员会提交事项
  - 议定村禁约及村规事项
  - 村长副请议事项
  - 本村兴利除弊事项
  - 村民 20 人以上提议事项
- 官厅委办事项
  - 村民会议议决事项
  - 报告工作和特殊事件
  - 其他村务：
  - 教育
  - 保卫团
  - 义仓
  - 社仓
  - 等等
- 处理村民争讼事件
- 监察村公所
  - 清查村财政
  - 举发村务弊端

图 14　山西村政简图

果地村自治

（组织）

- 户主会议
- 村民会议
- 治安带头人

（自治事项）

- 选举治安带头人
- 议定村规民约
- 处理公共事务
  村内治安
  保护山林水田
  修桥补路
  集资办理公益
  等

图 15　果地村自治简图

果作村自治

（组织）

- 户代表会议
- 全村大会
- （村委会）
  主任 1 人
  副主任 2人
  会计
  出纳

（事项范围）

- 选举村委会
- 议定村规民约
- 办理各项自治事务

图 16　果作村自治简图

附录 2. 乡约文献目录

（按拼音字母顺序排列）

A

《安福乡约从先生录先序》，明代，刘元卿，《刘聘君文集》，卷 4。

B

《跋胡氏乡约》，宋代，黄干，《勉斋集》，卷 22。

《布衣陈剩夫先生真晟》，清代，（广平府知府）李清馥，见《闵中理学渊源考》，卷 81。

C

《重修溪亭约所碑记》。

（湖南）《崇雅社约》，明代，刘麟，《清惠集》，卷 11。

《重刊文公乡约序》，见《文简集》，卷 30。

《处置平复地方以图久安疏》，明代，王守仁，见《粤西诗载 · 粤西文载》，卷 6。

《春明梦余录》，明清，孙承泽，卷 40。

D

《大庖西室封事》，明代，解缙，见《明文海》，卷 47；《御选明臣奏议》，卷 1；《名臣经济录》，卷 1。

《答罗一峰》，明代，章懋，见《明文海》，卷 188。

《答徐伯仁》，《答林相》，《答王郡守子正》，明代，魏校，见《庄渠遗书》，卷4。

《答张敬夫》，《答吕伯恭》，《与刘子澄》，宋代，朱熹，《晦庵集》，卷31。

《答朱元晦帖》，宋代，张敬夫，见魏齐贤等，《五百家播芳大全文粹》，卷68。

《大清会典》礼部礼制司乡约，见《古今图书集成》，明伦编，交谊典，乡里部，卷27。

《大清律例》，卷4，卷36。

《道州乡约集》，明代，张安庆。

《丁酉还朝临行公约》，清代，李光地。

《东园文集》，明代，郑纪，见附录，目录，跋。

《读书分年日程》，卷2。

《杜静台先生传》，清代，朱鹤龄，见《愚庵小集》，卷15。

F

《范氏义庄规矩》，宋代，范仲淹，新文丰出版公司，1989年。

《仿松溪（程文德）乡约》，明代，刘元卿。

《复罗一峰》，明代，章懋，《枫山集》，卷2。

《枫山语录》，明代，章懋。

《福惠全书》，卷25，清代，黄六鸿，见“讲读上谕”，“择乡约”。

《福建通志》，清代，卷首1。

《覆十四事疏》，明代，沈鲤，《礼部志稿》，卷45。

《复顾太史书》，清代，蓝鼎元（广州知府），见《鹿洲初集》，卷3。

G

《改正祀典记》，明代，何塘，见《明文海》，卷367。

《告高密县立郑公乡教》，后汉，孔融，见《古今图书集成》

《高忠宪公责成州县约》，明代，高攀龙，载陈宏谋《五种遗规》训政遗规，卷1。

《高林孔子庙记》，元代，刘因，见《元文类》，卷28（里人自动行乡约祭祀的礼制）。

《古今图书集成》，明伦编，交谊典，乡里部，卷27。

《顾公行状》，明代，徐中行，见《明文海》，卷449（顾应祥曾上疏颁行王氏乡约）。

《关学编三》，明代，冯从吾，《少墟集》，卷19，卷20。

《关中士大夫会约》，明代，冯从吾，《少墟集》，卷5。

《广东通志》，卷41，卷42，卷43，卷45。

《广西通志》，卷68。

H

《湖广按察使司佥事慕冈冯公墓志铭》，《仰节堂集》，卷5。

《胡公二禁约》，清代，周召，《双桥随笔》，卷5。

《湖南书院学约》，明代，司马泰，《千顷堂书目》，卷15。

《荒政丛书》，卷5，卷7至8，卷10上，俞森。

《黄陂县乡约议》，杨廷蕴，见《古今图书集成》。

《皇朝文献通考》，卷195，卷197。

《惠安政书》，卷7至卷10，卷12，乡约篇，明代，叶春及。

J

《稽山会约》，萧良余，《泾川丛书》，册12。

《吉水县永昌乡义役序》，《书邑中文盟集后》，宋代，陈著，《文山集，卷13。

《家规辑要》，明代，胡爌，见《四库全书总目》，卷132。

《监察御史陆君墓志铭》，清代，陈敬廷，《午亭文编》，卷44。

《江南通志》，卷90，卷114。

《江阴县乡约》，江阴县乡约局，1867年。

《讲宗约会规》，清代，陈宏（弘）谋《五种遗规》，卷1，《训规遗规》，卷2。

《碣阳乡甲小试录》，清代，张谐之，卷1《乡甲章程》

《金坛县保甲乡约记》，明代，王樵，见《古今图书集成》—明伦汇编—交谊典卷28，册333，页19，中华书局。

《举行乡约以善风俗告谕》，清代，汤斌，《汤子遗书》，卷9。

《菊集所檄》，宋代，陈著，见《本堂集》，卷53。

K

《刻乡约引》，明代，罗洪先，《念庵文集》，卷6。

《刻朱子增损吕氏乡仪序》，清代，陈廷敬，《午亭文编》，卷35。

L

《蓝田吕氏乡约》，《千顷堂书目》，卷15，55卷约。

《蓝田吕氏乡约》，《御定小学集注》，卷6。

《郎中林蒙庵先生雍》，清代，李清馥，见《闽中理学渊源考》，卷81。

《乐安湖平王氏族谱序》，《念庵文集》，卷12。

《荔浦重修儒学记》，明代，李宗节，见《粤西诗载·粤西文载》，卷28。

《刘观卧庐先生》，清代，沈佳，见《明儒言行录》，卷5。

《芦江乡约》，隆庆平阳县志杨遖，见《浙江通志》，卷245。

《吕氏乡约》，宋代，吕大忠，陶宗仪，1646年。

《吕氏乡约》，宋代，吕大钧，琴川毛氏藏本，见《钦定天禄琳琅书目》，卷4。

《吕氏乡约》，宋代，吕大钧，见《山堂肆考》，卷122。

《吕氏乡约》，宋代，吕大钧，见《文章辨体汇选》，卷51。

《吕氏乡约》，宋代，吕大钧，见《御定小学集注》，卷6。

《吕氏乡约》，见《大学衍义补》，卷53。

《吕氏乡约》（仅有一小段），见《人谱》——人谱类记，卷下。

《吕氏乡约》，见《读书纪数略》，卷31。

《吕氏乡约》，漳州教授张时举合此书及他书，编为《弟子职等五书》，见《直斋书录解题》，卷10。

《吕氏乡约》，朝邑刘氏，1837年。

《吕氏乡约》，宋代，吕大中，徐乃昌，1903年。

《吕氏乡约》，宋代，吕大钧，陕西通志馆，1935年。

《吕氏乡礼》、《朱氏重定乡约》、《社仓约束》等，《十书类编三卷》，见《文献通考》，卷188。

《吕氏乡约》一部一册，《文渊阁书目》，卷2。

《吕氏乡约》一卷，《乡仪》一卷，陈氏曰吕大钧和叔撰，见《文献通考》，卷188。

《吕氏乡约》一卷，《乡仪》一卷，吕大钧和叔撰，《直斋书录解题》，卷6。

《吕氏乡约》一卷，吕和叔季明所定，朱文公记于后，《郡斋读书志》，卷5上。

《吕氏乡约乡仪》，《说郛》，卷10下。

《吕氏乡约乡仪》，《遂初堂书目》。

《吕氏乡约仪》一卷，宋代，吕大钧撰，《宋史》，卷250。

《陆子余集》，卷6，明代，陆粲（对吕氏乡约删改）。

M

《弭盗安民条约》，清代，于成龙，《于清端政书》，卷7。

《明儒言行录》，清代，沈佳，卷5，《与刘素彬书》。

N

《南赣乡约》，明代，王守仁，《千顷堂书目》，卷15，55卷约。

《南赣乡约》，明代，王守仁，《王阳明全集》，卷17，602—603页。

《农政全书》，明代，徐光启，卷8，45。

P

《庞公行状》，明代，郭棐，见《明文海》，卷450。

《浦城论保甲文》，宋代，真德秀，《古今图书集成》。

Q

《齐家宝要》二卷，清代，张文嘉，《钦定四库全书总目》，卷25。

《祈门三四都护林乡约会议约合同》，清代嘉靖年间，原件藏中国社会科学院历史所。

隆庆《（祈门）文堂乡约家法》。

《祈门县为申明乡约以敦风化事碑》，嘉靖五年四月十二日徽州府祈门县为申明乡约以敦风化事碑，原碑现立于祈门县彭龙乡彭龙村路边。

《前朝列大夫交趾布政司右参议解公墓碣铭》，杨士奇，见《明文衡》，卷81；《文毅集》，附录；《东里集》，文集卷17。

《仇氏乡约集成》，明代，仇楫，《千顷堂书目》，卷11。

《钦定大清会典事例》，卷398—399。

《钦定八旗通志》，卷143（有关“乡约”角色的事情）和卷166。

《钦定大清会典则例》，卷150。

《全闽诗话》，清代，郑方坤，卷6。

《劝诫图说序》，清代，魏裔介，《兼济堂》，卷8。

R

《仁文泷江两书院增定蓝田吕氏乡仪题辞》，明代，邹元标，《愿学集》，卷8。

《榕树语录》，清代，李光地，卷27。

S

《陕西通志》，卷45，有关记载见《商州志》；《临潼令赵于京风俗志》和《蓝田县志》。

《尚古会诗序》，明代，吴宽，《家藏集》，卷40。

《上谕行乡约》，宋元，马端临，《文献通考》，卷21，卷55。

《慎选乡约谕》，清代，于成龙，《于清端政书》，卷7。

《呻吟语摘》，明代，吕坤，卷下。

《申严宪约责成州县疏》，《高子遗书》，卷7。

《圣谕广训》，清代，雍正，见《四库全书》。

《圣谕像解》，清代，梁延年。

《誓禁屠牛乡约》，《申禁屠牛乡约》，明代，朱濂《天马山房遗稿》，卷6。

《石洞集》，明代，叶春及，卷3。

《书蜀公约乡》，宋代，苏轼，《古今图书集成》。

《书朱子乡约后》，《篁墩文集》，卷37。

《双江聂公行状》，明代，宋仪望，见《明文海》，卷444。

《双桥随笔》，卷5，清代，周召。

《双溪集》八卷（讨论王褒僮约和乡约），《钦定四库全书总目》，卷171。

《水东日记》，卷1，明代，叶盛。

《思辨录辑要》，明清，陆世仪，卷18。

《送刘邑侯入觐序》，明代，王樵，《方麓集》，卷4。

《送赵少府还郡诗序》，《陶庵全集》，卷2。

《苏城士夫乡约》，明代，毛琞，《千顷堂书目》，卷15，卷82善行录。

《孙蕡传》，《曝书亭集》，卷63。

《损益蓝田吕氏乡约》，明代，刘麟，《清惠集》，卷11。

T

《太平十策》，明代，解缙，《文毅集》，卷1。

《泰泉乡礼》，明代，黄佐，《钦定四库全书总目》，卷22。

《泰泉乡礼》，序，明代，黄佐，卷1—6。

《汤子遗书》，清代，汤斌。

《体仁》，明代，方孝孺，见《古今图书集成》。

《题汝南乡约册》，明代，史桂芳，见《古今图书集成》。

《通海乡约》，清代，《陕西通志》，卷45。

《同里公约》，清代，李光地。

（光绪）《桐乡县志》，清代，严辰纂，卷4建置（中），乡约所，16页。

《图书编》，明代，章潢，提要，卷92，卷111，有关乡约篇目：保甲乡约社学总序，乡约总序，保甲乡约社学总论，洪武里社礼制，乡厉，乡法，圣训解，圣训释目，保甲总序，保甲法，保甲规条，社仓规条，社学规条。

W

《王孟箕讲宗约会规》，清代，见陈弘谋《五种遗规》，训俗遗规，卷2。

《王世晋宗规》，清代，见陈弘谋《五种遗规》训俗遗规卷2。

《王守仁乡约教育谕》，《福建通志》，卷74。

《王文成全书》，卷17。

《文渊阁学士兼左春坊大学士解缙》，《殿阁词林记》，卷3。

《午亭文集》，卷31（行乡约，讲圣训），清代，陈敬廷。

X

《西昌乡约后序》，明代，胡直，《衡庐精舍藏稿》，卷10。

《溪亭约碑》，1996年泉州市出土的溪亭约碑，道光七年（1827）勒石。

《乡保类编》，崇祯《乌城县志》，张兆元著，见《浙江通志》，卷245。

《乡贡进士一清许先生传》，清代，潘天成，见《铁庐集》，卷2。

《乡会公约》，明代，陆树声，《钦定四库全书总目》，卷134，《陆文定公书》。

《乡甲约》，明代，吕坤，见《实政录》，卷5。

《乡书》，《乡约事宜》，明代，刘宗周。

《乡亭乡约序》，《整庵诗稿》。

《乡仪》，《吕氏乡约》宋代，吕大钧，上海古籍出版社，2002年。

《乡约》，宋代，吕大钧，见王承裕《关中丛书》，上海书店，1994年。

《乡约》，明代，尹耕，《千顷堂书目》，卷8。

《乡约》，明代，尹畊，见《百部丛书集成》94，台北，艺文，1966年。

《乡约》，明代，汤相，《龙岩县志》，卷下。

《乡约》，光绪《祥符县志》，卷10。

《乡约》，《会稽县志》，《浙江通志》，卷245。

《乡约》，清代，《广东通志》，卷8。

《乡约》一卷，程彦彬，号梅友处士，曾经手录古人遗文《乡约》一卷及多种书，见《家藏集》，卷73，梅友处士墓表。

《乡约》，《孝训》，明代，罗汝芳，《盱江罗溪先生全集》，刘一焜，1618年。

《乡约法》一卷，《保甲法》一卷，明代，王守仁，《文献通考》，卷188。

《乡约家仪乡仪》一卷，宋代，张时举，《宋史》，卷205。

《乡约保甲示》，明代，陆陇其，见《三鱼堂文集外集》，卷5。

《乡约附》，光绪《江陵县志》，卷15。

《乡约官府》，清代，徐栋《牧令书》，卷8。

《乡约讲读》，清代，《福建通志》，卷14。

《乡约全书》，云南乌蒙彝区到1949年还保留的乡约制度，发现于武定那氏土府，现藏北京图书馆善本部。见黄建明，从《乡约全书》看清代乌蒙彝区的乡约与法律。

《乡约事宜》，明代，李春芳，兴化县志，见《古今图书集成》，明伦编，交谊典，乡里部，卷26。

《乡约释意》，（万历）《嘉善县志》明代，沈檠，《浙江通志》，卷245，乡约。

《乡约释意》，明代，沈檠，《檇李诗系》，卷11。

《乡约释义》，明代，许相卿，《云村集》，卷13（沈公）。

《乡约训言》，（崇祯）《浦江县志》，楼一堂，《浙江通志》，卷245，乡约。

《乡约训政》，（万历）《严州府志》，程愈，《浙江通志》，卷245，乡约。

《乡约章程》（或称《乡约事目》；《乡约文》），赵秉式等编，1894年。

《新昌乡约序》，明代，邹守益，《东廓邹先生遗稿》，卷9《乡约跋》。

《行乡约法序》，明代，黄彦士，见《古今图书集成》。

《兴教化正风俗疏》，清代，魏裔介。

《修泗汶堤》，《居济一得》，卷3。

《恤邻里》，宋代，郑至道，见《古今图书集成》。

《续行条约册式》，陈义钟编校，《海瑞集》上编，中华书局，1961年，255页。

《学政条陈疏》，明代，沈鲤，《亦玉堂稿》，卷3。

《训门人》，《朱子语类》，见《古今图书集成》。

《逊志斋集》，卷1，明代，方孝孺，台湾商务印书馆，1968年，34—48页。

Y

《仰节堂集》，明代，曹于汴，卷7，见防倭议，开荒议，复冯慕冈。

《阳明先生乡约法》，明代，王守仁，陈龙正，台北，艺文，1967年。

《阳明乡约法》一卷，明代，王守仁撰，《钦定四库全书总目》，卷84。

《阳明乡约法》，明代，王守仁，《王文成全书》，卷38，见《钦定四库全书总目》，卷171。

《阳明乡约法》一卷，明代，王守仁撰，《钦定续通志》，卷158。

《阳明教约》，《千顷堂书目》，卷15，55卷约。

《议行乡约以转移风俗》，明代，姜宝，见《古今图书集成》。

《义田庄先贤祠记》，宋代，王应麟，见元代，袁桷，《延祐四明志》，卷14。

《少保兼太子太保刑部尚书赵端简公参鲁》，见胡文学编，《甬上耆旧诗》，卷25。

《御定孝经衍义》，卷35和卷75，（讲乡教化，正本厚俗之法）。

《御览经史讲义》，卷25。

《谕吏部》，清代，康熙，《圣祖仁皇帝御制文集》，卷1。

《与萧太守国材论家礼纂要书》，明代，陆粲，见《明文海》，卷171（讨论吕氏乡仪）。

《粤西诗载·粤西文载》，卷66，卷70。

《云社约》，明代，贺复征。

Z

《杂论待乡曲之道》，宋代，袁采，《古今图书集成》。

《葬亲社约》，清代，唐灏儒，见陈弘谋《五种遗规》训俗遗规，卷3。

《增损吕氏乡约》，朱熹，《古今图书集成》，明伦编，交谊典，乡里部，卷26。

《增修蓝田乡约》，宋代，朱熹，西吴沈氏忠恕堂，1596。

《增损吕氏乡约》，《御纂朱子全书》，卷40。

《增损吕氏乡约》，宋代，朱熹，《朱子大全集卷》，卷74；《读朱随笔》，卷4。

《增修乡约》，明代，郑纪，《东园文集》，目录，附录，跋。

《增损吕氏乡约》，宋代，朱熹，《性理大全》，卷51。

《增损吕氏乡约》，宋代，朱熹，《晦庵集》，卷74。

《致仕官处乡党礼》，《明通纪》，见《古今图书集成》。

《治乡三约》，明清，陆世仪。

《州判潘征求先生鸣时》，清代，李清馥，见《闵中理学渊源考》，卷81。

《朱子重定乡约》，清代，宫梦仁，《读书纪数略》，卷31。

《朱子增损吕氏乡约》，清代，陈弘谋，《训俗遗规》，卷1。

《庄渠遗书》，卷3，卷4，卷9，明代，魏校。

附录 3. 宋明清乡约文论选录

（按作者姓名拼音顺序排列）

C

（明）程敏政，《书朱子乡约后》，《篁墩文集》卷 37

＊ 校对刊刻朱子乡约。

乡约一卷，出于程门高弟蓝田吕氏，成于文公朱子。盖酌古今之宜，而加损益，使人易行，且可以久也。古君子之志，未尝一日不在天下。然推行之，必自近始。一乡者，国之准也，崇礼让，黜浇薄，以渐夫隆古之治，实此乎。昉之顾后世言政者忽焉，而有志于正学者所深慨也。

吾宗姪节之，以明经第进士，擢工部主事，分司济宁。公暇，取乡约手校，而刻之，括先正立教之功，以为朝家兴道善俗之助，其志远矣。彼谨薄书以为政，集词章以为学，而犹偃然以儒吏自名，亦盍反其本哉。

（清）陈敬廷，《刻朱子增损吕氏乡约序》，见《亭午文编》卷 35

《周礼》比闾族党州乡，有相保相受相葬相救相周相宾之义，各立其长，教令以行之。下士为比长，中士为闾胥，上士为族师，下大夫为党正，中大夫为州长，命卿为乡大夫。比五家耳，递累而至于乡，盖万有二千五百家焉。比闾族党州乡为地六，而乡最大，比长闾胥族师党正州长乡大夫为长六，而乡大夫最尊。又司徒所领乡老二乡，则公一人。郑氏曰：三公与王论道，中参六官之事，外与六卿之教，其要为民，是以属之乡焉。

盖乡者，民之聚也。故后世言民之聚者，必曰某乡某乡云。然古之乡比于后世之郡邑，今所谓乡，不过古之比闾族党而已，几于州者亦尠矣。考比闾族党州乡之制，比长各掌其比之治，五家相受相和亲，有罪奇衺则相及。闾胥各掌其闾之征令，凡春秋之祭祀、役政、丧纪之数，聚众庶既比则读法，书其敬敏任恤者。族师各掌其族之戒令、政事，月吉则属民而读邦法，书其孝弟睦姻有学者。党正各掌其党之政令教治，孟月则属民而读邦法祭祀，则以礼属民。州长各掌其州之教治、政令，正月之吉，各属其州之民而读法，考其德行道艺，纠其过恶而劝戒之。三年大比，则大考州里，以赞乡大夫废兴。乡大夫三年大比，考其德行道艺，而兴贤者、能者，乡老及乡大夫帅其吏于其众寡以礼，礼宾之献，贤能之书于王。王再拜受之，登之天府，此谓使民兴贤，出使长之。使民兴能，入使治之。呜呼！先王之制何其善哉。乡老乡大夫下近于民，而上达于天子，故其时之政即其教，其时之吏即其师。下至比闾族党州，莫不皆然，此所谓善也。

今之乡不得齿于古之州，独不可齿于比闾族党乎？亦犹有同于古之比长、闾胥、族师、党正，其吏其师者乎？亦何怪。夫其政无其法，其教无其道也。今之学官，犹秦汉以来之博士官，文学掾耳。政与教殊途，吏与师异趣矣。然而能举其教于师之职者，十百不一见也。政与吏之不古，若又何足怪焉。此贤人君子之所以大惧，而思有以补其法之所不及也。

余览朱子《增损吕氏乡约》，有先王政教之遗意。惜吾不得见乡老、乡大夫兴贤兴能之盛矣。而姑与比闾族党之人乐而服习焉。非敢自以谓能之也，聊窃附于贤人君子之所大惧云尔。

（清）陈敬廷，《请严督抚之责成疏》，见《午亭文集》卷31

张鹏有《上谕十六则讲义》及臣乡山西宁乡县知县龚应霖《讲约书》，其实心奉行与否，当俟之。事久，论定之时。至于一经晓谕，而旋视为具文者，比比皆然。臣所谓信上之令，以实致乎民者，责在有司，而督抚为要矣。臣欲祈皇上特降严纶，通饬督抚，使贤者知勉，而否者知惧。洗涤旧染，专以洁己教吏，吏得一心养民、教民为事。其督抚保荐府州县官也，第一条实填一本官无加派，无火耗，无黩货词讼，无朘消富民十九字。第二条实填一本官实心奉行上谕，每月吉，聚众讲解，乡村乡约讲解二十二字。如保荐不实者，请敕部将保荐之督抚，具揭之司道，并所保荐之官，严议处分，定例不得，仍用常例处分。余条仍照旧例开具实迹。凡若此者，所贵督抚知功令之重在此，顾名思义，触目警心，以导群吏也。

（南宋）陈著，《吉水县永昌乡义役序》，见《文山集》卷13

＊ 陈著南宋建炎至德祐间人，提倡义役的本质，是把分配役的权力，从官吏乡胥天命转移到乡里民众。这一个具体的角度，涉及自治与权力分配的大问题。老年仍支持一个有乡约精神的“文盟”组织。他已经注意到“吕氏乡约相劝相规，相交相恤，条画斯密”。此处选两篇文章。

吉水县永昌乡某都建义役，复淳熙成规也。予同升陈君，某既为序，则贻书于予曰：愿赞一言，使乡党邻里有所凭依。且庶几檄福于君之笔，俾勿坏。予惧不敢当，以其为义役，不得辞。呜呼！义役之不行，而差役之纷纷，何甚也。民无以相友助，相扶持。乙曰：甲当役。甲推之乙，乙复曰甲。展转而听命于长，民者之一语，时则其权在于官。官无以自为也，雁鹜行钳纸尾而进曰：某宜差，某有以私其人，则改曰：宜某，时则权在于吏。一方之版籍一胥主之，高下其手，索于多寡之实，时则其权在于乡胥。闾阎之间纷争之微，桀黠者乘间而起，告讦因之，而差法以乱，时则权在于奸民。受役者有二三年，迄于无一事。有不幸而杀伤，盗贼丽于其境，不旋踵家破，时则其权在于天。

今吾陈君与其乡约曰：尔役月日若干，尔末减若干，尔费若干，至若干以上助若干。一切惟公。是据处之者无愧辞，承之者无拒色。是役之权，不在官与吏与乡胥与奸民与适至之天，而在吾乡里和气间，义之用大矣哉。利久远，而无讼，仁也。使人知有逊让，礼也。不以资奸，智也。盟而无敢后先，信也。一举而五常备焉。岂惟义哉?！乡之长上，其申告子弟曰：如是而福，如是而祸，守约者久处，败群者交罚。使一守是法，永永无斁。则其于是邦之风俗，不为无小助。噫！亦安能下其法于天下哉。

（南宋）陈著，《书邑中文盟集后》，见《本堂集》卷45

古者盛时，美风俗，厚人伦，有乡饮焉，无非教也。世道降，时乎赐酺，所谓教者安在？流而八伯，八达，七贤，六逸，业于酒，生死于酒，皆名教罪人。至于洛中耆英集，方见其典刑礼节有三代气象。又至吕氏乡约，相规相劝，相交相恤，条画斯密矣。呜呼！乡饮酒曰：待其时，耆英集，犹曰待其人。若乡约，则又奚待。而世方声相憾，势相轧，货利相骛逐，牙距搏噬，矛剑攻刺，有骨肉所不暇问，尚肯为乡约哉?!余一日过西山，妻之兄赵景文出示一编曰文盟，酒以洽其情，而不至于乱。诗以畅其文，而不至于肆。歌曲以乐其绸缪，发其感怆，而不至于淫亵哀怨。渊乎其味，其乡约之余乎。当今之时而有斯举，其于世教关系甚大。是虽盟自闾里之近者同志者，始未能使一乡皆会，安知不由是焉，而闻风皆兴起哉。余年七十有四矣，相去且六十里而遥，无从齿月饮，然有契于心矣。虽不与，犹与也。因书所以敬慕之意，并所欲言者相审。丁亥立秋陈某书。

F

（明）冯从吾，《会约》，见《少墟集》卷5

＊冯从吾等为了在士人中提倡良好的风气，继承蓝田吕氏的乡约乡仪，在明代又立新约。

夫世道隆污，系士风厚薄。而返薄还厚，倡之者当士大夫始。使士大夫而犹然不倡，则于齐民何责焉？昔夫子叹时人论礼乐而决之曰，吾从先进，当其时岂无野人夫子者，而夫子不恤。若曰知我者其惟先进乎，罪我者其惟先进乎？今万世而下，犹知有先进可从者，伊谁赐也。吾二三士大夫诵法孔子有日，睹今世道士风，可不决所从，而徒空叹君子野人哉？顷者经轩、熙宇二先生过访精舍，谈及吾乡士风，为之咨嗟太息者久之。余曰，此岂异人任也，在二先生倡之何如耳？二先生曰，然。是亦不可无约，子其任之。余谢不敏，曰，有诸前辈在。二先生曰，否，否。即此是前辈命也。长者命，少者不敢辞，子其任之。余曰，唯唯。遂载笔从事于二三士大夫之后。万历丁酉冬十二月后学冯从吾书。

一省会风气近古，诸凡礼节颇有先民之意，第恐久而浸失，其初是不可不一申之者。其冠婚丧祭当以会典家礼为主。至于冠礼久已不行，尤望诸公亟倡之。

一士夫经年不一面，恐非吾辈一体之谊。拟于每年正月初六日，各携饼果四器，酒一尊，同至一公所，公拜，二拜，再拜。二拜以见，相答。巳时赴会，申时散会。中有年高步履不便者，公除饼果四器，酒一尊，送至其家。非有大不得已事，不可不到。

一彼此往拜，具用单帖，止后辈于前辈用折柬一次。其前辈亦只用单帖答后辈。途遇前辈，下车立道左，俟前辈过，方登车。如年岁及科目相近者，或彼此下车相揖，或车中拱手既别，不必差人拜上。

一彼此往拜，务要相见，不可概以不在辞。如坐谈时久，随便出一饼一果用之，不必设卓以滋糜费。

一彼此称谓或字或号，不必称翁。惟后辈于前辈仍用翁字，以见乡党重齿之意。至于公事传帖，虽后辈为首于前辈，亦不必称翁。庶中有姓同与号之上字同者，不至无所分别。

一彼此争构，吾辈所无。倘万一有之，大家务要尽心劝和，勿令因小忿以伤大体。至于外侮之来，虽圣贤所不能免。吾辈中倘有无故遭此者，大家亦当左右维持，无令失所。传曰，出入相友，守望相助，疾病相扶持，则百姓亲睦。夫乡田同井者且然，况于吾辈。尚其念之。

一士夫宦游归及公事过家者，吾辈为主人，当先有一拜。越数日，其客回拜。即主人中有年高步履不便者，或庄居不知者，不必论其先施否，亦当往拜。仍当下车，登堂，以候安否，不可过门止投一刺。其燕会礼文，俱当节省。如中有至亲同年，不在此例。

一中有新选及出差升转过家者，各捐分金一两，其余愿捐者听。

一中有年老无子或有子而贫甚者，每年公具分金若干，以助之。其异日寿器赙奠，仍当破格存厚。

一异日中有大故，公具分金若干为赙，葬时在具若干为祭。公举外，私举者随便。

一士夫之后，有十分贫乏不能度日者，廉其实量给资本。以慰先世于既往，以存厚道于将来，切不可秦越肥脊视之。

一士风薄恶，莫过于投递揭帖。以后凡有缘门投递者，众共绝之，不必接览。

一吾乡士风雅称恬静，而近日诸长者尤多闭户寡营，绝口不谈时事。如此美俗，乌容过虑。第恐无知之人指称吾辈，或捏写连名假书嘱托当路，或擅借一二名号传帖相约，甚至无名之帖顷刻传遍，而大家茫然莫知其所自。诸如此类，关系一方士风不小。今后吾辈遇此，不妨过于详慎。盖关防诈伪，微独居官，即居乡亦不可不一留心也。

以上数款，特其大略耳。若其详，则有乡先正蓝田吕氏乡约、乡仪在。愿吾辈共斟酌讲求焉。

G

（明）高攀龙，《申严宪约责成州县疏（拟未上）》节录，见《高子遗书》卷7

一、乡约为教化内一要事，但县官不以诚心行之，徒成虚文，而约正副等反为民害。果有力行者，必敦请邑中德行乡绅或孝廉贡士为民钦服者，主其事，而约正副等以供奔走。乡约行，则一乡之善恶无所逃，盗息民安，风移俗易，皆得之于此。有记善簿、记恶簿，又须有改过簿，许令自新。

一、乡饮钜典不得滥及匪人。

一、社学务选教读得人。……

一、社仓是救荒良法，各乡劝缙绅即名家自造仓廒，自放自收。不可以官府与之。其法，以人户种田多少，人口多少，以二分息于青黄不接时借贷。又必二三十户连名保借，欠者即同保内人户摊赔。小荒减利，中荒捐利，大荒连本。米下熟催官府给与印信文簿，为究治奸顽，使之可久。……

（清）顾凤仞等，《谨拟振兴乡约条说》（《江阴县乡约局》）

*咸丰四年，面对太平天国的压力，江苏地方官召集绅士，征询办理团练的办法。顾凤仞等绅士提出，只办团练难以解决根本问题，应该同时振兴乡约。“乡约之行，正人心之要术也”，“乡约之举为目前第一要务”。这个提议得到地方官的支持。随后江阴、常熟等县先后兴办乡约

局，选举城乡绅董和讲生，专门宣讲乡约。内容采用吕氏乡约、同善会约等各种训俗规约，并劝人举行各种善事。

古者，月吉悬书，与民读法。遒人木铎，警众以时。先儒本此意设乡约，以补学校之未遍，所由治化蒸蒸，进乎上理也。后世视为不急之务，遂致奉行不力。所举约正名存实去，所兴义塾仅设城乡，教化不广。是以穷乡僻壤，官法虽行，民风日薄，肆无忌惮，酿成祸阶，贻害不可胜计。当此之时，不得不以正人心为首务。人心一日不正，沴气一日不消。乡约之行，正人心之要术也。同善书之条例，尤讲乡约之要术也。得其术，则源自清而本自正矣。非补学校之所未遍欤。谨拟条说呈电。

是举最易视为具文，遂致风俗日敝。此番振兴，实为化导乡愚，弭患救时起见。而士为民望，尤贵表率于乡村，不作讥评于里党。然后地方绅董以为事切剥肤，断不虚应故事。地方官长会同绅董，首先崇奉力求实济，看作一件至要至急大事，自必有一段勤勤恳恳化人为善之至意。行一日有一日之效，行一乡有一乡之效。发聋振聩，此为最捷。地方安危，民俗厚薄，悉系于此。

风俗之坏，由于教化不行。平时任其所为，而不加约束化导，往往酿成大乱。变端已起，始行征剿，必至殃及良民。言念及此，真堪痛恨。当此急求挽救之方，莫如乡约之举为目前第一要务，岂得以为迂而忽之。

近时急务，必曰团练，以资保卫。此有形之保卫也。有形之保卫不可无，无形之保卫尤不可缓。倘人心不正，团练亦恐难恃。惟力行乡约，以时化导，激发忠义，使人人有去恶从善之心。则有勇知，方无非腹心，干城之寄。此无形之保卫也，实与团练要图，互相表里。内忧既弭，外患自平。

是举宜于保卫局外专立，主名曰乡约。总局宜由各善堂董事，力行筹款，酌定章程。公举老成练达之士五六人，实力奉行。分赴各乡图都，宣讲乡约。其一切盘川、修脯，酌量开支。以期专心办理，不致懈怠。

公举得人后，分值各乡。一面先行出示，届期谕令各乡图董暨耆老士民，齐集公所，静候听讲。讲罢，即就地方议立章程。另举该处公正士人，朔望宣讲，仿照举行，不致一暴十寒。亦自有倡有和，庶时时提醒，人人感动。

宣讲之法，以圣谕广训为宗旨。惟恐照本宣读，去乡民未能尽解。

必须参以家常说话，反覆开导。尤须按切地方风俗，对症发药。惕以王法，动以人情，警以天理，更晓以果报近事。务使听者于欢忻鼓舞之中，有提撕警觉之意，斯为得之。

感人以言，婆心苦口，专救听者身心之急病，不啻代为自治其身心。譬如医生施药送方，迨医好病时，于医无补。幸弗于听讲之时，先存反唇相讥之见，致令听者不入，讲者抱惭。

宣讲时，地方或有愚蠢之辈妄肆阻挠，顽梗之徒任意喧闹。是藐视皇章，故违宪示，是急宜依律惩治警戒，一方许乡董指名禀究，庶俾无碍通行。

善书为圣教羽翼，公局宜酌择简明切要浅近善本可以通行者，各随力捐资多印广布，以期善与人同。或劝各乡有力者，各发心印送，通行乡塾，劝塾师训诲子弟熟读。庶几，为教化之一助。

师道立，则善人多。塾师为教化之源。科举之学，固当指授生徒，而朱子小学等书，尤宜急与初学蒙童讲说。须知村童读书二三年，尚未知做人道理。出塾后，又无人教导，往往流为不肖。师道不明，风俗因之敝。是举每临一乡，宜先会同各塾师讲明教学之要，劝其因材造就。将粗浅切要善书，培植伦常根本，尽心讲解。各积功德，为地方矜式。庶几各化一方，导迎善气。塾师教导，本有此等见解。今以伦常为科举之本，便可不狃故常。

地方善举，如同善会及保婴、养老、敬节、恤孤、惜字、放生、掩埋、助葬、救火、备荒、筑堤、开港种种，有益地方之事，实足培养生机，潜消劫运。宜随人劝导，为地方兴一断善举，即为地方培一分元气。能得感动善心，造福无量。

地方恶俗，如不孝、不悌、酗酒、械斗、谋串、唆讼、逼醮、溺女、焚棺、掘墓、窝赌、窝娼、串盗、花灯、赛会、杀牛、灾犬、粘鸟、捕蛙、药鱼、竭泽种种，削伐元气，实召灾殃。宜会同绅耆士民，严定条约立议永禁。

乡约化导，所以教人为善也。乃有导人为恶者，尤宜先行禁止。如淫书小说淫戏之丧心病狂，已为导恶之源。而滩簧花鼓戏之类，诲淫诲盗，更为兴赌醮寡之毒媒。并且自知犯法，所怕地方举人监生等不为徇庇，往往闻风远避。可见，举人监生乃一方风化之领袖也。官禁不如私禁，愿诸绅士等就该地方立议永禁，最为妥善。

同善会兼行劝善，系高忠宪公所定。有四季会讲之条，养而兼教，最为推广善举要务。近时善堂，罕有仿办者，殊失先儒同善之旨。会讲不行，善举亦必不能推广。限于城市，更不能化及穷乡。是举专为化导乡愚，从邑城倡率。乡民安，即邑城亦安。有心者当不以为迂缓也。

激浊扬清，为教化首务。地方中如有孝子、悌弟、贞女、节妇以及品行端方、慕义好善、为乡间推重者，宜书其事迹，以便日后呈明官长，分别请旌奖。随即登门拜访，对众称扬，以示激励。已故者，或谒其墓，或式其闾，以示尊重。其不肖者，则以善言劝谕之。劝之不从，则众其弃之。又或该乡有善恶报应故事，不妨胪列其事，笔之于书。宣讲即引以为证，尤足以资惩劝。

保甲为弭盗安良要事。乡约既举，即可随处劝行保甲，编查户口，实力从事。教化与法令并行，庶几恩威并用。

谨拟举行乡约条说十六条恭呈宪裁，伏惟采择。

H

（宋）黄干，《跋南康胡氏乡约》，见《勉斋集》卷22

*黄干的朋友胡伯量写了一本乡约的书，他读了书稿后，认为这本书所讲的乡约，是继承了古代的一种乡礼—乡饮酒，有利于改良风俗。于是就高兴地写了这个跋。可惜，不知此书至今是否失传了，还没有见到。

南康胡伯量，以乡约示其友。其友黄干读已而叹曰，此乡饮酒遗意也。古之人于其乡党平居，则相友相助，有急则相救相周，其情谊之厚如此。故其暇日相与为饮酒之礼，以致其缱绻之情，而因以寓其尊长卑幼之序，如是风俗安得而不厚哉。后世礼教不明，人欲滋炽，利害相攻，情伪相胜。一室之内，父子兄弟乖争陵犯者多矣，而况于乡邻乎？风俗之不如古，亦宜矣哉。伯量兄弟孝友同居爨人无间言，又能推其施之家者而达之乡，其有补于风教大矣。故书其后，以念其乡人使知其合于古谊，相与守之而勿替云。嘉定乙亥四月晦日书于凤山书院。

J

（明）姜宝，《议行乡约以转移风俗》，《古今图书集成》，明伦编，交谊典，乡里部，卷28

＊这是一篇好文章。当时三个乡约的实行情况，即尹翀莘父母行乡约，甘紫亭父母行乡约，作者本人姜宝改乡约为宗约。有办法，在城在乡如何兼行乡约和保甲。有议论，乡约和保甲，乡约和宗约。最后表示著此文是希望将来县令也能推行。乡约兼行保甲，这个提法不仅吕坤如此。

乡约之行，于民间风俗甚有益。其与保甲法相兼行者，则善俗而弭盗，于民间尤更有益者也。第在长民者实意行，又能选择约正、副、保、甲长得其人，斯善矣。往见尹翀莘父母曾行此，未兼保甲也。而约正、副未尽得人，凭信一二人名实不相副者主兹事，而约正以狡而奸者厕其间。甚至委以剖决词讼，查堪事情，清理课税，而往往为所欺。是以徒为文具，而未见有实效。

甘紫亭父母相继欲行此，谋于予。予告以实意行，请自予家奉法，始说具予所作乡约序中，而亦未兼保甲也。兼行保甲法，及予宗自为约，不令它姓人的参与有所妨。惟予自请于公，公特许可，尝行之而已有效矣。公丁艰去，他约皆停寝，而独予家请于府，改乡约为宗约，以宗约行。又以保甲法相兼行，冀垂诸永远而不废。今犹念公意专诚，不粉饰为文具。乡士夫致其事及诸生，已告出学有行者，坊里有其人，必敦请。请以礼，必不慢，必无有作辍，彬彬然，风俗为之变。约正副即一二非其人，寻革去恶。外界流来刁棍教唆诬害我良民，驱逐之，禁治之。地方有惯盗，某为患害者，擒致之，立毙于杖下。良善赖以安生。不文具苟简为，而一以真实行仁且勇，先教化而后诛罚。若公非真欲敦行古道者欤。

今即已去，任犹可仿其意，损益而行之。第一在选择约正副得人。约中真有孝父母，敬长上，睦乡里，教子孙，及凡为义夫节妇，真修实行之人，务推举，以凭核实而旌奖。真有不孝，不弟，不睦，不姻，惯为讼师，惯赌博、宿娼，一切开局勾引及行使低假银之类，一切为非不法，亦从实开报，以凭查访而罚治。至于各保长与其各保下之甲长，每月稽查。各甲下有出入不时，往来不明，交游不类者，地方有惯掏摸，惯抻窃者，并举首。有水火盗寇等事，甲长闻于保长，务相与防御而救恤。在乡以若干家为一约一保，务使地近，声相闻，休戚相关也。而一闻有事，不辞星雨，率有众即赴之。如手足腹心之相捍护。在城以某坊某坊为一约一保。约于每月一再讲，勿怀市心，勿习狷薄行。保于每坊每日夜相保受，勿分人我，如家人父子之相亲爱。合乡城成美俗，合君子细人，皆改过而迁善。以乡约法教民为善，以乡约法兼行保甲法，又思所以为民防患。推广甘公德意，由予一家遍推于家家，由一时行之于时时，将见化行俗美，盗息民安，刁讼不严而渐少，逋负不严而易完。无论民间受益，即官长不烦心力，可卧而待治矣。

予著为此议，望后来贤令君以二法相兼行，务以实心实益，庶民为良民，贤君亦为良大夫矣。是为议。

K

（明）康海，《河东运城敦行乡约记》，见《对山集》卷5

*提到两个行乡约的事，一是泾野先生吕仲木在解州，二是余晦之在河东运城效仿他。吕、余二人都是以官员的身份，提倡当地士大夫、耆旧，带头推行乡约。

昔者，予友泾野先生吕仲木氏谪判解州，置解梁书院，以教学者。悦其民风纯俭，有先王之遗意，又命诸高年善人敦行乡约，俗则彬彬然化矣。嘉靖甲午监察御史江东古峰余君晦之巡按河东，惩奸涤獘之余，睹运城市肆连络，民弃本逐末，兴行之志寝微，于是惧焉。集其城之士大夫、耆旧谋曰，昔闻泾野先生居解，教民训俗，敦行乡约，天下望而效之，盖有恨其不身逮者。解梁事，岂非诸君亲睹也哉？盍亦得其高年善人，敦行其约，使后生小子得于观感，笃义贱货，迪为善俗，以复先王之旧，此非士大夫、耆旧之首事乎？于是士大夫、耆旧矢心敦约，肄于君新建书院中，从者如云，莫不以为快睹，则其心之倾向爱慕，略可征矣。君于书院养蒙馆中，又立乡约亭，暇则亲考厥成。而小学之童又日日望其行事，则所以淑其人，善其俗者。融畅浃恰，直与泾野在解州相埒。师友之间，操履如一。天下后世，盖将欣慕兴行，惟恐有弗待尔。其于圣天子化民成俗之意，敬承何如哉？士大夫、耆旧恐其后人莫知所以敦行之，自访于余君，价其太学生季邻氏，以予为记，因以此归之。

L

（明）李光地，摘录，《榕村语录》卷27

治者，事有条理也。乱者，纷无头绪也。顾亭林云：小官多而大官少，则治。信然。文中子曰：唐虞三代不可复见，舍两汉吾何之？先儒或笑其陋，其实三代之流风善政，惟汉犹近。当时守土之吏，自郡守上更无人，郡有十县，县有令长，又有三老、啬夫、游徼。三老即今之乡约也，掌教化。啬夫即今之甲长也，主钱粮。游徼即今之练总也，司盗贼。县有十乡，乡有乡长，又有乡三老、啬夫、游徼，略如县制。乡有十亭，亭有亭长。凡三老、啬夫、游徼，皆郡守自行启除荐之朝，亦即为之录用，犹见圣人辟门之意。此等皆即用本县之人，其名俱载在宦籍，故《汉书》列之《百官志》。非比如今之乡约、甲长、练总，皆无赖之徒为之，并无职衔。他自知贪饕，事败，不过笞逐，于其微贱无损也。故趋利为非，不少顾惜。汉时内之黄门执戟，一切左右服役之人，以至外之三老、啬夫、游徼，大抵皆用士人，所以吏治可观。三老之类，惟其为官也，古亦荣于乡，食其禄而不肯自弃。惟其为本乡之人也，故各习知其风土人情。有一盗，则知其根株，不逾时而获矣。有一讼，而知其孰曲孰直，而为之调停排解，其拖累寝搁者寡矣。于土田，并知其疆界以及其买卖所自，虽刁诬无所施从。与民亲切处料理，故得其情而事省。

（明）陆粲，《与萧太守国材论家礼纂要书》节录，见《明文海》卷171

承批示，家礼纂要已随条改正，有可商榷者数处，具列请教如左。……吕氏乡约礼俗相交，尊幼辈行、造请拜揖、请召速迎之礼，右乡约内虽已举其大纲，而仪节未备。愚欲删节其礼，附于四礼之后，谓之为居乡杂仪。今《汉书·律历志》引此语，正当养之以福。颜师古注之，徃者也，徃就福也。孔颖达《左传正义》亦云，徃适于福也。盖古本自如此。然今本养之以福，犹曰养之以致福耳，于义亦通，但杜预注此云，养威仪以致福，则恐非是。窃谓养是养所受之中，盖敬慎于动作威仪之间，乃所以养此中耳。

（北宋）吕大钧，给亲友的书信以及《吕氏乡约》编者注

＊王承裕编《关中丛书》收录详细版的《吕氏乡约》，吕大钧的三封信，以及朱熹和王本人的编后注。

（1）吕大钧，《答伯兄》

乡约中有绳之稍急者，诚为当，已逐旋改更从宽。其来者亦不拒，去者亦不追，固如来教。

（2）吕大钧，《答仲兄》

乡约事近排祭人回已具白，人心不同，故好恶未尝一，而俱未可以为然。惟以道观之，则真是真非乃见。若止取在上者之言为然，则君子何必博学。所欲改为家仪，虽意在逊避，而于意不安。盖其间专是与乡人相约之事，除是废而不行，其间礼俗相成，患难相恤，在家人岂须言及之乎?! 若改为乡学规，却似不甚害意，此可行也。所云置约正直月，亦如学中学正直日之类，今小民有所聚集，犹自推神头行老之目其急难，自于逐项内细说。事目止是遭水火盗贼死丧疾病诬枉之类，皆是自来人情所共恤，法令之所许，（饬条水火盗贼，同村同社自合救捕。鳏寡孤遗，亦许近亲收恤。至于问候吊丧，并流俗常行。）约中止是量议损益，劝率其不修者耳。（今流俗凡有率敛济人，皆行疏聚集，并是常事。）汉之党事，去年李纯之有书，已尝言及，寻有书辨其不相似。今录本上呈党事之祸，皆当时诸人自取之非，独宦者之罪，不务实行，一罪也。妄相称党，傲公卿，二罪也。与宦者相疾如雠，三罪也。其的用者，遂欲诛戮宦者，四罪也。不知乡约有何事近之。

乡约事累蒙教督甚切，备喻尊意，欲令保全，不陷刑祸。父兄之于子弟莫不皆然。而在上者，若不体悉子弟之志，必须从己之令，则亦难为下矣。盖人性之善则同，而为善之迹不一。或出或处或行或止，苟不失于仁，皆不相害，又何必须以出仕为善乎。又自来往复之言辞多抑扬，势当如此，惟可以意逆之，则情意可得，若寻文致疑，则不同之论无有

已时。（如谓杀身成仁者，盖孔子谓时多求生害仁者，既难得中庸之人，且得杀身成仁者，犹胜求生害仁之人。岂谓孔子务为杀身成仁。中前书行老神头之说，亦类此。向蒙开喻志诸侯之说，亦如此。）处事有失，已随事改更，殊无所惮。即今所行乡约与元初定甚有不同，乡人莫不知之。亦难为更，一一告喻流传之人耳。

（3）吕大钧，《答刘平叔》

乡人相约勉为小善（一曰细行），顾惟鄙陋，安足置议。而传闻者以为异事，过（一作竞）加论说，以谓强人之所不能，似乎不顺。非上所令而辄行之，似乎不恭。退而自反，固亦有罪。盖为善无大小，必待有德有位者倡之，则上下厌服而不疑。今不幸出于愚且贱者，宜乎诋訾之纷纷也。虽然遂以为不顺与不恭，则似未之察耳。凡所谓强人所不能者，谓其材性所安，难强以矫，犹畏慎者责以宽泰，舒迟者责以敏疾之类。至于孝弟忠信，动作由礼，皆人所愿。虽力有不勉，莫不爱慕。今就其好恶，使之相劝相规而已，安有强所不能者乎。凡所谓非上所令而辄行者，谓上之所禁，俗之所恶，犹聚萃群小，任侠奸利害于州里，挠于官府之类。至于礼俗患难，人情素相问遗周恤。间有惰而不修，或厚薄失度者，参酌贫富所宜，欲使不废。且所约之书，亦非异事。今痒序则有学规，市井则有行条，村野则有社案，皆其比也。何独至于乡约而疑之乎。况诸州犹有文学助教之官，其职事亦是此类，但久废不举耳。或有举之者，安为非上所令乎。以愚贱之言，则不敢逃责。或大人君子不以人废言，则似亦可恕。或谓其间条目宽猛失中，繁简失当，则有之矣。明识忠告，安敢不从。近闻流言过实，及于左右，虽素以相亮，亦恐不能无疑。致（一作布）此意，幸冀详照。

（4）朱熹，编后注

此篇旧传吕公进伯所作，今乃载于其弟和叔文集。又有问答诸书。如此知其为和叔所定不疑。篇末者，进伯名意，以其族党之长而推之，使主斯约故尔。淳熙乙未四月甲子朱熹识。

（5）王承裕，编后注

乡约本文承裕十年前得之，盖吕氏兄弟相与论定者，其所以约乡人为善之意至矣。况晦庵先生有取于斯。每欲刊印传布，未果。兹居先太师端毅公之忧，念此书人少得见，恐久而失之。于是自为校勘，俾学徒誊刊于弘道书院。于戏使此书果有主其约而行之者焉，则乡之人将勉为善而耻为不善，风俗恶有不厚者哉。因记于后。正德五年庚午春三月甲子三原王承裕书于考经堂。

（明）吕坤，《呻吟语摘》卷下，摘录

无治人，则良法美意反以殃民。有治人，则弊习陋规皆成善政。故有文武之政，须待文武之君臣。不然，青萍结绿非不良剑也，乌号繁弱非不良弓矢也，用之非人，反以资敌。予观放赈、均田、减粜、检灾、乡约、保甲、社仓、官牛八政，而伤心焉。不肖有司，自省有余愧矣。

（清）陆陇其，《乡约保甲示》，见《三鱼堂文集外集》卷5

*注：这是一份他发布的告示。

为申明乡约保甲，以挽颓风，以靖地方事，照得乡约以劝善，保甲以惩恶，即古比闾族党之遗法。而行之未善，或有名无其实，甚则苛细骚扰，反不如不行之为愈。是非法之不善，行之者未能讲求尽善耳。昔人云，乡约实行，自无奸凶。犹有奸凶，是乡约未尝行也。保甲实行，自无盗贼。犹有盗贼，是保甲未尝行也。本县承乏兹土，愿尔百姓尽为良民，风俗淳美，狱讼衰息，盗贼屏伏，闾阎宁谧。惟是力行二法，庶几可有成效。而人痛恶苛扰，恐反累地方。今与尔百姓屏除烦文，讲求实政，为此示仰阖境民人知悉，除乡甲条约渐次申明外，择于几月某日，先于在城举行乡约。随即查点保甲，以次单骑亲往。各村庄悉照在城例。凡本县所到之处，严禁骚扰丝毫不累我民。如有借端生事者，立拿重处。其乡约保长等，务须实心任职，倡导乡民，稽查匪类。如有仍前视为故套，苟且塞责者，革除不用外，仍治其怠惰溺职之罪。各宜自奋，互相劝勉，以副本县期望、尔民之意。毋忽。

（明）陆世仪，《思辨录辑要》卷18，节录

*节录有关论乡治的贯通之道。

治天下必自治一国始，治一国必自治一乡始，治一乡必自五家为比、十家为联始。予尝作《治乡三约》，先按地势分邑为数乡，然后什伍其民。条分缕析，皆令归于乡约长。凡讼狱、师徒、户口、田数、徭役，

一皆缘此而起，颇得治邑贯通之道。

今为治者，动行乡约、社仓、保甲、社学，纷纷杂出，此不知为治之要也。乡约是个纲，社仓、保甲、社学是个目。乡约者，约一乡之人，而共为社仓、保甲、社学也。社仓是足食事，保甲是足兵事，社学是民信事。许多条理曲折，都在这一日讲究。不然，徒群聚一日，说几句空言，有何补益?！乡约中，止宜赏善，不宜惩恶。盖辱之于大众之中，使人无自新之路。所谓若挞之于市朝也。

《周礼》比闾族党之法，《管子》轨里连乡之法，同一治乡之道。《管子》尤极详密，其言曰，正月之朝，乡长复事，公亲问焉，曰，于子之乡，有居处为义，好学，慈孝于父母，长弟于乡里者，有则以告。有而不以告，其罪五。有司已于事而竣。公又问焉，于子之乡，有拳勇股肱筋骨秀出于众者，有则以告。有而不以告，其罪五。有司已于事而竣。公又问焉，于子之乡，有不慈孝于父母，不长弟于乡里，骄躁淫暴，不奉上令者，有则以告。有而不以告，谓之下比，其罪五。有司已于事而竢。五属大夫亦如之。是故，匹夫有善，可得而举。匹夫有不善，可得而诛。其法最善。今之行乡约者，宜祖之。郑子产、齐管仲，其所行皆《周礼》，读《左传》《国语》可见。盖当时去古未远，犹有周公之遗也，子产、孔子数称之。管仲虽曰霸术，然其霸处在心术，至于作用，则犹近正。

分乡是小封建法。今之为县官而欲行王道者，必自分乡始。

治天下须用得几个县令，好县令古诸侯也。治州县须用得几个好乡长，好乡长古县大夫也。得其人则治，不得其人则乱。

（明）罗钦顺，《云亭乡约序》，见《整庵存稿》卷7

嘉靖十年四月甲子，吾乡士大夫会于龙福寺中者，凡十有七人议乡约也。众志素协，议即时以成。夫礼之当由人，莫不知。然或为习俗所夺，不能无悖于礼者，见闻者既皆以为非是，亦何惮而不改耶?！此无他，莫或为之倡焉耳。夫习俗之不美，固非一人一家之失，而仁让之兴，鲜不自一人一家始。乡约之议，其诸大学之所谓机也。一人倡之，众人辄从而和之。一家行之，一乡辄从而效之。俗之变而归于厚也。何有哉。凡今日之约，皆目前近事，易知易行，会议之人不出一乡之外，亦取其近而易集耳。然始于近易，远大固可推也。变自一乡，而他乡亦可动也。

此吾辈之志也。

议初发于西涧曾公，天机所触，诸君子应之。如响卜日征会，一惟西涧之听。会之日，宿雨初霁，四山如拭，草木亦欣欣然，既具草各出，所携相与宴饮献酢交错，情意胥洽，真所谓鱼川泳而鸟云飞者。酒半，乃相与分韵赋诗，人一首。南山尹公既出韵，且言曰，诗意宜一切以正俗为主，勿为留连光景之辞。皆应曰，诺。复相与议约，当遍遗诸大家锓梓，以便草印。云江尹公曰，事专则易，就吾其任之，某因人成事，曾莫效微劳首简之书诸君子，固以见属，有不容不勉，承者亦礼也。编刻首条约，次则乡先正尹文和公书，又次西涧初议，而终之以会中所赋之诗。凡会议者之姓名皆载诸约后，而诗之序则一以齿云。

S

（明）沈鲤，《覆十四事疏》节录，见《礼部志稿》卷45

帝王平治天下大端，惟治、教、养三事，皆缺一不可者也……

一、圣训六言劝化民俗而设木铎徇于道路，则所以提撕警觉之也。近年以来，此举久废，合无行，令掌印官查复旧制，于城市坊厢乡村集店，量设木铎老人，免其差役，使朝暮宣谕圣训。伏乞圣裁。

一、乡约之设，所以训民，即古道德齐礼之遗意也。为有司者，能鼓舞有术，民未有不劝于善者。宜于所辖地方，酌量道里远近，随庵观亭馆之便，置乡约所。以皇圣祖训、大明律例，著为简明条示，刊布其中。即于本里择众所推服者一二人，以为约长，使其督率里众，劝勉为善。掌印、佐贰、教官，仿古巡行阡陌之意，每月一次，分投各所，集众前来听讲圣训、律例，使各家喻户晓。讲毕，仍令约长举报本里为善、为恶之人，及曾改过自新。怙终不悛者，而质于众。果无异同，随即登记簿籍，分别惩劝。如果年高有德者，或旌以扁额，或免其杂役，或申准合干，上司给与冠带荣身，以示鼓舞。伏乞圣裁。

（明）沈鲤，《学政条陈疏》节录，见《亦玉堂稿》卷3

至于闾巷小民于儒学教官虽无统理之责，亦宜协赞有司，分行教化。如县学、训导二人，则一任治城之东，自某里以之某里，一任治城之西，自某里以之某里。每月巡行一次，其间社学师生则验其肄业之当否，民间乡约则验其举行之得失，而与之讲说校正。此不但职分之当然，亦可以观其才干之优劣。

（明）孙承恩，《重刊文公乡约序》，见《文简集》卷30

郡伯内江喻先生之治松也，日求所以裕民者，劳心焦思，勉焉若弗及也，欿然其未足也，昼然如有伤也。呜呼！其拳拳为民之念，天实临之间示，走以文公乡约一帙曰：此先生所以导民俗以归于厚者，予不佞，无以称师帅之职，兹欲刻是书，以教吾民也。信能行之，浇漓之俗一变而厚，吾之心其少慰矣乎。子以为何如？走也窃闻之，禁民为不善，善也，非善之善也。化不善，使为善，善也，善之善也。吏习盛，而儒者之效不白于世，先王之法意泯灭殆尽，是故耽冥沉酣，睢盱恣睢。付民事于罔知者故不暇论，而其能尽心者，则又不过汲汲于簿书期会之间，谳鞫讯断之际。惟禁戎之严，惟刑罚是峻。强察自用，以邀誉于上下，则已为良有司矣。何以教为？

居今之世，而有事于教者，孰不笑其迂且无用耶。夫其所以笑其迂且无用者，以民不易教也。呜呼！天下岂有终不可教之民哉。未尝教之，而即谓民弗率教，此则厚诬吾民之甚，而先生之所弗取也。走昔尝侍先生议论之末，而因以求其政，未尝不严且明也。而一以宽厚爱人为本，所谓惨刻峻厉者咸无取焉。盖儒者之政也。是书既行，诚使如先生所言，风移俗易，庶几复见。先王治化之盛，而彼呫呫然，笑以为迂者，无所容其喙，则岂惟一郡是赖，将于我国家实有助焉。

虽然，昔子朱子之修是编也，亦尝虑其难行矣，盖常情可与乐而不可与图始。呜呼！此则在我二三父老相与倡率之。而走也，及今病废家居，亦敢不偕我同志，敬劝相之，以副先生之盛意哉。

T

（清）汤斌，《举行乡约以善风俗告谕》，见《汤子遗书》卷9

* 江苏巡抚汤斌下令，在吴地讲解乡约的具体办法。

古昔盛时，士有痒序学校以乐其群，民意有比闾族党以萃其涣，礼让兴行，风俗朴茂。迩来教化不明，人心陷溺，父兄之训戒不先，里党之熏陶无素。因之一善未闻，多以恶败至于犯法。有司辄执三尺以绳之。轻则杖笞，重则斩绞。每岁谳狱之章常至千余。本院昔承乏纶阁，阅诸曹奏牍，每至大狱辄反复不置。窃叹，孰无父母，孰无妻子，一旦身罹刑辟，莫能救助，为之泣下。夫先生以刑弼教，非以刑为教也。一言不教而惟刑是加，岂父母斯民之意乎？今奉命抚吴，见俗尚浮华，人情蹶诈，讦讼见于宗族，仇杀起于比间。泰伯季子之风微，而专诸要离之习胜。欲挽回末俗，驯至淳良，条约频颁，未见省改。中夜思维，人心本善，岂尽下愚不移。从容渐摩，自当感动。乡约之法，最为近古。恭读上谕十六条，圣人之言广大精微，修身齐家之道，迁善远罪之方，总不外此。抚属府州县卫所官吏，定期每月朔望，会集士民于公所，其乡镇等处各择一空阔祠宇，选年高有德为乡人所重者，敬谨讲说。务要明白痛切，使人感动。平居无事，则互相叮咛。一有过恶，则彼此讦责。共存天理，共守王法，孝亲敬长，讲信修睦，敦尚朴实，解息忿争，无负圣天子尚德缓行化民成俗至意。无徒视为具文。

（清）汤斌，《临行晓谕士民》，见《汤子遗书》卷9

＊ 汤斌任江苏巡抚时，率百姓朔望讲解乡约。

本都院平日告诫尔百姓之言历历具在，即朔望率尔百姓叩拜龙庭，讲解乡约，亦欲使尔百姓知君臣大义，朝廷恩德。自今以后，愿尔百姓孝亲敬长，教子训孙，忠信勤俭，公平谦让。事要忍耐，勿得妄兴词讼。心要慈和，勿得轻气斗争。勿赌博，勿淫佚，勿听邪诞师巫之说复兴淫祠，早完国课，共享天和。此本都院拳拳望于尔百姓。……

W

（明）王樵，《送刘邑侯入觐序》，见《方麓集》卷4

＊ 此篇提到程明道在户县和上元，实行过社仓、社学。刘侯在金坛实实在在地推行保甲和乡约。

吾邑刘侯初政宰洋，而洋治。天子多其材，徙金坛。侯以治洋者治金坛，而金坛亦治。于是任满三载，部使者上其绩于朝，故事考绩当赴天官。侯特以贤见留，万历八载，天下复当会朝之期，三吴多以水灾免，而侯以管内无事，如例入封天颜，述所职焉。人为侯荣之，樵其可无言以赠。

人有言南北不同风而治之有难易，北多质南多文，北多俭南多靡，北多伉直南多谖巧。故治之在北易，而在南难，此其大较固然矣。及读班史则称斯民三代之所以直道而行也，岂不信哉?！周秦之敝，网密文峻，而奸轨不胜。汉兴，扫除烦苛，文景加以恭俭，而黎民醇厚。然则为治者果不待易民而化也，顾在上所施者何如尔。

昔明道程先生初仕主户县簿，户则犹夫洋也。再调主上元簿，上元则犹夫金坛也。其弟伊川先生纪先生之政，有谓先生摄事上元，欣讼日不下二百，先生处之有方，不阅月，民讼遂简。又谓度乡村远近为伍，皆有乡校，暇时亲至，召父老与之语，儿童所读书，亲为正句读。教者不善，则为易置之。又谓乡民为社仓，为立科条，旌别善恶，使有劝有耻。三年间，无强盗及斗死者。夫户与上元在汉宋皆为都会，人物辐辏之地，俗杂五方，素号难治。而明道先生以卑官佐职初试，乃其感化又如此，信乎其在人也。

刘侯之为邑也，以安民善俗之道莫如保甲乡约二法，实以诚意推行之，凡相助相恤与夫立科条，别善恶，一本前哲之良规。而侯素平易近民，约所皆亲，至与其父老子弟语如父兄之训子弟。而侯又家行甚笃，人素信之。三年间争讼衰息，岂非其明效欤？金坛地僻而俗淳，先年民有白首不识县庭者。无何故俗渐失，人谓世变之趋下，不可复返。以今观之，殆不然也。夫俗之淳漓，犹朝暮也。无往而不复之理，以导之则在乎上，以守之则在乎下。吾故具道之，既以赠侯，亦以为吾人告也。

（明）王樵，《金坛县保甲乡约记》，见《古今图书集成》，明伦编，交谊典，乡里部，卷28

＊有两条信息比较有趣。明成祖是最先推行吕氏乡约的皇帝。刘侯在金坛并行乡约保甲二法。

保甲乡约，实古司徒之教法也。五家为比，十家为联。五人为伍，十人为联。四闾为族，八闾为联。使之相保，相爱，有辠奇衺则相及，此即保法也。州长各掌其州之教治。政令之法，正月之吉，各属其州之民而读法，以考其道德行艺而劝之，以纠其过恶而戒之。自州长而下，弥亲民者，于教亦弥笃，此即乡法也。

三代而下，惟汉此意犹存。彼所谓三老、啬夫者，得与县令丞以事相教，又置孝弟力田，二千石一人。盖其重之如此，是以黎民醇厚，几于刑措。

至我太祖高皇帝致治，实远复成周之盛，上自六官，下至比间之长，无不得其人，重其仕至亲。降德音以代面命，令布满天下，所谓圣谕六条者是已。主之以三老，家临而户至，朝命而夕申，如父母之训子弟。至成祖文皇帝，又表章家礼及蓝田吕氏乡约列于性理成书，颁降天下，使诵行焉。噫！二百余年治平之美，岂无自而然与？

吾金坛为地最僻，为俗最朴。三十年前，民有白首不识县庭者。既而人物日以阜蕃，乃故俗渐失。识者忧之。万历五载，西川刘侯以治洋有声，九重简命，移治金坛。至则以安民厚俗之道，莫如保甲乡约二法。爰取近贤之所已试者，而损益推行之。其详略适中，其条贯尽善也。侯又躬县倡率，无问穷乡下里，靡不亲临督视。轩车所至，民扶老携幼而往听之，为之感动，兴起至多矣。是岂声音笑貌所能为哉。侯之家行纯备，诚意感人，盖在于未言之先，故其为教易成如是也。侯且报政于朝，内召有期矣。父老子弟恐其久而或忘也，请予记之。则谓之曰，不忘在汝之心。盖所谓兴起者，非是外来也。我固有之也，尊所闻，行所知。侯之条约具在也，侯之劝民手抄具在也。愿相与坚守之，是在父老子弟而已。众曰，诺。是为记。

（宋）王应麟，《义田庄先贤祠记》，见元代袁桷，《延祐四明志》卷 14

古者，祠先贤于学。明之三贤，何以祠于义田、庄田？以义名三贤，为乡里立也。三贤者谁？忠定史越王、庄靖汪公、端宪沈公也。始忠定里居，笃于义，仕者勉以励廉，隅学者劝以修文行乃为义田，以济婚丧。而汪沈而公，比善协心，闻者乐施。其规约密，其给授公，立义以为的，一乡莫不知义。

自绍熙更戌迨今百有四年，而三贤有祠亦七十有七年矣。成画犹存，初意寖失。济南陈公祥揽辔咨诹，惟儒雅风教是崇，是迪嘉前修之尚义，慨实惠之未遍，谓职掌之冗员、子孙之继廪二弊，不可不革。维之以乡校，必守旧规。董之以乡人，必选宿望。砥节首公，永保勿坠，传之百世可也。于是属郡博士苏淼，前军器监丞陈定孙总其纲，学录姜材之，前寿春推官史徽孙主出纳。凡故家之裔，名儒之后，暨学校职生，有丧贫不能举，孤女不能嫁者，采诸旦评，参诸舆，核实而助之。因时度宜，视昔为宽。所与寡而所及者众。诸老之美意，几废而复续。先是祠堂陋，更为三楹，助田于斯者，列侑于旁，春秋祀焉。岁中稔颇有余粟，因缮葺门轩及亭，筑垣浚池，灿然一新。

应麟闻而叹曰：义者，天理之公，人心之正，大学以是平天下。然而行之一乡，愈近而愈不可欺。我思古人礼俗相交，患难相恤。蓝田吕氏之为乡约也，贫穷相救，婚丧相助。古灵陈公之教其民也，良心之存，善端之充，义不可胜。用比闾族党保爱周救之法，千载百世，是邦如昔。义里前献，表率后进，忠厚廉耻之俗成，悯颠连无告，若已恫瘝用敷遗无穷之泽。蓝田之为约，盖不专美矣。创者本于义，既久而义之实不明，廉车之来振饬扶植，居贤的，善风俗，于古灵有光焉。咸愿识其事，诒永久。惟建庄始末献楼公纪载已备，而祠未之述。义理在人，万古无斁。秉彝好德，谁无义心。是心可泯，则是义可废。续古之人勿替引之，与者不为私恩，得者不以他费。相劝以义，无愧于心，斯无愧于先贤。敢著之石章，以审来者。

（明）魏校，《答徐伯仁》，见《庄渠遗书》卷4

*《庄渠遗书》中有三篇关于乡约。此篇是徐伯仁在一邑行乡约，把规条给魏校看，魏校信中提了些建议。

慨自圣学不明，吾民久不蒙至治之泽矣。汝小试一邑，毋曰民寡，是即孔门之为邦也。若诚心恻怛，子惠我民，民欣戴之真如父母，只此便是三代矣。所示乡约谕民条章，俱惇善俗忧深思远之事，但须先有一假诚意，感孚于民，然后因机导之，庶几不为文具。言不必文，亦不必繁，只须直说，使妇人孺子皆可通晓。保障一节，上下恐难行，此实有联络气势，而隐然无迹乃善耳。海盐吴布政昂，循良吏也，地近，凡事可以咨询。天气渐热，愿靖共自爱。

（明）魏校，《答林相》节录，见《庄渠遗书》卷4

所示条约，乡约甚善，甚善。但约条所论功夫，须体会为一，才是立本，才是易简，否则只是凑合也。反求诸心，还能虚否。若有意气在，便易外驰。江右礼俗，吾甚爱之，慕之，乡约须与俗约并行，更与乡士大夫讲究宗法、谱法。欲大，合族必立宗子，族长、族尊、族正相辅而行。乡约亦须里尊，盖礼俗须是。士大夫倡率，则上行而下效也。保伍法更宜讲究，只就乡约中默寓军法，不可明言义。总之，名亦不必立，在临时命之耳。

（明）魏校，《答王郡守子正》节录，见《庄渠遗书》卷12

来谕禁奢靡，息争讼，此诚今日对病之药也。如校之愚，更愿明公以书请于乡士大夫，相帅以俭，共成礼俗，以为民表。富民能节俭好礼者劳之，择其犯分尤不率教者，或使恤其宗族乡党，或督之开垦荒田，而官无所利焉，小民庶其风动乎。乃若倡优赌博搬戏杂剧男女游山烧香，此尤风俗大蠹，愿为之厉禁，犯则峻治之。词讼一事，愿以诚恳，上司勿轻受词及偏原告，以长刁风，劝属吏廉靖爱民，勿利纸钱赎米，民自以不不扰。明公复以书，请士大夫举行族约、乡约，讼当自简矣。

古人有言，治天下者何异于牧马哉，亦去其害马者而已矣。愿加之意。虽然之二者固急务也，如校之愚，则谓莫急于正纲纪，愿明公推诚于郡佐、邑令，同心共理。治道去泰去甚，大抵法弊易救，人弊难救，而时弊尤难救。虽然，如猫捕鼠，一擒而众惕矣。

（清）魏裔介，《劝诫图说序》节录，见《兼济堂文集》卷8

劝诫图说者，劝善惩恶，使人见而知所省慕改悔，以共趋于平康正直之路也。《易》曰：火在天上大，有君子以遏恶扬善，顺天休命。夫天之命，本有善而无恶，而气动情移，遂变转离岐以相远。故君子这为学也，必研理欲之界，以晰善恶之几。而大人之持世也，必重激扬之典，以示善恶之应。典章制度万有不同，其本指归于此而已矣。顾刑罚禁于已然之后，而训诲导于未然之先，岂武健严酷者所能胜其任而愉快乎。

御史代天子省，方其大者在观风问俗，使民迁善远罪，以追古治。不知者以为，刑名搏击之职，则失之远矣。况今天下之民，奢侈而不知俭也，慆慢而不知恭也。其视夫伦常日用之道，泛泛若萍梗之适相值于江海也。科律罔惕，奇衺成风，皆由不知礼义教化，以致殒身丧家，不可胜数。司马相如所谓父兄之教不先，子弟之率不谨者，可不痛与直指。操得为之权，凡民间之善，皆得而旌之，列实状以达于春官。民间之恶，皆得而惩之，具爰书以达于司寇。骢马所至，谁不凛凛思励者。余欲以霹雳之手，生慈惠之心，谓禁之以刑罚，不若先之以训诲。爰刻是编，以佐乡约之条。

（清）魏裔介，《兴教化正风俗疏》，见《兼济堂文集》卷1

＊此文于顺治十二年（1655年）。乡约自明末成为虚文，魏上疏提出复乡约。

兵科都给事中臣魏裔介谨题

为兴教化以正风俗事，臣闻刑禁于已然之后，礼禁于未然之先。今自明季以来，风俗颓靡，僭越无度，浮屠盛行，礼乐崩坏。臣数年来，在都门见隶卒、倡优之徒，服色艳丽。负贩市侩之伍，舆马赫奕。庶人之妻，珠玉炫耀。虽经禁约，全不遵行。丧事之家，尽耗资财以供焚毁。生不为善，死希冥福。斋僧念忏，婆娑跳神，不厌数四。创寺建塔，聚众号呼。皆以无益之事，害有用之财。而各直省府州县簿书敲朴，视乡约六谕之教为虚文，千百中无一人举行者。欲民之不困于财，而兴于礼让也，得乎?！今宜将侈糜蛊耗之事，一切再行严禁，凡违者必治其罪。僧之无度牒而私剃者。勒令归农。以后私度者，必治其罪者。洪武明君也，尝榜示天下寺观僧道，俱不许奔走于，外交构有司，所至僧寺，必揭周知册验实。不许民间儿童私自剃发为僧，违者治罪。凡以一道同风，使民务于孝弟力田，而国家收富强之用。至于乡约六谕，教民旌善惩恶之事，春秋修举，勿视为故事。则民皆有淳朴向化之思矣。

顺治十二年正月二十九日题二月二十一日奉。

礼部知道。

（明）吴宽，《尚古会诗序》，见《家藏集》卷40

＊吴宽此文清理了到明初的乡约发展脉络。这里介绍的杜文昭等在海宁长安镇行乡约。成化是1465—1487年，这可能是明代最早的记录，比王守仁早几十年。

浙河之西，人稠而力勤，地沃而物众，所在聚而为市。布缕菽粟以相贸易，权衡度量以相较计，喧呶上下之声昼夜不绝。欺诈所必至，争讼所由兴，其势宜然于此。而欲敦礼让，重信意，规过失，恤患难，以复乎先生之世，亦难能也哉。有能之者，自非好古特立，不为流俗所移之人，乌能倡而成此。孟子曰，待文王而兴者，凡民也。若夫豪杰之士，虽无文王兴，其人庶几所谓豪杰者耶。

海宁之野有市曰长安镇，里人杜文昭辈十有一人，当成化壬寅正月初吉，始立乡约，行于里中。其条凡七，大抵仿蓝田吕氏之法，名之曰尚古会。同里盛君居于京师，嘉此举之善也。走士大夫告之，欲咏歌其事以传。士大夫闻而亦嘉之，辄为咏歌之不辞。既成编，复走予，求序。其首夫谓之，古者非成周而上也乎，嬴秦去周甚近，宜其俗有先王之遗风。然谇语德色之说，已见于贾谊之告汉文帝者，则自秦而下皆不足以当古也。且古者化行于上，民俗皆美，其立法之详已不可考。今独载于孟子者曰，死徙无出乡，乡田同井，出入相友，守望相助，疾病相扶持。数语可见之，则当时所以为井田者，岂徒使其出赋税以给公上之需而已，诚欲其相亲睦以保其恒心，不至于放僻邪侈而陷于恶也。此法既立，民既不待自为约而已约于上矣。惟约于上，则凡受田之家，其俗无不同者。自井田之制不行，约于上者已废，此民所以自为约也欤。惟自为约，其俗又安得而同哉。昔横渠张氏欲买田行之而未就，吕氏之约则又不待乎田者，顾其法废亦久。何意文昭辈复举而行之。苟使人皆仿其法，俗有不美，而世有不治者乎。夫此十一人者，为会于一乡，其事若小，然实风化之所在。故为序之，且以坚其约，使不至于遂废也。

X

（明）解缙，《大庖西室封事》节选，见《明文海》卷47

＊此文作于明洪武十二年，被广泛转载，也见《御选明臣奏议》卷1等文献。《文渊阁学士兼左春坊大学士解缙》，见《殿阁词林记》卷3，说："奏凡千言，上嘉其识。"引述文字略有不同。"夫风俗不正非所以示民趍。臣愿仿蓝田吕氏乡约及浦江郑氏家范，率先于世族以端轨。则夫田税不均，非所以厚民生。臣愿行授田、均田之法，拟常平、义仓之举，积久以岁月，以丰财赋……臣愿行乡举里选之法，使民有所劝而为善。"

古者乡邻善恶必记，今虽有申明、旌善之举，而无党序乡学之教，互知之法。虽严，训告之方未备。序礼讲学，必有其地，有其时。先之以仁义，而后之一法制，则庶乎磨之有渐，而行之有效，如影之随形也。今也应故事，立虚文，善恶二自，芜秽而莫之。顾长幼之民，掉臂而不相揖。纲纪不立，节目无依，势使然也。臣欲求故人治家之礼，睦邻之法，若右蓝田吕氏之乡约，今义门郑氏之家范，布之天下。世臣大族率先以劝，旌之，复之，为民表率。将见作新于变渐次，时雍至于比屋可封不难矣。陛下不可视为迂阔而不切当今之急务也。

（明）解缙，《太平十策》节选，见《文毅集》卷1

＊参井田均田之法。

参井田均田之法，本无难事。但以为江南地狭田少，不可井治，沟洫劳民而不易成。且一时动摇，令民失业。故历代纷纭，莫知适从。唐太宗固有意矣，而无其臣。周世宗亦有志矣，而无其时。则太平万世之法，固有待于今日也。为今之计，参井田均田之法而行之，不必拘于方里而井田，劳民动众，设沟治涂而事事合古也。宜令户部会天下丁口若干，田亩若干，令民二百丁为一里，里同巷。过失相规，出入相友，守望相助，疾病相扶持。中为堂，右为塾，左为庠。推其父老年高德厚一人，处于中堂，朝夕告谒而取正焉。择其文行一人居于右塾，民年八岁者入焉，教以洒扫应对、礼乐射御书数之文。

一人居于左庠，民年十五这入焉，教以诗书礼乐、修己治人之方。

毋敢纵逸。每丁受田若干亩，庐舍邑居池井畜牧山林蔬果之地若干亩，树艺各随其土之所宜。一里之人，各治其私田若干亩，而共耕公田若干亩。山林畜牧之地，亦如之。民年二十受田，老免，及身后还田。卖买田地，则有重刑。朝而毕出，各事其事。暮而毕入，习学左庠。后为中堂，妇人相聚以治女工。有地狭人稠，土地硗瘠之乡，有司资以舟车，给其衣食，徙之江淮之间闲旷之地，孰不欢然相从哉。如此，贫富何患其不均，词讼何患其不息，天下何患其不治。天下万世，理有必然也。一先将古人井田均田小宗之法，及小学，朱子家礼，颜氏家训，吕氏乡约，女教，及今义门郑氏家范等书，类聚考订，刊行天下，长幼习读。

Y

（明）杨廷蕴，《黄陂县乡约议》，见《古今图书集成》，明伦编，交谊典，乡里部，卷28

＊文中提出具体办法。约正副推有齿德者。地方利病，通约得直陈之。官方对约众行查赏罚，定期隆重奖励好的约正副。

乡约之设，原以宣扬圣谕，劝诫一方人民。俾善者有所兴起，不肖者有所严惮。法至善也。鼎革来寝不复举，间有行之，尽失古意。约正、约副先非其人，即约讲声说一番，于开导劝惩本旨毫无关切。方今举行，必推齿德兼优，素履无玷者二人为约正副，朔望开讲日，即立善恶二簿存约正处。一方有某人行某善事，某人行某恶事，从公分注簿内。徐俟长吏，行查赏罚。诸凡地方利病，通约恒得直陈之。如是者一年，约正副公平方正，果无只鸡壶酒之私，则隆以礼貌，给与顶戴。以风通里，使儿童妇女咸晓六谕之应遵。绝域穷乡，皆识为善之可乐。辅轩问俗，所至良多可观也。

（清）《御定孝经衍义》卷35，节录

＊讲乡教化，正本厚俗之法。

臣按职役之制，为民病久矣。考之于经，若似乎不可以已者。何哉？曰：是在先王之世皆官也。论其德行道艺大者，所官之人众。小者，所官之人寡。出使长之，入使治之。以至庶人在官者，皆有常职，以食于

上，受其禄，斯尽其职矣。后世之禄，既不能下，逮比邻之长，而其督责窘辱之状，大异于古焉。由后世之制，官俸役食日削月减。百里之宰，不能得古之上农。夫百亩之所获，而谓更当制禄以食。比邻之长，则必不能而遂废之，可乎？先王以是兴教化，美风俗。非是，则无以相亲相恤，天下之大，亦将涣散而不可收拾。

齐管仲小变其说，而为内政军令。秦商鞅大反其意，而为连坐告奸，则胥失之矣。汉于亭长、三老、啬夫、游徼之外，特置孝弟力田之官，稍为近古，然其秩尊而于民未亲也。至于里正衙前之法，主典府库、辇运百物，则诚厉民而以自养，而差役、雇役、义役之论纷纷矣。虽百变其法，犹不得当也。虽严饬治民之吏，贤者少，不贤者多，未见其不以扰民也。明季之弊不远，盖可睹矣。惟有尽举主典府库、辇运百物之类，归之官吏，而但属以教化、风俗、饮射、读法之事。庶几相亲爱之中，即有相纠察之道。不必告奸，而奸无所容。不烦徼巡，而盗无所伏。其乡约、里正，以至保甲长，宜皆以绅士为之。但有教劝之责，而无供役之困，为贱、为贵自分。而合天下之势，如千条万派归于一原，千枝万叶统于一本。然则显比之吉，大有之众，同人之亲，其始于比邻也。

夫抑六乡、六遂数同，田制亦同。所以起军旅、作田役、比追胥、令贡赋者，无不同也。惟六乡上剂致民，六遂下剂致甿。六乡上地无莱，六遂上地有莱，是其稍异也。于六乡之民，则重言礼事教治。于六遂之民，则专言稼器女功。彼此相如，互见其义。郑氏以为，六乡之教，其要为民。其实，六遂之教，其要亦为民也。盖取有才智之人，而师帅表正，主宰其事，所以百姓亲。五品逊其人，皆分领司徒之教职耳。至于师田、行役之事，即所谓庸调之征，自两税之役，已征其税也。而又使之主典府库，辇运百物，则是以庸调之役，重科于职役矣。非立法之初旨也。

载考周之九赋即里之，布即布缕之征，若汉之筭钱。要之，为后世之丁钱也。故庐陵李如圭以为，以此区域之征，备马牛车辇之属，临事而授之民，则百姓但任其劳而不任其费。任其劳者，于一甸之中，而调七十五人为士徒也。既征其调，则并不当任其劳矣。至于国家营造用物，则归之职币督取。乡遂之赋贡，则有闾师、旅师。征贡则入于大府，敛谷则入于仓。人亦未尝使乡遂之属，主典府库也。

又遗人以供馈，遗委人以供刍薪，其平治城郭宫室、沟渠道路，则以近民。役多，而特轻其税。凡后世所谓差役者，皆上古之所无，则安得泛然援据经文，而责民以趋事劝功之义也。

（清）于成龙，《慎选乡约谕》，见《于清端政书》卷2

＊清代乡约制度有名无实，乡约沦落为官方的役人。为改变这种情况，订立十个不许，重新设乡约所，选乡约，讲圣谕。乡约担负与保甲、保长、地方不同的两项责任，一是劝化，二是充当官府的眼线。乡约任期一年，官方以当地盗情轻重、讼狱多少作为奖惩标准。

照得朝廷设立乡约，慎选年高有德，给以冠带，待以礼貌。每乡置乡约所亭屋。朔望讲解上谕十六条，劝人为善去恶，甚盛典也。后世查奸戢暴，出入守望，保甲之法更多依赖焉。无如黄属风俗浇漓，教化陵夷。凡有司勾摄人犯差役，不问原告被告居址，辄至乡约之家，管待酒饭。稍不如意，诟詈立至。且于朔望点卯之日，肆行凌虐。倘人犯未获，即带乡约回话。是差役之吓诈乡约，倍甚于原被二犯。更有苦者，人命盗贼，不离乡约，牵连拖累，夹责受害甚之。词讼小事，必指乡约为佐证。投到，听审，与犯人何异。且一事未结，复兴一事。终朝候讯，迁延时日，无规家之期。离县近者，犹可朝来暮去。三家店等处，远在县治百里之外，即以点卯论，两日到县，一日点卯，再两日归家。是半月内在家不过十日。加以协拿人犯，清理区保，手忙足乱，无一宁晷。若三家店邱乡约，卖一婢女，止应得乡约一年。民间那有许多婢女，以供因公赔累乎？

凡为乡约者，所宜痛哭流涕也。言之可为太息。当日给冠带，礼貌之典何在？讲解十六条，查奸戢暴之良法何在？一旦责成保甲，彼乡约曾未家居，何由而劝人为善去恶，而谕人出入守望。名实不符，上下相蒙，世道颓靡，大不堪言。因之，年高有德，鄙为奴隶，殷实富家视为畏途，或情或贿，百计营脱。而寡廉丧耻之穷棍，兜揽充役，串通衙捕，渔肉烟民。以编甲漏造为生意，以投呈证伪为活计。惟恐地方之不多事也，居民之不兴讼也，差役之不来照顾，官府之不来呼唤也。事势至此，尚可言乎？

故报充乡约巡检有常规，差役有常规，书办有常规。此等银两出之烟户，而何乡约之苦至此极矣。于是有半月之乡约，一月之乡约，有朋应帮贴之乡约。真如问徒拟军，求脱离而不可得。更有良心丧尽之辈，报一名卖一名，临时必用陪点，上下交接，又有顶首。积弊锢习，不可救药。欲端风化，靖地方，宛如痴人说梦。

兹奉上台严檄力行保甲，本府仰体德意，痛革前弊，合行晓谕，为此示谕地方人等知悉。自示之后，有司随查明乡分，于适中之地立乡约所亭屋。选年高有德者，择吉迎送，给以衣顶，行二跪一揖礼，在乡约所任事。朔望谕乡民，听讲十六条。此外，一不许票仰协拘犯人，二不许差役到家饭食，三不许原被告指为证佐，四不许朔望点卯，五不许请立印簿，六不许差督编查烟甲，七不许买办军需，八不许人命盗案牵连姓名，九不许投递报呈，十不许绅缙把持。凡人命盗案，勾摄人犯，惟保甲、保长、地方是问。惟尔乡约，无事则劝化愚民，有事则密禀。自封，用图记牢钉，星夜飞递。一年更换。地方平靖，讼狱不兴者，年终给以称职字匾。地方多盗，讼狱繁兴者，年终书不称职，用木刻条钉于门首。或敛钱、扰害、不公、不法者，访实，即时惩革，于县门前悬大木牌，书贪恶乡约姓名于上，以示劝惩。于以端风化，靖地方，庶几近之矣。凡我属邑，勉力行之。以宣上宪德意，未必于地方风俗无裨益也。

（清）于成龙，《弭盗安民条约》，见《于清端政书》卷7

＊讲乡约是州县官的一项工作，也是考查其政绩的一个指标。

照得江南一省，幅员辽阔，到窃发所在有之。或剽窃闾阎之间，或肆劫江湖之上，为害于民，殆无虚日。抑思此盗贼者，莫非朝廷之赤子，良由该地方官，始则抚绥鲜术，既不能禁民之不为盗，继而弭戢无方，又不能化盗而归于民。因循忽视，俾流毒未有底止，将何以肃郊境而臻宁谧乎？

……

一讲乡约。盖民无常性，习俗则移。孔子曰，性相近也，习相远也。使其闻善言，自将感慕而为善行，风俗渐淳，人心渐古。又安得有萑苻之劫掠，轻陷法网哉。恭照上谕一十六条，昭示尚德缓刑化民成俗之要，久经刊刻通行。乃地方官尚有化导未纯，奉行未力，应再申严。嗣后各州县官，务于每月朔望，躬诣明伦堂，督率教官齐集诸生及父老子弟人等，将上谕一十六条内教孝劝忠、和邻睦族、劝学务本、守法奉公等事宜，逐条详细绎宣扬，婉转劝导，切实奉行。其僻远乡村，应敦选齿德并优、允堪士民矜式之人，聘为乡约，大村每村一人，小村或数村一人。亦如前制，按期讲诲。不许胥棍滥充，亦不得借端生事。该州县如果能劝率有方，风淳俗美，阖境全无邪僻匪类者，本部院察实，官则以贤良题褒，乡约免其杂差，仍给匾，以示奖励。

Z

（明）章懋，《枫山语录》节录

*章懋，成化间（1465—1487 年）进士。字德懋，别号暗然子，兰溪人。曾任武陵知县，南京礼部尚书。他认为乡约没有权柄，就难以行赏罚，也就难有成效。官方的介入不见得就不好，问题是怎么介入才适当。当时乡约已失自愿心诚的本意，而成了官府强迫的。与章懋有关的几则论述。他与罗一峰有交往，罗一峰“行乡约而戮族人”。

论风俗，尝欲会同志，择里而居，效横渠复古之志，行蓝田吕氏乡约，庶可一变而厚。

（明）章懋，《答罗一峰》，见《明文海》，卷 188。又见《枫山集》卷 2，又见安化县知县沈佳，《明儒言行录》卷 5

*罗一峰，名伦，字应奎，后改名为彝正。

乡约之行，欲乡人皆入于善，其意甚美。但朱吕之制，有规劝而无赏罚，岂其智不及此。盖赏罚天子之柄，而有司者奉而行之。居上治下，其势易行。今不在其位，而操其柄，已非所宜，况欲以是施之父兄宗族之间哉。或有尊于我者，吾不得而赏罚焉，则约必有沮而不可行者矣，可不虑其所终乎。

在比之九五，王用三驱失前禽。夫子以为舍逆取顺，盖来者不拒，去者不追，不能强人以从我也。凡入约者，必其诚意感孚，革心向化而后可。有不能从，当听其出约。今欲假官府之权力，邀强制以必人从之，已殆非所为显比之道也。又闻族人有为盗者，必亲置之死地，此于当代之法、先王之制、圣贤之事皆所未闻。孔子曰：古之为盗，恶之，而不杀也。不先其教，而一杀之，是以罚行而善不反，刑张而罪不省。若孟子所谓不待教而诛者，盖指杀人与货之盗而言耳。如穿窬鼠窃而皆杀之，则彼御人于国门之外者，将何法以加之乎?《礼》曰：公族其有死罪，有司谳于公，公既三宥之矣，而又使人追之曰：虽然，必赦之。有司对曰：无及也。然后为之素服，不举。如其伦之丧亲，哭之。夫以朝廷之上法度所在，其处宗族之死罪者若是，而况于手自杀之乎？又况最不应死者乎？以是知圣贤之在乡党，其所以处族人者。殆不其然。汉人有为盗者曰刑戮，自甘乞不使王彦方知。彦方遗布一端，卒能化盗，使之道不拾遗，是不犹愈于杀乎？阳城居于晋之鄙，晋之鄙人薰其德，而善良者几千人。温公与康节在洛，里中后生皆畏廉耻，欲行一事必曰无为不善，恐司马端明邵先生知。是皆君子之居乡，有不约而自化者。以先生明德当不下于诸公，自身而家，自家而乡，久于其道，彼将自孚。何用汲汲乎强人以从约，重法以禁盗耶?!虽曰君子之所为，众人固不识。然某之愚，实有不能无疑者，深愿先生熟思而审处之。如使今之吉丰，亦如温公康节之洛，则朱吕之乡约庶可行矣。

（南宋）张轼（张敬夫），《答朱元晦》节录，见《南轩集》卷22。又见宋代，魏齐贤，《五百家播芳大全文粹》卷68

＊这是张轼写给朱熹的信，讨论修改吕氏乡约的事。

昨寄所编祭仪及《吕氏乡约》来，甚有益于风教。但乡约细思之，若在乡里愿如约者只得纳之，难于拣择。若不择，则或有甚败度者，则又害事。择之，便生议论，难于持久。兼有所谓罚者，可行久久更须详论精处。若闲居行得，诚善俗之方也。

（宋）真德秀，《浦城谕保甲文》，见《古今图书集成》。又见《西山文集》卷29

＊今之保甲里社，即是古代井田遗意。解释令丞推行保甲本意是好的，于民有益，打消众人的疑惑。真德秀另外还颁布了劝民文，劝农文，劝孝文，谕州县官僚文，福建罢差保长条令本末序等。

古者于乡田同井之义甚重，出入相友，守望相助，疾病相扶持。今之里社，亦古之遗意。然今人少知此意义。邻里相视，往往皆如路人。

近因官司举行保甲，某甚以为喜。盖不惟可备不虞之患，亦欲因此与里社相亲，渐还古意。以诸隅区处未定，故未能行。近者官司又再催促，而各隅之人反生疑惑者，恐其别有差使故也。

某尝闻令君丞公之议矣，大抵保甲之行，止是提防小窃于遗漏而已。一家有盗不能自获也，邻里毕至，则其获必矣。一家有火不能自灭也，邻里毕至则其灭必矣。若夫捍御外盗，近则有尉寨之兵与招募之兵，远则有朝廷之大兵。不以责之保甲也。一家一名特其大纲耳，贫士之无仆者，单丁之老弱者，不强之使出也。五日一点欲见其大数耳，虽有拽队巡警之说，未必常行也。

此皆县官本意，而外人未尽知，故有疑论。不知此法之行，实以恤民，而非扰民，特疑者之过耳。某卜居于此倏已六年，阖邑之人皆吾邻里乡党也。思一聚会而未能，今因此遍会吾同邑之人，而力有所不及。将以此月中旬与同社百家修祀于本坊之社，牲牢酒醴，皆一力自备，退而分胙。则百家之人皆预，不以士农工商为间。庶合古人崇重乡社之意。其坐次则别有区处，是日当为陈说。邻里乡党相亲相睦之义，及官司所以团结保甲本意，庶几众心晓然，无复疑惑。今先浼隅官总首遍行告报，仍为此文，揭之门首，庶邻里通知焉。

（明）朱淛，《誓禁屠牛乡约》，见《天马山房遗稿》卷6

＊有关禁止屠杀、食用耕牛的三篇文章。

君子在朝则美政，在野则美俗。风俗薄恶，非吾士夫之责哉？吾乡科甲辉联人物富厚，屋宇之盛甲于海邦，廉耻之风传诸故老。民生既庶，人心靡齐，间有惯习屠牛，阴通盗贼，行凶逞暴，作过为非。凡有失盗之家，便来此中寻觅，叫号喧闹无日无之，鸡犬为之不宁，乡里被其污蔑。今逢府主云泉吴老先生严加禁约，吾辈视此宁无腼颜？夫牛出力耕作，杀而食之，诚为残忍。况夫盗而得者，钩其舌以出穴，锥其肉以速行，或杀母及子，或剖腹坠胎，惨毒之形不可名状。吾辈具知其情，买而食之，充类至义之尽，是亦贼而已矣。夫水名贪泉，志士不饮，况亲于其身为不善者乎。

今乡中父兄子弟同兴善心，共立约会，就于天日之下重发誓愿，除老疾暂食之外，断绝此味。如有私买其肉及焙干者，烹之于锅，尝之于口，馈之于人者，天神诛殛，使身生恶疮，家遭凶疫，灭姓坠氏，以偿此牛之命，以雪贫民之冤。夫山毛海错，百品千般，俱足养生，何须于此。亦有置客买诸他处，欲清弊源，宜并禁绝。如有故犯，并宜谴谴。今立此簿，与各人的笔，自书名姓。岁时朔望，告于里社，呈于乡众。期于共守，以还淳风。如有习恶不悛，怙终无忌，此真口体小人，穿踰下类，乡人共举，不与并齿。谨告。十四年乙未秋约。

（明）朱溁，《申禁乡屠牛乡约》，见《天马山房遗稿》卷6

吾乡士夫耆宿前年禁约屠牛，渐成美俗。吴府遵先生就明伦堂上，对众称说，洗旧日恶名。夫牛出力耕作，杀而烹之，食者甚美，死者甚苦。有伤阴骘，遗累子孙。禁之数年，待客养生未尝阙乏。夫事易忘，人心易怠。近闻乡间渐尔开禁，家中食用多买此物。以致外乡贼徒横挑此物入境，公然无畏，亦甚可恶。前年指天共誓，凡以牛肉入口，煮之于锅，馈之于人者，身生恶疮，家罹横祸，以偿此牛之命。今再申誓如前。倘有不愿入约者，姑亦听之。古人云，父母爱之，乡人称之，诸君何不成君子。吾辈父祖子孙世居于此，共相观勉，以成善俗，甚幸。十九年八月申誓。

（明）朱溁，《申禁屠牛小帖》，见《天马山房遗稿》卷6

屠牛之禁行已十年，风俗齐同，远近安帖。各家父兄所宜训饬子弟，钤束童仆，毋更复为此事，以启恶业之端。夫治生百方，何取此事。养生百味，何须此物。君子能舍之不用，小人自止而不为。口体之奉甚微，风俗所关甚大。嘉与吾党共守前盟。二十五年九月申约。

（南宋）朱熹，有关书信，见《晦庵集》

＊以下节录朱熹有关乡约的书信3段。

（1）《答张敬夫》节录，见《晦庵集》卷31

乡约之书，偶家有藏本，且欲流行，其实恐亦难行如所喻也。然使读者见之，因前辈所以教人善俗者，而知自修之目，亦庶乎其小补耳。

（2）《答吕伯恭》，见《晦庵集》卷33

熹近读《易》，觉有味。又欲修《吕氏乡约》、《乡仪》及约冠婚丧祭之仪，削去书过行罚之类，为贫富可通行者。苦多出入不能就有，恨地远无由质正。然旦夕草定，亦当寄呈。俟可否，然后改行也。所惧自修不力，无以率人。然果能行之，彼此交警，亦不为无助耳。

(3)《与刘子澄》，见《晦庵集》卷35

诸书今岁都修得一过，比旧尽觉简易条畅矣。恨不得呈以商量也。小学见此修改，益以古今故事移首篇于书尾，使初学开卷便有受用。而末卷，益以周程张子教人大略，及乡约、乡仪之类，别为下篇。凡定六篇，更数日方写得成。

(明)邹元标，《仁文泷江两书院增定蓝田吕氏乡约题辞》，见《愿学集》卷8

邑故有约，而间有借公道逞胸臆者，予颇厌薄之。年来世事渐乖，奢靡相竞，荡然无复先民绳检。因思子云以约失之者鲜。夫约则鲜失，不约则滔滔莫返，宁独鲜之云乎哉。乃取古蓝田约，洎邑中事，刻于两书院，巨细毕载，冀与邑人士舍其旧而新。是图书院衿庶毕集，耳目章明，岁时商略旧学与约偕行，庶几稍有维系。人或重学而轻约，不知道无隐显，事无精粗，约即学也。程子有云：明得尽渣滓，便浑化，却与天地同体。予谓兹约亦然。有能实践约语，无愧衾影，虽圣贤复起，当与同符。不即纵谭心性，若数家珍一二，不为里巷子揶揄者眇矣。

附录 4. 举行乡约的记载摘编

（按人名拼音字母顺序）

C

（明）嘉靖中，泉绅庄用贤于石鼓神庙东旁设主，以祀其乡先正。曰：夏秦曰，蔡居阳率乡人行乡约，其中约规甚严。至于桃李垂街，田畴被亩，人和盗绝，一时为盛。

出处：《全闽诗话》卷 6。

注：夏秦是元末明初人，字西仲，元季进士，洪武召至京师，以老乞归。他所说的蔡居阳兴乡约最晚也是在明初。

陈真晟，字剩夫，漳浦人。读提学使者颁行敕谕教条，有合于程朱教法，喜曰：此学校正教也。然学校虽崇正教，而科举不定正考，虽有正教不行也。因采敕谕中要语，参以程氏学制、吕氏乡约、朱氏贡举，私议作正教正考会通。定考德为六等，考文为三等，各有按例可据而行。又纂长书，以告当道诸君子。诸君子亦不能推行其说，其事又寝。

出处：（广平府知府）李清馥，《布衣陈剩夫先生真晟》，《闵中理学渊源考》卷 81。

注：陈真晟为科举定正考制度混合吕氏乡约在内的数种办法，但没有人能实行。

D

杜静台，明代万历任南阳府推官。署篆内乡、新野二邑，课农桑，行乡约。不事捶楚，专务以德化民，奸宄革心，狱讼衰止。考绩为中州最。

出处：（清）朱鹤龄《杜静台先生传》，见《愚庵小集》卷15。

海宁之野有市曰长安镇，里人杜文昭辈十有一人，当成化壬寅正月初吉，始立乡约，行于里中。其条凡七，大抵仿蓝田吕氏之法。

出处：（明）吴宽《家藏集》卷40。

注：杜文昭等人行乡约，可能比王守仁的时间早。

F

冯应京，字大可，号慕冈，庚子擢佥宪湖广。既下车，延见吏士，问利弊，一以厚民生兴教化为务，首举乡约、保甲、社仓三事。其崇贤，奖节，息讼，弭盗，惩淫，斥异，缮城，葺祠，除道，疏川，利农，通商诸德政，概见于蓄艾编中。

出处：（明）《湖广按察使司佥事慕冈冯公墓志铭》，见《仰节堂集》卷5。

G

顾应祥，字惟贤，号箬溪。迁山东右参政，连擢按察使右布政。公为按察时，疏慎谪戍、戒酷刑、杜株累、严军政四事，上悦其言……疏凡二千余章，其大者如……颁王氏乡约，申明社礼。

出处：徐中行，《顾公行状》节录，见《明文海》卷449。

注：顾应祥曾上疏，建议皇帝颁行王氏（守仁）乡约。

H

何淡，字中美，顺德人，天顺间以进士知滨州。滨，古渤海，难治，且多无名之征。淡以劳农劝相为首务，病民者一切罢之。绢布粟麦，皆得折充赋税，民深以为便。暇取教民榜，杂以吕氏乡约为条教，使行谊老人训其闾里，月望以善恶闻。民有不善，引躬自咎。于是民各悔谢相责，讼为之简。

出处：《广东通志》卷45。

注：何淡任滨州知府时，取教民榜，杂以吕氏乡约为条教，行乡约，有实效。

何世锦，字伯炯，兴业人。敦尚古道，事亲甚孝。兴俗尚健讼，好赌博，冠婚丧祭多不能如礼。世锦著乡约十条，请于有司举行之，民风近赖以变。

出处：《粤西通载·粤西文载》卷66。

《浙江通志》载，用賔胡公二禁约，最有裨于时俗。一禁异端，正风俗。本县俗尚鬼巫，崇信佛老，比有丧葬，藐弃家礼，率用浮屠，杂以黄冠钟磬之声，达于旦夕，甚乖旧称邹鲁之意。仰乡约长训谕，甲人等访查，呈举究治。一禁溺女，裁婚礼。本县淹女不举，旧习不迁，虽有前令著杀女之文，申优免之令，往往良心灭没，视如泛常。致令十人之中八无家室，生育鲜寡。民物渐稀，计其将来大可危惧。审其獘源，实在倾赀嫁女以悦魂家，苟或不然，必成仇害，女丧讼连，遂致子孙无所倚借。所以父母轻杀其女，而忍心不顾也。

今照前规，三女之家优免一丁。仍酌议婚姻之礼，其嫁女上户不得用珠绮，中户不得用金纻，下户不得用银帛。娶妇上户不过用金环双缎，中户不过用银环双绢，下户银环双布。乡约长、副长、里长、总甲立簿二扇，逐日问名报嫁娶，另簿呈送。有溺女及僭侈者究治。

盖移风易俗应借当事之权，登高而呼其势必应。无奈不合时宜者之鲜有其人也，安得起此公于今日，而畀以临民之任哉。

出处：（清）周召《双桥随笔》卷5。

注：浙江某胡公到山东任县官，颁布两个移风易俗禁约，令乡约长等人访查、登记、呈报。周召于康熙初任陕西凤县知县，四库提要称本书“所言皆崇礼教，斥异端”，“于人心风俗颇有所裨”。

隆庆改元，予归自蜀，君（胡汝贤，号螺溪，晚年号东皋居士）率乡士敦予问学，挈二子游予门。时方盗剧，自辛酉至丙寅凡六年，每冬盗辄昏暮拥强攒戈入门，无得脱者。盖无夕不惴惴度若年，既晓第闻杀人事。迄数十里相吊，蹙蹙不可聊生。君过予曰：闻子寓蜀，有乡约，团结御寇，可仿行乎？予曰：然。乃为删润出览，君慨然馆谷数百人偕，二三友倡议决行。予因题曰，求仁乡约。君又为捐赀梓散之曰，非家挟一册不可也。以是盗势浸息，异时有官司为盗地者约事几殆，君独翼予维持，每晤对辄相悲叹久之。万历初，予又归自东粤，乡士以会所迫隘，欲创兴求仁书院于觉山。君适病革，闻即捐金首众。顷十年，予里中士知向学，家获安寝，君与力不尠也。……先是邑令祝大夫，暨今唐大夫……，为乡人推服，相继署乡约长。公曰：此古三老职也，敢不尽心。而乡人前已信从，自是争讼为衰。晚岁与人长语，惟孳孳劝善。

出处：明代，胡直，《螺溪处士胡君偕配刘孺人墓志铭》，见《衡庐精舍藏稿》卷26。

注：本文提到胡汝贤畅行求仁乡约。乡约长是由官府从民间挑选的，为乡人信服的人。

胡直曾在川南推行乡约。昔予食司守上川南，尝饬保甲，寓行乡约。而驳之者曰，是将里甲外增民役也，无乃为厉与？予应之曰，昔周室井牧，兵赋与比闾族党义取相维，岂故相厉哉。乃下令行。未周期而民讼大寝，会四封妖寇盛作，境内独完。由是，两台臣遂檄行全蜀焉。予归，里人闻而慕，亦相与讲行不辍。万历丁丑，予邑大夫唐令君来临，首议民风，辄欲以乡约从事。出其科条，语简而义尤备。未几士民举欣欣趋绳束，积俗丕变，闾阎若更生焉。公复露冕躬履四境，作新考成，诚精为竭。且过予曰，子不可无一言以相。予见是约也。它方有行者矣，然而非有保民之忧，则功令寄诸弥文，而民不可孚。非有安民之政，则残蠹生于□穴，而民不暇为。始令君甫下车，民觏颜色已知其恤恤焉。学道爱人矣。乃予邑宿号逋赋，公为更令，不施桁杨而输，先峻过此。予知其吏格图虚比屋响方化国日长，而三代之政左验一邑矣。予何幸躬亲揖让其间，而敲壤歌成也，于乎休哉。

出处：胡直，《西昌乡约后序》，见《衡庐精舍藏稿》卷10。

注：此文提到两个乡约。胡直在川南，尝饬保甲，寓行乡约。效果好，后来在全蜀推广。邑大夫唐令君万历年间在本邑行乡约。

J

季本，字明德，会稽人，以理学著。学者称彭山先生，正德中进士，由御史谪揭阳簿。时王守仁倡教赣南，相与讲论。在任力行乡约，以示旌别，尤为守仁所称。

出处：《广东通志》卷41。注：和王守仁同时期，推行乡约。

L

林雍，字万容，龙溪人，景泰五年（1454 年）进士。与乡人月为一会，修蓝田吕氏乡约。

出处：（广平府知府）李清馥，《郎中林蒙庵先生雍》，见《闵中理学渊源考》卷 81。

刘观，字崇观，江西吉水人，正统四年（1439 年）进士。取吕氏乡约表著之，以教其乡。冠婚丧祭悉如朱子家礼。家有孤嫠不能自存者，随力周养之。

出处：（安化县知县）沈佳，《刘观卧庐先生》，《明儒言行录》卷 5。

另外记载：

刘观，字崇观，吉水人。正统四年进士。年方少，忽引疾告归。杜门读书，求圣贤之学。四方来问道者，坐席常不给。县令刘成为筑书院于虎丘山，名曰“养中”。作勤、俭、恭、恕四《箴》，以教其家，取《吕氏乡约》表著之，以教其乡。冠婚丧祭，悉如《朱子家礼》。族有孤嫠不能自存者周之。刘观并不著述。说：“朱子及吴文正之言，尊信之足矣，复何言。”

刘观为“吉水三先生”之一。他之前有孙鼎，庐陵人，曾为松江府教授，以孝弟立教。后督学南畿，人称为贞孝先生。刘观之后，有李中，吉水人，官副都御史，号谷平先生。

出处：清张廷玉等撰，《明史》282 卷《儒林传》，中华书局 1962 年，7248—7249 页。

刘辉，字文，大汴人。至正（元代，1341—1368 年）间知上海县。县以宋季公田虚征加税额数倍，往往破产。辉设法劝富民出粟，为常平本，赋役乃均。濒海民相挺为暴乱，有司莫敢诘，辉取痛惩之。抚其孱弱，谕以礼义，众皆帖服。创置社学百六十余所，举乡约，日课民种桑枣。

出处：《江南通志》卷 114，载《上海县志》。

安肃高林里，距吾里五十里。闻有孔子庙，枉道而拜焉。询其创始复兴之由，里之耆老刘祯等言，庙起于五代之际，久乃废毁。金大定间，乡先生孙直卿率里中豪族卢、田、刘三氏，始修葺之。迄今至元庚辰

（元代，1280年或1340年），圮坏几尽。祯，刘氏孙也，复率卢氏子孙共继先志经营。于其年之春逮明年秋，庙貌既尊，乃兴祭器，以祀事告成。且为乡约春秋释奠之礼，俾可以继。里人自以非学者而祀先圣，恐逾礼制，请就质焉。

出处：（元）刘因《高林孔子庙记》，见《元文类》卷28。

注：刘桢等里人，自动行乡约，以及祭祀之的礼。

吕楠，字仲木，高陵人。世居泾水北，自号泾野，学者尊之泾野先生。广德判解州，先生摄事不以迁客自解免，恤茕减役，劝农课桑，筑堤以护盐池，开渠以兴水利，善政犁然。郡庠士及四方来学者益众，乃建解梁书院居之。选少而俊秀者歌诗，习小学诸仪。朔望令耆德者讲会，典行乡约。廉孝弟节义者表其闾。求子夏后教之学，建温公祠，正夷齐墓，订云长集。久之，政举化行俗用丕变。

出处：（明）冯从吾《关学编三》，《少墟集》卷20。

注：关学中推动乡约者。

另外记载：

吕楠，字仲木，高陵人，别号泾野，学者称泾野先生。正德三年进士。为人直，屡次上疏皇帝，言人所不敢言。世宗嗣位，首召，后贬谪为解州判官，摄行州事。三年后升任别职，历官尚宝司卿。吴、楚、闽、越士从者百余人。后选国子监祭酒，晋南京礼部右侍郎，署吏部事。后乞归。年六十四卒，高陵人为之罢市三日。解梁及四方学者闻之，皆设位，持心丧。讣闻，上辍朝一日，赐祭葬。

他在解州施政期间，包括恤茕独，减丁役，勤农桑，兴水利，筑堤护盐池，行吕氏乡约及文公家礼，求子夏后，建司马温公祠。四方学者日至，御史为之辟解梁书院以居之。

吕楠学以穷理实践为主，秦士之笃学者也。仕三十余年，家无长物，终身未尝有惰容。时天下言学者，不归王守仁，则归湛若水，独守程、朱不变者，惟吕楠与罗钦顺云。崇祯、万历年间，有四人先后请从祀孔庙，未行。著有《四书因问》、《易说翼》、《书说要》、《诗说序》、《春秋说志》、《礼问内外篇》、《史约》、《小学释》、《寒暑经图解》、《使馆献纳》、《宋四子抄释》、《南省奏藁》、《泾野诗文集》。

出处：清张廷玉等撰，《明史》282卷，儒林传。中华书局1962年，

7243—7244 页。

陆陇其曾在灵寿县为官。灵寿土瘠民贫，役繁而俗薄。君劝课耕耨以尽地方力，请于上官于邻县，更役以苏民困。省除公费以养民财，贻书邑缙绅，变陋俗以端风尚。反复晓譬，化斗狠轻生之习。其为民厚生正德，若谋其子弟也。尤申明乡约、乡长、保甲、地方之制，谓此周礼比闾族党之遗意，所以美风俗而遏奸宄盗贼之源也。请之上官重其任，俾各专其职，功罪有归，无牵连推诿之弊。其举乡约，必择知文义，行端悫者，亲为讲解孝弟睦姻之训，使之教于乡。规条备具，巡抚于成龙下其法行之他郡县。

出处：（清）陈敬廷《监察御史陆君墓志铭》，见《午亭文编》卷44。

注：陆陇其在灵寿县定乡约，凡事要请于上官。巡抚于成龙把陆陇其的乡约规条颁行到其他郡县。二者其实是同一个制度。

吕潜，字时见，泾阳人，号愧轩。每岁时祭毕，燕诸族人，讲明家训。又率乡人行乡约，人多化之。

出处：（明）冯从吾《关学编三》，《少墟集》卷20。

注：关学中推动乡约者。

今邑侯吕君四礼之颁，乡约之禁，所以指示途的，使人易知而易行者，亦昭然备矣。

出处：李宗节《荔浦重修儒学记》，见《粤西通载·粤西文载》卷28。

罗洪先曾行乡约未成。

余族稍众，尝考颜吕家训、乡约之意行之。诎于势，不得遂。其后取族之谱，次其世行而撰述之，族人时时聚观焉。感盛衰之际，或蹙然而悲。览失得之故，或忾然而慕。较微显之迹，虽至愚者，亦或俯首负惭而嗟。当是时，虽莫告语，若有发其蒙者矣。因窃自谓，欲教家者，取之诗，以几圣人之用心，莫近于谱。谱以考镜，诗咏叹之，其深入钧也。

出处：罗洪先《乐安湖平王氏族谱序》节录，见《念庵文集》卷12。

N

嘉靖兵部尚书双江先生聂公，居乡三十余年，为乡做了很多事。曾请于大府屠公大山、少府李公本推，仿蓝田之意，设立乡约，以厚风俗。

出处：（明）宋仪望《双江聂公行状》，见《明文海》卷444。

P

潘鸣时，字征求，海澄人。隆庆时人。得王文成《传习录》读之，遂负箧吴。会谒王龙溪，畿钱绪山德洪，归来自以为有得也。益聚徒讲论，行乡约，积义仓，练乡兵，为政枌榆间。会五寨草寇发，竟以乡兵擒之。

出处：（广平府知府）李清馥，《州判潘征求先生鸣时》，见《闵中理学渊源考》卷81。

注：此人受王守仁影响。

庞尚鹏都察院左副都御史。刻宗图以联族，定乡约以淑人。甲子捐赀，建三祠以祀其先。

出处：（明）郭棐《庞公行状》，见《明文海》卷450。

庞嵩，字振卿，南海人，博通经籍。嘉靖甲午举于乡……擢守曲靖。曲靖故杂蛮难治，嵩崇教化，刻同文，编行乡约保甲，以变陋俗。居二载，以刚直为时所忌，用老疾罢归，时才五十尔。

出处：《广东通志》卷45。

Q

潞州东火乡宿幕仇时济氏，往年与其乡人举行蓝田吕氏乡约，即乡之东岳庙行之。既而以东岳非庶民所得祀，乃遵太祖高皇帝里社得祭土谷神诏命，设五土五谷神主，即岳庙之后殿祀之。祀毕，则藏主于岳庙之前殿，扃其门不启，由是岳神之祀遂废。未几时，时济去世，宗弟国寘时茂嗣主约事，间谋于众曰：祀礼有典，吾侪祀土谷之神而不祀东岳，于礼甚正。顾岳神之塑像尚在，今虽不祀，安保他日不复其旧。吾欲撤之以室复祀之源，如何？佥曰：可。未果而时茂捐馆，仲弟义官时淳以兄之志不可终也。恐礼未允，乃令其季弟医官时闲来南都，访于溪田马子、泾野吕子，并及予。二子曰：东岳泰山也，在鲁境内礼，诸侯祭境内山川。季氏以鲁大夫而祀泰山，孔子尚以为非礼之祀，神不不享。况晋民而祭鲁之东岳，神之不享决矣。且亵渎神明，律有常禁。而土谷神之祀，则圣祖所许。今撤东岳之像，而修土谷之祀，稽于礼而合，稽于情而顺，无可疑者。以此窒东岳复祀之源，甚善。予曰：所论正矣。然东岳之祀遍天下，……乃书之，以授时鲜闲。俾归而刻之石，以告后之人。

出处：（明）何塘《改正祀典记》，见《明文海》卷367。

注：仇氏兄弟等人，围绕祭祀东岳的言行，说明当时人们举行乡约时，对祀礼十分考究。

仇顺方，顺德人，以乡荐，万历十六年知容县。兴学校，行乡约，平里甲，各革坊厢。

出处：《粤西通载·粤西文载》卷66。

S

施起元，字虹涧，福建福清人，进士，顺治七年特授岭东参议道。莅任惠州时，力行十二事，曰抚民，荡寇，安流移，率属员，约军需，束吏役，省讼牒，恤刑狱，除杂耗，豁夫累，兴人才，兴乡约。境内以安。

出处：《广东通志》卷42。

苏湖，云南人，隆庆六年知藤县。清侵隐，兴学校，申饬乡约，复行条编，训民子弟，招抚猺獞，洁己爱民，政教焕然一新。以外艰去，士民为立祠。

出处：《广西通志》卷68。

T

汤斌在顺治时，补潼关道副使，行保甲，有盗即获，自是四境宴然。又患民风强悍，为设学讲律。有兄弟相讼者，府君收其词不问。令于讲乡约时必至。凡三至，涕泣，自陈悔过。遂出词还之，卒相友爱。府君去时，犹追送数百里也。

出处：（清）汤溥等述《行略》，汤斌《汤子遗书》附录。

注：汤斌在潼关行乡约，使争讼的兄弟转为友爱的例子。

另外记载：

问潼关之政，先生（汤斌）曰：惟于保甲、乡约、社学、义仓四者，加之意而已。又曰：《实政录》不可不读也。

出处：（清）《柘城窦克勤日录》，汤斌《汤子遗书》卷1。

注：汤斌推崇吕坤的实政录，他本人在潼关时也推行四个制度并有创新。

另外记载：

长安道上，有称颂足下新政者，未得其详。既而知立义学七十余处，从学子弟六七百人。近且重农积谷，水旱有备。此汉代循良所为，何幸于今日见之。教养二字，王道之本，近日长吏不讲久矣。某昔承乏潼关，亦力行社学、乡约、义仓、保甲四事，颇费苦心。虽寮友承行，不能尽如鄙意，然亦有效可睹矣。足下学有源本，才足经世，今日乃兼善天下之始也。闻以吕司寇公诸书课子弟，此书最善，入人化俗为易，妇人女子皆能于变，真快事也。

出处：（清）汤斌《与王抑仲书》，《汤子遗书》卷5。

注：汤斌称赞王抑仲的新政，也提到自己曾在潼关行四事，虽然不尽如人意，也相当有效。王抑仲也是吕坤的崇拜者，用吕书教子弟。

唐豫，字用之，孙蕡的弟子，有孝行，家居定乡约以属邻里，冠婚丧祭必准古人。父在，子虽老不得坐。毋博弈，毋饮酒，输公赋必先。乡人化之。称曰：乐淡先生。

出处：（清）《孙蕡传》，见《曝书亭集》卷63。

W

万历间知州王邦俊，在城立总约一所，举德行耆宿五人为约正副，教读童生冀允升等为约讲，在大云下寺每月二次遵行。四乡各就铺舍为乡约所，皆择年长有德行者为约正副，共三十九所，约正副、教读、木铎各二人。讲学明伦以维风俗，彰善纪恶以示劝惩。

出处：《商州志》，见《陕西通志》卷45。

王承裕，字天宇，号平川，三原人。教人以礼为先，凡弟子家冠婚丧祭，必令率礼而行。又刊布蓝田吕氏《乡约》、《乡仪》诸书俾乡人，由之三原士风民俗至今贞美，先生之力居多。

出处：（明）冯从吾《关学编三》，《少墟集》卷20。

注：关学中推动乡约者。

王守仁在田州举行乡约。田州新服，用夏变夷，宜有学校……或于民间兴起孝弟，或倡远近举行乡约。

出处：王守仁，《处置平复地方以图久安疏》，见《粤西通载·粤西文载》卷6。

王之士，字欲立，号秦关，学者称秦关先生，蓝田人，嘉靖举于乡。屡试不第，幡然改悟，遂潜心理窟，毅然以道学自任。闭关不出者九年，蒿床粝食，尚友千古，行已必恭，与人必敬，饮食必祭，必诚，兢兢遵守孔氏家法。一时学者以为蓝田吕氏复出，感慕执经者履满户外，士习翕然。又谓居乡不能善俗，如先生和叔何?！乃立乡约为十二会，赴会者百余人。设科劝纠，身先不倦，诸洒扫应对。冠婚丧祭。久废，每率诸宗族弟子一一敦行之。于是蓝田美俗复兴。著述甚丰，并有《正俗乡约》。

出处：（明）冯从吾《秦关王先生》，《少墟集》卷20。

注：关学中推动乡约者。

X

熊德扬，字六龙，建昌人，由万历丁未进士令高明。教民以节孝为先……申乡约，禁服毒，给贫葬，设法催科，表率士类。

出处：《广东通志》卷41。

许昌国，字一清，有经世志，尝言儒者须有实用，主宗政，修宗谱，定礼制，别嫌疑，严赏罚，抑强扶弱，置祸福于度外。为闾里讲乡约劝化，导宗族乡党，骎骎乎有仁让之遗风焉。

出处：（清）潘天成《乡贡进士一清许先生传》，见《铁庐集》卷2。

徐乾，字健夫，临桂人，正德辛未进士，知新会县。与新宁接壤，民之桀黠者往往接买贼牛，规厚利。或于村店醵饮，聚众结党，乘罪劫掠。盗炽讼繁，大率由此。乃禁卖酒宰牛，以绝盗端。修山水子城，以严卫守。立保甲，树栅门，户有长，都有老，使自纠察。赌博必罪，游手必罚，民皆信服。于学校尤加意焉。历升至本省右使，举行乡约。

出处：《粤西通载·粤西文载》卷70。

许直，如皋进士，崇祯间令惠来，救荒蠲逋，申讲乡约，课士劝农，有循良称，擢吏部主事。

出处：《广东通志》卷41。

Y

尹廷俊，字位甫，蒙自人。隆庆辛未进士，万历间知永宁州。州民故朴野，为立乡约，朔望集老稚，全惓惓教诲之。三年之间，刑清讼息，复力白冤诬。忤上官意，竟以此得诱，以忧去。百姓思慕，相与俎豆。

出处：《粤西通载·粤西文载》卷66。

Z

曾昂为县令献计，发布乡约。

有寇攘奸宄，虞舜不能治华夏。无墙屋薪木，曾子不能反武城。古今人情未甚远也，井田并而守望废，更卒起而兵农分，法常变矣，情不变。法即变，终不容泯。民散无纪，或为之戍皷，或为之保甲。变者名，不变者法之余意。乡约又其近也，蓝田而后，祖述渐众，强半弥文。然在吾乡有五善，利御寇，故众乐从。世家力钧，故专横绝。听命于官，故威难相假。不摄讼，故谤无由作。事已而退，各守常业，故人莫擅功。卒之，大憝消，外侮拒，矜棘之呼顾忌而不敢逞，殆又其近者欤。

正德己巳庚午之难亟矣，非宪副泉南曾公隐智秘计，莫与倡其始。非前令玉岩周公坚信力断，莫能保其终。法曰：能捍大患，则祀之谓二公者非耶。仁人踵起相继辅翼，迄今垂五十年画一，是守坐享成利，法固有不容泯者，类如此。乙巳庚申再罹阻饥，迩者郡邑复多警讯，爰集众思考，故补亡莫能原始，盖故老凋丧久矣。移文盟主得之旁搜，惩往诏来，梓传以永俾，劝毋坏。不独因利导之，抑亦广议法者之咨询也。

出处：罗洪先《刻乡约引》，见《念庵文集》卷6。

注：吉水县曾昂劝说县令周广，发布乡约法令，解决了当时当地的“盗贼”问题，并有制度流传。

另外记载：

泉南曾公，名昂，字光，表为御史，以才名，官至福建按察副使。坐罢，家居，能已计已土贼之乱。贼本大姓诸佃，其酋兄弟数人，膂力凿捍，尝阴结死党掠境外。久之，为主者所觉。恐见除，弑主而反。自此，白昼坐里门，恣意屠磔，持金帛乞哀，乃得免。

正德己巳七月事也，是时太仓玉岩周公广，令吉水，有惠政。会南赣流贼破城郭，顺流下，将入境。吉水故无垣壁，市井窜溃，周□门拜留，民皆感恋来归。郡中自救不暇，无力他及。远近摇煽，贼势益张。

公所居竹山湖，去贼半里许，动息辄闻，心患之。一日，特置酒，设巨觥大脔，延其酋数人上坐款饮。诸酋惊且喜曰：小人安得蒙此。公诡诉曰：吾与若相邻，吾家故无有，若辈所知。惟二女未嫁，然资遣疏，素不堪用也，得容庇何幸。诸酋即应声诺曰：大人厚意若此，更复何虑。鹞子岂食自窝雏耶。公佯感激，持巨觥起谢。诸酋尽醉饱去，不复以公为意。逾年，事稍间。公乘姻友召集，暮如白沙，微服棹小艇，诣县。叩县门，门者曰：谁？曰：曾家递书。门者入报，召至衙。周见公自来，屏左右，讶问故。公曰：事亟矣，更不处吾乡，将无噍类，公为奈何？周曰：计将安出？公曰：贼无多，皆挟大家诸佃壮声势，易制。尔乃出袖中小票数十，则已区分九团名数，与某家某人堪为某团约长，及委任、会集、防御诸法。且曰：不如此，贼党不散。赖明府力主于上，少假之权，则约长畏祸，孰敢出应。即应，命势亦不行。周瞿然曰：是何言！公以身家代吾忧，敢不尽力。乃手印判各票，复指案上烛，自矢曰：此后物议，不以任者，有如此光。公别周衙，前潜放艇白沙，明日返舍。四遣人密召各大姓山中，人授一票，语之计。即日，九团各集诸佃自治，尝贼党者多致死。贼势遂孤，稍徙下区五里外。于是诸士夫始出就议，贼亦渐除。

今所传乡约，公手笔也。其后谤腾于朝，谓公居乡专制生杀，台谏将纠论之。得周辨解，乃已。周寻擢御史，以直谏谪。再起，历江西宪使，终刑部侍郎，行业著显。公虽以寿终，然竟短后，乡人至今怜之。

出处：罗洪先《纪事》，见《念庵文集》卷6。

张希皋六安州人，由进士万历六年令电白。廉洁仁爱，缓刑节用，建学宫，濬城堑，严乡约，集流亡，辩诬省讼而囹圄空，均亩定赋而奸豪伏。

出处：《广东通志》卷41。

刑部尚书赵参鲁曾任右副都御史抚闽，下教有司，立行乡约保甲，境内无盗。即盗发，亦辄得。

出处：胡文学《甬上耆旧诗》卷25。

崇祯时赵公自嵩江少府来摄嘉定县事……公多设条教，旌善罚恶，立保甲，申乡约，诱谕之如子弟，疏导之如江河。期月之间，邑以无事。说者谓嘉定之变，实前此所未有。

出处：(明)《送赵少府还郡诗序》，见《陶庵全集》卷2。

临潼令赵于京行乡约。

潼惟西京之旧风岂不美，近或户族不睦，兄弟相讼，愤怒轻生，婚姻论财，往往重利而忘义者，习俗使然也。然则何以挽之？曰：讲乡约。乡约一法，古者乡三老遒人木铎之遗意，所以佐县官之不逮，而兴行教化者也。县门旧制，设旌善申明二亭，以约正老人司之，劝人改过迁善，故越诉有笞。顾宁人炎武注之曰：谓民词不由乡约调理，竟赴县告者，即为越诉。非谓越县而府，越司而之院也。乡约之法行，则刑省矣。

而王文成吕文简两先生于讲约，尤三致意焉。文成公之法曰：立约所于道里均平之处，推年高有德众所推服者一人为约长，二人为约副，公直果断者四人为约正，精健廉干者四人为知约，礼仪习熟者二人为约赞。置文书三，一书姓名及日之所为，知约司之。一书彰善，一书纠过，约长司之。彰善之辞显而决，纠过之辞隐而婉。盖不轻弃人于过，而欲引之同归于善也。其要曰：一念而善即善人矣，一念而恶即恶人矣。文简公之法曰：在城在镇以百家为率，孤庄村落以一甲为率。立约正、约副、约讲、约史各一人，选公道正直者充之。其十甲之中亦择一长，一甲之中自有四邻，以交相劝戒焉。约所设铎书，讲案傍竖一牌，碑上书天地神明纪纲法度八字。纪善有簿，纪恶有簿，和处有簿，改过有簿。其所以引人去不善而即于善者，至详且尽。

于京窃有意焉。因访其老成谨厚者，在县设乡约十六名，合十二镇，共设乡约一百十名，务使实心讲约。俾百姓蒸蒸然感动，庶百里联为一体，万姓联为一家，可望其风移而俗易矣。盩厔徵君李颙闻之，遣其门人程伊藻以通海乡约要言旧制一册示京，附以司牧宝鉴，盖欲坚吾志也。

出处：《临潼令赵于京风俗志》，见《陕西通志》卷45。

注：赵于京任临潼县令，仿照王守仁和吕坤的办法颁行乡约。乡约的几大好处，佐县官之不逮，兴行教化，省刑。在县镇共设乡约一百多名，专门讲约。

折彦质，字仲古，绍兴六年（南宋，1136 年）赵鼎为相，屡荐彦质，佥枢密院事。忤秦桧，为所排，谪昌化……至儋，与寓士许延惠辈，效司马光真率会为乡约，五日一集，太守李行中与焉。后移彬。二十五年诏复官。

出处：《广东通志》卷 43。

周思久，字子征，麻城人，嘉靖末进士，知南雄府……乃广询琼俗利弊，举行乡约，旌善儆恶……御史海瑞并称其贤。

出处：《广东通志》卷 41。

杨林书院，在庐江县白湖之东七十里。明嘉靖三十四年邑绅朱绂建。聚族党读书其中，朔望伏腊，乡约正副等宣读上谕，申明乡约。

出处：《江南通志》卷 90。

“世有大儒东廓先生”邹守益，安福人，对王守仁执子弟礼。曾在家乡“作祠堂，立乡约，置义田，周乡族”。又与松溪程公文德量移，安福先生喜曰：昔人谓移风易俗，莫善于学，其在此乎。相与行乡约，并里役，省粮长。朔望聚诸生论学于明伦堂，已乃建复古书院，先生为记。

出处：（明）宋仪望《东廓先生行状》，见《明文海》卷 444。

附录5. 韩国日本部分乡约制度目录

（按现在流行版本的出版年代顺序排列）

*除注明外，均为韩语。

1518年，1976年，安秉禧，金安国（1478—1543年），《吕氏乡约谚解》，檀国大学校附设东洋学研究所出版。

1747年，金弘得，《乡约条目》。

1891年，李珥（1536—1584），《增损栗谷乡约》，崇祯五年。

1904年，宋在庆（朝鲜）撰，《乡约文》，光武八年。

1904年，赵秉式（1832—1907）等编，《乡约章程》，光武八年。

1924年，金国宾（19世纪），《朱川乡约节目》，大正十三年。

1932年，咸镜北道，《关北乡约》，昭和七年，日语。

1934年，咸镜北道［编］，《关北乡约》，昭和九年，日语。

1950年，李用雨，《上下斗乡约案》。

1960年，安升燮，《带方乡约续修禊案》。

1986年，吴世昌等编著，《岭南乡约资料集成》，岭南大学校出版部。

1988年，金安国（1478—1543）翻译，《吕氏乡约谚解》。

1991年，池教宪，崔文馨，朴均燮，《朝鲜朝乡约研究》，民俗苑出版。

1992年，丁克仁（1401—1481），《古县乡约》，全北乡土文化研究会出版。

1994年，全北乡土文化研究会，《南原源洞乡约》。

1997年，金镐逸等编，《朝鲜后期乡约资料集成》，国史编纂委员会出版。

附录 6. 部分参考文献目录

1867 年	《江阴县乡约》
1920 年	《严督军政书》
1924 年	民国 13 年太原市自治公所编，《太原市自治报告书》
1925 年	米迪刚和尹仲才，《翟城村》，北京中华报社，1925 年
1928 年	尹仲材等编述，《村制学讲义》，民国 17 年，江宁县村制育才馆
1928 年	《阎伯川先生全集》之 1《治晋政务全书》初编，《进山会议录》，民国 17 年
1928 年	山西村政处编，《山西村政汇编》
1933 年	闻均天，《中国保甲制度》，第三章第二节保甲法之精神于乡约，民国 22 年，35—52 页，直学轩，湖北汉口
1935 年	王兰荫，《明代乡约与民众教育》，《师大月刊》1935 年第 21 期，103—122
1937 年	杨开道，《中国乡约制度》，山东省乡村服务人员训练处，1937 年
1937 年	朱熹，《朱文公文集》，上海商务印书馆缩印明刊本，1937 年
1937 年	《王文正公全书》，四部丛刊初编集部，上海商务印书馆缩印明正德刊本，1937 年
1962 年	元代，脱脱等撰，《宋史》，卷三百四十，第三十一册，传七，中华书局，1962 年，10839—10849 页
1968 年	方孝孺，《逊志斋集》，见王云五主编，《国学基本丛书四百种》，台北，台湾商务印书馆，1968 年
1976 年	清代，吴元炳编，《三贤政书》，台北，台湾学生书局，1976 年
1982 年	萧公权，《中国政治思想史》，台北，联经出版公司，1982 年
1984 年	《中华民国初期历史研讨会论文集》上册，403—415 页，台北，1984 年

续表

1985 年	《古今图书集成》，明伦编，交谊典，乡里部，卷 28。中华书局，1985 年
1985 年	《周礼》各段引文，见《古今图书集成》，39994—39998 页，中华书局，1985 年
1985 年	Sakai Tadao, Yi Yulgok and the Community Compact. The rise of Neo – confucianism in Korea, edited by Wm. Theodore de Bary and JaHyun Kim Haboush. 1985
1988 年	吕大忠，《吕氏乡约》，见明代陶宗仪等编，《说郛三种》，上海古籍出版社，1988 年
1988 年	宋代，马纯，《陶朱新录》，上海古籍出版社，1988 年，见《说郛三种》，说郛一百二十，1849—1851 年
1988 年	《说郛》，上海古籍出版社，1988 年，第六册，3319—3347 页
1989 年	Monika Ubelhor, " The Community Compact (Hsiang Yueh) [Xiangyue] of the Sung and Its Educational Significance," in Wm. Theodore de Bary & John W. Chaffee, eds. , Neo – Confucian Education (Berkeley & Los Angeles, 1989), 371 – 88
1990 年	陈柯云，《略论明清徽州乡约》，《中国史研究》，1990 年第 4 期
1992 年	明代中期地方社区治安重建理想之展现——山西河南地区所行乡约之例
1993 年	曹国庆，《明代乡约发展的阶段性考查》，《江西社会科学》，1993 年第 8 期
1993 年	Richard von Glahn, "Community and Welfare: Chu Hsi's Community Granary in Theory and Practice," in Robert Hymes & Conrad Schirokauer, eds. , Ordering the World (Berkeley & Los Angeles, 1993), 221 – 54
1993 年	"The Community Compact in Late Imperial China: Notes on Its Nature, Effectiveness and Modern Relevance,"（近世中国乡约的性质及效用简说）The Woodrow Wilson Center Asia Program Occasional Paper 52 (1993), pp. 1 – 11
1994 年	吕大钧，《乡约》《乡仪》，王承裕，《关中丛书》，见《丛书集成续编》78 册，上海书店，1994 年，881—891 页
1994 年	费正清，《剑桥中华民国史 1912—1949 年》上卷，316—357 页，中国社会科学出版社，1994 年
1994 年	曹国庆，《王守仁的心学思想和他的乡约模式》，《社会科学战线》，1994 年 6 期，76—84 页

续表

1994 年	李江，《王守仁的心学思想与南赣乡约的推行》，《江西师范大学学报》（哲学社会科学版），1994 年 4 月，第 27 卷第 2 期
1995 年	《管仲对桓公以霸术》节选，见《国语全译》，贵州人民出版社，1995 年，235—239 页
1996 年	阎伯川先生纪念会编印，《阎伯川先生要电录》，1996 年，台北，101—102 页
1996 年	段自成，《清代前期的乡约》，《南都学坛》（哲学社会科学版），1996 年第 5 期第 16 卷
1996 年	谢长法，《乡约及其社会教化》，《史学集刊》，1996 年 3 期，53—58 页
1996 年	Kandice Hauf, The community Conevant in Sixteen Century Ji' an Prefecture, Jiangxi, Late Imperial China, Vol. 7, No. 2, 1996, 12
1997 年	《王阳明全集》全译本，北京燕山出版社，1997 年
1997 年	《刘宗周全集》，中央研究院中国文史哲研究所筹备处，1997 年
1997 年	清代，黄六鸿，《福惠全书》卷 21，卷 25，445—458 页，497—502 页，《官箴书集成》第三册，黄山书社，1997 年
1997 年	曹国庆，《明代乡约推行的特点》，中国文化研究，1997 年春之卷，总第 15 期，17—23 页
1998 年	张厚安《中国大陆基层的民主改革：历史篇》，台湾，桂冠图书股份有限公司，1998 年
1998 年	赵秀玲，《中国乡里制度》，社会科学文献出版社，1998 年
1998 年	段自成，《略论清代乡约领导保甲的体制》，《郑州大学学报》（哲学社会科学版）1998 年 7 月，第 31 卷第 4 期
1998 年	段自成，施铁靖，《试论清代乡约的政治职能》，《河池师专学报》（社会科学版），1998 年 8 月，第 18 卷第 3 期，74—77 页
1999 年	米有录，王爱平，《静悄悄的革命：中国村民自治的历程》，中国社会出版社，1999 年
1999 年	黄佐，《泰泉乡礼》，见文渊阁《钦定四库全书》，香港中文大学出版社，1999 年
1999 年	章潢，《图书编》92 卷，香港中文大学出版社，1999 年
1999 年	清代《广东通志》卷 8《乡约》，香港中文大学出版社，1999 年
1999 年	清代《福建通志》卷 14《乡约》，香港中文大学出版社，1999 年
1999 年	清代《皇朝文献通考》卷 21，香港中文大学出版社，1999 年

续表

1999 年	于清端，《慎选乡约谕》，见《于清端政书》，香港中文大学出版社，1999 年
1999 年	雍正，《圣谕广训》，香港中文大学出版社，1999 年
1999 年	汤斌，《汤子遗书》，香港中文大学出版社，1999 年
1999 年	陆陇其，《乡约保甲示》，见《三鱼堂文集外集》卷 5
2000 年	李文治，江太新，《中国宗法宗族制和族田义庄》，社会科学文献出版社，2000 年
2000 年	王振耀，《中国村民自治理论与实践探索》，宗教文化出版社，2000 年
2000 年	朱鸿林，从沙堤乡约谈明代乡约研究问题，《中国社会历史评论》第二卷，天津古籍出版社，2000 年
2000 年	朱鸿林，《明代嘉靖年间的增城沙堤乡约》，《燕京学报》第 8 期（2000 年）107—159
2000 年	《明代嘉靖年间的增城沙堤乡约》（The Shati community compact in Zengcheng County during the Jiajing period of the Ming dynasty）。《燕京学报》新 8 期（2000），107—159 页
2001 年	李德芳，《民国乡村自治问题研究》，人民出版社，2001 年
2001 年	段自成，《清代乡约与催科》，《平顶山师专学报》，2001 年第 1 期，26—28 页
2001 年	胡庆钧，《从蓝田乡约到呈贡乡约》，《云南社会科学》，2001 年第 3 期
2001 年	郑峰，《杨增新治新时期的南疆乡约》，《喀什师范学院学报》（社科版），2001 年 6 月，第 22 卷第 2 期，39—41 页
2002 年	卞利，《明清时期徽州的乡约简论》，《安徽大学学报》，2002 年 11 月，第 26 卷第 6 期，34—40 页
2002 年	黄志繁，《乡约和保甲：以明代赣南为中心的分析》，《中国社会经济史研究》，2002 年第 2 期
2002 年	王崇峻，《维风导俗：明代中晚期的社会变迁与乡约制度》，台北，文史哲出版社，2002 年
2003 年	林存阳《清初诸儒整合公私观念的一种体认——从礼说起》，《公私观念与中国社会》，中国人民大学出版社，2003 年，北京，http：//www. qingstudy. com/data/articles/a03/91. html.
2004 年	汪毅夫，《闽台区域社会研究》，鹭江出版社，2004 年
	冯从吾，《和叔吕先生》，见《少墟集》卷 19

续表

	四库全书总目，卷22
	冯从吾《关学编三》，见《少墟集》卷20
	吕坤，《实政录》
	刘宗周，《刘子全书》24卷
	陈弘谋，《五种遗规——训俗遗规》
	陆世仪，《志学录》
	陆世仪，《治通》
	陆世仪，《治乡三约》
	《大清会典》礼部仪制司《乡约》，见《古今图书集成》
	黄建明，《从〈乡约全书〉看清代乌蒙彝区的乡约与法律》，www. chinesefolklore. com/9/mssl. files/20201slxy. htm

图书在版编目（CIP）数据

中国历代乡规民约／牛铭实编著．—北京：中国社会出版社，2014.7
ISBN 978－7－5087－4779－8

Ⅰ.①中… Ⅱ.①牛… Ⅲ.①乡村—管理—章程—中国—古代Ⅳ.①D69

中国版本图书馆 CIP 数据核字（2014）第 132014 号

书　　名：中国历代乡规民约
编　　著：牛铭实
责任编辑：王晓燕

出版发行：中国社会出版社　邮政编码：100032
通联方式：北京市西城区二龙路甲 33 号新龙大厦
编 辑 部：（010）66062482
邮 购 部：（010）66081078
销 售 部：（010）66080300　　传真：（010）66051713
　　　　　（010）66085300　　传真：（010）66080880
网　　址：www. shcbs. com. cn
经　　销：各地新华书店

印刷装订：中国电影出版社印刷厂
开　　本：170mm×240mm　1/16
印　　张：22. 75
字　　数：310 千字
版　　次：2014 年 7 月第 1 版
印　　次：2016 年 4 月第 3 次印刷
定　　价：50. 00 元